중국은 우리에게 무엇인가

중국은 우리에게 무엇인가

1판1쇄 | 2017년 8월 20일

편저자 | 서승원
저　자 | 이정남, 차정미, 김남은, 강수정, 오승희

펴낸이 | 김재선
펴낸곳 | 트리펍 tree publishing
등록 | 2017년 8월 10일 제2007-000208호
주소 | 서울시 마포구 독막로 23 1층(합정동)
전화 | 010-6212-4611
이메일 | tenbillion@hanmail.net
인쇄 | 천일문화사
제본 | 일진제책사

책값은 뒤표지에 있습니다.
Copyright ⓒ 고려대학교 글로벌일본연구원, 2017
ISBN 979-11-961653-0-7　03300

이 도서의 국립중앙도서관 출판예정도서목록(CIP)은 서지정보유통지원시스템 홈페이지
(http://seoji.nl.go.kr)와 국가자료공동목록시스템(http://www.nl.go.kr/kolisnet)에서
이용하실 수 있습니다. (CIP제어번호: CIP2017020470)

이 저서는 2007년도 정부(교육과학기술부)의 재원으로 한국연구재단의 지원을 받아
연구되었음. (NRF-2007-362-A00019)

고려대학교 글로벌일본연구원 현대일본총서 20
저팬리뷰 2017

중국은 우리에게 무엇인가

中国

서승원
이정남·차정미·김남은
강수정·오승희

트리펍

책머리에

중국의 부상, 그리고 중국의 급속한 대외적 영향력 확대 앞에서 우리는 극심한 인지적 부조화를 경험하고 있다. 이러한 부조화는 특히 외교·안보 분야에서 두드러진다. 우리에겐 주한미군 사드 배치 문제가 그렇고, 이웃한 일본에겐 동중국해와 남중국해 영유권 문제가 그렇다. '중국은 우리에게 무엇인가?'라는 물음, 더 나아가 '우리는 중국에게 무엇인가?'라는 물음에 답해 나가야 할 시점이다.

'중국은 우리에게 무엇인가?'라는 물음은 바꾸어 말하면 '우리는 중국을 어떻게 인식하고 있는가?'를 의미한다. 이에 대한 연구들은 대체로 두 방향에서 이루어져 왔다. 하나는 각종 여론조사를 통한 일반 대중의 대외인식(중국 인식 포함) 조사 및 그와 관련된 연구다. 다른 하나는 양자 간 상호인식에 대한 인문학적, 사회과학적 연구다. 하지만 이들 중 중국 이슈에 대해 관계국들이 어떻게 다르게 인식하고 해석하는지에 대한 비교, 그리고 중국 인식의 저변에 자리하는 의식·무의식, 사상, 관념의 틀을 심층적으로 규명하는 연구는 극히 드물다.

이러한 과제에 한 걸음씩이라도 다가가고자 지난 해 9월 고려대학교 글로벌일본연구원 내에 한국, 중국, 일본을 전공으로 하는 신진 연구자들을 중심으로 연구팀을 구성했다. 이후 브레인스토밍 차원에서 세

차례 국내 전문가를 초청하여 특강 또는 세미나를 열었고, 이어서 저서 출판을 위해 다섯 차례 정도 내부 워크숍을 진행했다. 그 일차적인 결과물이 『아세아연구』(2017년 6월호) 특집논문 "중국은 무엇인가: 한국과 일본의 대중 외교안보 인식"이다. 이 책에서는 일반 독자들의 이해를 돕기 위해 이 특집논문을 좀 더 평이하게 풀어쓰고 사진, 도표, 사례 해설 등으로 보완했다.

본 연구팀은 이러한 기초 작업을 발판으로 한국·중국·일본 3국의 '지정학적 상상력geopolitical imagination' 비교 연구로 나아가고자 한다. 한중일 3국의 핵심적 지정학 담론 및 정책적 사고를 비교하고 전략적 상상력을 제약하는 인식론적·사상적 기저 요인들이 무엇인지 밝히는 일이다. 북핵 문제 및 한반도 통일, 중국의 부상 및 해양 진출, 일본의 재부상 등과 같은 핵심적 쟁점들에 대해 한국, 중국, 그리고 일본이 각각 어떠한 지정학적 상상력을 갖고 있는지 비교하는 방식이다. 이는 동북아의 지정학적 경쟁이 심화되는 가운데 우리의 지정학적 상상력이 극히 빈곤하다는 본 연구팀의 문제의식을 반영한 것이다.

이 책은 고려대학교 글로벌일본연구원이 2010년 이후 매년 간행해 온 『저팬리뷰』 사업의 일환이기도 하다. 그 동안 총 4부-정치, 경제, 사회·역사·교육, 대중문화-로 구성되어 온 것을 2017년에 사업 총괄 및 마무리 차원에서 각 분야별로 집필진을 확대하여 총 3권을 간행하게 되었다. 지난 7년 동안 원고 집필의 피로를 기꺼이 감수해 준 집필진 여러분께 깊은 감사의 말씀 드린다.

마지막으로 그 동안 고려대학교 글로벌일본연구원의 『저팬리뷰』 간행 사업을 물심양면으로 지원해 준 한국연구재단-인문한국HK사업단-에 깊은 사의를 표한다. HK지원사업이 없었다면 『저팬리뷰』는 물론 이 책의 간행도 없었을 것이다. 더불어 엮은이의 갑작스런 편집·출판 요청에 흔쾌히 응해 준 출판사 관계자 여러분들께도 고맙다는 말씀 전한다. 책의 집필자이면서 동시에 본 연구팀의 워크숍과 기타 거의 모든 업무를 총괄해 준 김남은 연구교수, 그리고 글로벌일본연구원 문현희 팀장의 도움도 빼놓을 수 없다. 이 자리를 빌려 진심으로 감사의 뜻을 전한다.

2017년 8월
서 승 원

차례

책머리에   5

서장   한국과 일본은 중국을 어떻게 바라보고 있는가?   서승원   11

| 제1부 한국의 중국 인식 |

1장   한국인의 중국 인식 변화와 그 요인   차정미   35
       : 힘, 이익, 정체성 변수의 복합적 영향 중심으로

2장   한국 진보·보수의 중국 인식 차이와 이념의 영향   차정미   73

3장   미중 경쟁시대에 한국의 중국 인식과 정책   이정남   110

4장   박근혜 정부 시기 한국의 대중국 전략적 사고   서승원   140
       : 북한/한반도 환원주의, 중견국 외교, 반도숙명론

| 제2부 일본의 중국 인식 |

5장 일본의 국제질서관과 중국　　　　　　　　　　　　　김남은　179
　　　: 탈아시아의 인지적 관성 중심으로

6장 중일 경쟁시대 일본의 중국 인식과 정책　　　　　　　오승희　210

7장 일본의 전후 국가정체성과 중국의 불안정에 대한 인식과 대응　강수정　251

8장 아베 정권 시기 일본의 대중국 전략적 사고　　　　　　서승원　290
　　　: 관념화된 외교와 강대국 간 지정학 게임의 불편한 동거

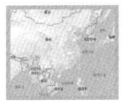

서장

한국과 일본은 중국을 어떻게 바라보고 있는가?

서승원

우리에게 – 한국에게 '중국'은 무엇일까. 중국을 말하지 않으면서 우리 역사나 우리 문화를 말하는 것은 불가능하다. 중국을 말하지 않으면서 우리 현실이나 우리 미래를 말하는 것도 또한 불가능하다. … 중국 – 그것은 우리에게 하나의 엄청난 운명인지도 모른다. 그것은 우리가 회피할 수도 없고 외면할 수도 없는 운명인지도 모른다(『신동아』 1974년 2월호, 중국 특집 취지문 중에서 발췌).

중국은 위협이다. 왜냐하면 중국이니까. 이것이 일본 국가안보 관계자들 사이에 팽배해져 있는 근본적인 가정이라고 생각한다(Tamamoto 2005/2006, 56).

이 글은 2016년 국립외교원 일본연구센터 정책용역과제 "새로운 한일관계 비전 연구" 보고서의 일부를 발췌·가필한 것이다. 게재를 허락해 준 국립외교원에 감사드린다.

국내 월간지 『신동아』는 1974년 2월 "중국은 우리에게 무엇인가?"라는 제목의 특집호를 게재했다. 1970년대 초 미국과 중국의 화해, 그에 이은 중국과 일본의 국교정상화라는 역사적 대사건이 그 계기였다. 이러한 국제정세 변화는 당시까지 중공中共으로 불리던 중국을 하루아침에 적의 친구가 아닌 친구의 친구로 둔갑시켰다. 위 특집호는 그간 정지되었던 중국에 대한 사고思考를 다시 가동시키자는 취지에 의한 것이었다. 『신동아』는 2016년 9월 다시 중국 특집을 실었다. 특집호 타이틀은 "중국은 적인가, 친구인가"였다.[1] 북한 핵 실험, 사드THAAD 배치 등을 둘러싼 국내외적 알력과 갈등을 의식한 것이다.

앞으로 중국과 어떠한 관계를 만들어 나갈 것인가? 대중 정책은 이미 한일 양국 모두에게 너무나도 중차대한 외교·안보적 과제로 대두했다. 일본의 정책기조는 대략 정해진 듯하다. 2010년을 전후하여 마련된 미일동맹 강화를 중심으로 중국에 대항對抗한다는 기조가 그것이다. 위 인용문이 잘 지적하고 있는 것처럼 일본 내의 중국 위협론은 1990년대 이후 꾸준히 확산되어 특히 2010~12년 센카쿠 열도(중국명 댜오위다오) 사건을 거치면서 전 국민이 공감하기에 이르렀다. 이를 배경으로 현 아베 신조安倍晋三 자민당 정권은 공공연히 대중 '억지' 전략을 표방하고 있다.

그렇다면 우리는 과연 어떠한 전략적 선택을 해야 하는가? 대북 억지를 넘어 대중 억지까지를 상정한 한미동맹 내지 한미일 안보협력으로 나아갈 것인가, 동맹체제의 균열을 다소 감수하더라도 중국에 편승할 것인가, 박근혜 정부의 정책기조였던 미중 간 균형외교를 발전적으로

---

1 『신동아』(2016.9., 90-153) 참조.

계승할 것인가, 아니면 이들과는 차원이 전혀 다른 제3의 길을 모색할 것인가? 기존의 발상을 뛰어넘는 전략적 상상력이 무엇보다도 요구되는 시점이다.

　외교·안보적 측면에서 한일 양국의 대중 인식 차이는 무시할 수 없을 정도로 크다. 예를 들면 한국 측은 중국의 부상을 정상적인 아시아로의 회귀로 보지만 일본 측은 지역 최대의 불안정 요인으로 보는 경향이 강하다. 한국인의 대중 위협 인식은 놀라울 정도로 낮지만, 일본인의 그것은 한국 측 입장에서 보면 지나치게 높다. 한국인은 중국의 군사력을 잠재적 위협으로 보는 데 비해, 일본인은 안보 및 국제 질서에 대한 실재적 위협으로 본다. 중국의 의도에 대해 한국 측은 G2 시대의 도래로 보지만, 일본 측은 미국을 배재한 형태의 패권을 추구하고 있다고 본다.

　이와 같은 인식 차이가 한일 간 안보협력을 저해하는 주된 요인으로 거론되곤 한다. 하지만 인식의 차이를 문제의 본질로 삼는 것은 타당치 않다. 중국에 관련된 제반 이슈에 대해 각기 다르게 인식하고 해석하는 것은 각자의 이해관계, 국가정체성, 역사적 경험, 정치체제, 국민적 정서 등을 고려하면 지극히 자연스러운 현상이다. 중국을 올바르게 이해하고 건설적인 전략을 개발하기 위해서는 그와 같은 상이한 인식을 낳는 요인이나 배경이 무엇인지 분석하는 것이 선결되어야 한다.[2] 직설적으로 말하면 고정관념을 비롯해 우리가 갖고 있는 기존의 의식적, 무의식적 사고의 틀을 재점검해 보자는 얘기다. 일본과의 비교는 우리의 중

---

2 참고로 여기서 '인식'이란 이미지, 인식/오인, 관념, 개념 등을 포괄하는 넓은 개념으로 사용한다. 이와 관련된 이론적 연구로는 다음을 참조. Jervis(1968), Kaplowitz(1990), Hermann & others(1997), Williams(2003).

국 인식을 상대화하는 데 유효한 방법론이 될 수 있다.

한국과 일본의 중국 인식, 무엇이 어떻게 다른가?

시대적 상황에 따라 변화하는 중국 인식

장기적인 시점에서 보면 근대 이후 한일 양국의 중국 인식은 몇 차례에 걸쳐 결정적인 전환점을 맞이했다. 결정적 전환점은 국제정치, 중국정세, 자국의 입지, 자국과 중국의 관계 등에서 비롯된 것이었으며, 그 근간에는 공통적으로 '약한 중국'의 존재가 있었다. 이는 최근 '강한 중국'의 출현이 중국 인식에 있어서 또 하나의 새로운 결정적 전환점이 되고 있음을 의미한다. 먼저 한일 양국의 중국 인식이 시대적 상황 변천에 따라 어떠한 추이를 보여 왔는지 개략적으로 살펴보기로 하자.

한국(조선)의 입장에서 아편전쟁(1840) 이전의 청淸은 중원의 맹주였고, 자신은 소중화주의에 입각한 대청 인식을 갖고 있었다. 이에 근대 서세동점西勢東漸(구미열강의 아시아 진출·침략) 시기, 특히 19세기 말과 20세기 초의 청일전쟁(1894~95), 러일전쟁(1904~05)을 거치면서 문명론이 가미되어 중국을 문명개화의 낙오자, 동아東亞의 병상, 또는 동병상련의 대상으로 타자화하게 되었다. 이러한 인식은 다시 일제강점기에 접어들면서 동병상련의 대상이자 항일抗日이라는 공통의 목표를 가진 연대와 협력의 대상(혈맹)으로 변한다(정문상 2012, 205-215).

그 후 중화인민공화국 수립과 한국전쟁을 계기로 한국인들의 중국 인식은 냉전적 진영논리의 영향을 받게 된다. 즉, 중국공산당 정권은 머지않아 붕괴할 정권으로, 한국전쟁 이후에는 자유세계를 침략하고 세계를 적화하려는 비정상적인 정권으로 형상화·고착화된다. '중공 오랑캐'라는 표현은 그 전형적인 예였다(정문상 2012, 215-221). 한편, 탈냉전기 한중 수교(1992)를 거치면서 중국 인식은 또 다시 급변한다. 즉, 냉전적 이념을 탈피한 실리주의에 근거하여 중국을 한국의 미래(주로 경제 분야에 한함)이자 긴밀히 협조해야 할 대상, 동시에 힘의 비대칭성을 의식한 두려움의 대상으로 인식하게 된다(백영서·쑨거 2013, 177; 김진호 2006, 385-386).

일본의 중국 인식 또한 근대화, 일본제국주의, 냉전을 거치면서 적지 않은 변화를 보였다. 근대 이후 일본인들의 의식구조에는 서구 중시, 아시아 경시가 자리했다. 문명개화를 기준으로 문명국과 비문명국을 나누는 이분법적 사고였다. 특히, 청일전쟁 승리 후 일본인들 사이에는 중국을 비하·멸시하는 의식이 광범위하게 퍼졌다. 중국은 더 이상 예전의 대국이 아니며, 일본이 아시아의 맹주라는 인식이 들어섰다(渡辺 2006). 예를 들어 1915년 21개조 요구 직후에는 폭지응징론暴支膺懲論―서양의 황화론에 대항한 대동합방론도 일부 존재―, 만주사변 당시에는 지나국민성론, 중일전쟁 시기엔 폭지응징론 및 지나귀축支那鬼畜론―동아신질서론도 일부 존재―등이 득세했다. 폭력적인 중국을 응징해야 한다거나 중국은 사람의 탈을 쓴 귀신·짐승이라는 말이었다.

한편, 1945년 패전은 기존 인식을 청산할 수 있는 전환점이 될 수 있었다. 전쟁 범죄 처벌이 잇따르면서 중국은 일본 군국주의의 피해자라는 인식이 정착하기 시작했다. 하지만 동시에 국공내전 와중에 중화인민공화국을 승진국으로 인정하지 않으려는 정서도 뒤따랐다(田畑 2006). 1972년 수교 이전까지 일본인들에게 대만(중화민국)은 친미반공

또는 보수반동 이미지, 그리고 중국은 일본 국내의 좌우 대결구도에서 비롯된 분열된 이미지—평화공존의 대상, 사회주의 혁명의 모델, 대미자주외교, 경제교류 기대 등—가 자리했다. 수교 이후 1980년대 중일 밀월기 중국은 경제협력 파트너이자 근대화의 지원 대상으로 간주되다가 1989년 톈안먼 사건 이후 최근에 이르기까지는 민주화 탄압 국가, 군사대국 지향 국가, 대국주의 등과 같은 인식이 확산되고 있다(馬場 2015).

중국의 부상을 어떻게 보는가?
: 정상적인 아시아, 지역 최대의 불안정 요인

한국은 일반 대중보다는 지도층이, 미일 양국에선 지도층보다는 일반 대중이 중국의 부상에 대해 위협 인식을 느낀다는 지적이 있다(정재호 2008). 그렇다면 지도층, 그 중에서도 한일 양국 전문가들은 일반적으로 중국의 부상을 어떻게 보는가? 한국 측 전문가들은 보수와 진보를 막론하고 대체로 "강한 중국이 존재하는 아시아가 정상적인 아시아"라는 역사적 감각을 공유하고 있는 것으로 보인다(添谷 2015, 43). 19세기 중반부터 20세기 말까지의 약한 중국이 존재하는 아시아는 예외적인 것이며, 최근 중국은 원래의 장소로 되돌아오고 있다는 의미다. 한국 내에서의 활발하게 이루어지고 있는 '제국'을 둘러싼 담론도 그와 같은 감각을 반영한 것으로 사료된다(전재성 2009; 이삼성 2014; 한국고등교육재단 2015).

한중 수교 이후 민간·경제 교류의 급신장을 배셩으로 한국 측은 중국을 '기회'로 여기게 되었다. 이는 중국이 북한에 대해 한국에게 유리한 형태로 영향력을 행사해 줄 것이라는 외교·안보적 차원의 '기대'와 맞물리면서 상승작용을 가져왔다. 그러나 동북공정, 북한 문제—천안함 격침

사건, 연평도 포격사건, 핵 실험—등을 경험하면서 그러한 기대는 점차 실망으로 바뀌었다. 최근 주한미군 사드 배치 문제에 대한 중국 측의 거센 반대는 중국의 정치적 영향력 확대—예를 들면 대국주의적 내정간섭—에서 한국도 예외가 될 수 없음을 보여주고 있다.

한편, 대다수 일본인들은 중국의 부상에 당혹감을 감추지 못한다. 중국의 부상을 한국 측과 유사하게 중국의 회귀 또는 중국의 현실화로 보는 견해도 있으나 이는 어디까지나 소수에 불과하다. 근대 이후 일본의 뒤를 줄곧 쫓아왔던 아시아, 특히 미조구치 유조(2009, 12-13)는 중국에 의해 어느새 일본이 추월당하면서 서양의 충격에 버금가는 '중국의 충격'—자신의 탈아시아 인식과 현실적인 아시아 사이의 갭, 그리고 대다수는 그 갭조차 깨닫지 못하는 인식상의 갭을 의미—에 휩싸여 있다고 설파한다. 사실 일본 측도 1980년대에는 중국의 개혁·개방 노선, 그리고 일본경제를 위한 새로운 시장·자원 확보라는 차원에서 중국이 기회라는 인식이 폭넓게 존재했었다.

이러한 기회 인식은 1990년대 이후 점증하는 위협 인식과 길항관계를 이루었다. 중국의 고도 경제성장을 배경으로 한 군사비 증대 및 군사적 불투명성, 1990년대 중반의 지하 핵 실험 및 대만해협 미사일 연습, 21세기 초의 대규모 반일데모—고이즈미 총리의 야스쿠니 신사 참배, 일본의 유엔 안전보장이사회 상임이사국 진출 시도 등이 배경이었음—, 항공기 및 함정의 영해·영공 침범 등이 위협 인식을 자극한 주된 요인이었다.

그 위에 2010년의 중일 간 국력 역전, 그리고 무엇보다 센카쿠 열도/댜오위다오 사건은 일본 내 위협 인식이 구조화시키는 결정적 전환점이 되었다. 강력해진 중국이 일본에 대해 실제로 무력을 행사할지도 모

> **센카쿠 열도尖閣列島/댜오위다오釣魚島 사건**
>
> 2010년 9월 센카쿠/댜오위다오 인근 해상에서 발생한 중국 어선의 일본 해상보안청 순시선 충돌 사건, 그리고 2012년 일본 노다 요시히코 민주당 정권의 센카쿠 열도 국유화 조치에 따른 중일 양국 간 갈등·대립을 말한다. 전자에서는 일본 정부의 어선 선장 구속 조치에 대해 중국 측이 희토류 수출중지, 단체여행 중단 등을 포함한 경제적 보복조치를 취한 바 있다. 한편, 후자에서는 일본 측의 국유화 조치에 대해 중국 측이 자국 영토 주권에 대한 침해라고 비판하면서 영해기선 선포, 상시적 감시 활동 전개, 해군 함정 및 항공기의 일본이 영해로 주장하는 구역에의 진입 등 각종 물리적 행동을 통해 일본의 실효 지배 강화 시도에 대한 무력화를 꾀하고 있다. 이에 대해 일본 측은 중국의 행동을 현상변경 시도로 규정하면서 센카쿠를 비롯한 남서제도 방어 태세를 강화하고 있다.

른다는 우려가 현실감을 갖게 되었다. 이로써 중국의 부상에 따른 힘과 영향력 확대(내지 팽창)가 일본 국익(이해관계, 주권 등)을 직접적으로 침해한다는 도식이 성립되었다. 이와 더불어 중국의 부상이 아시아 최대의 불안정 요인이라는 논리도 정착되었다.

여기서 무엇보다 심각한 문제는 중일 양국 간 상호인식의 악화다. 표 1의 퓨 리서치 센터Pew Research Center(2015) 조사에 따르면 서로에 대해 '호의적favorable'으로 보는 응답자는 일본인의 9%와 중국인의 12%에 불과하다. 한중일 3국 사이의 양자 간 관계 차원에서 보면 한중관계가 그나마 무난하고 한일관계, 중일관계 순으로 상호인식이 좋지 않음을 알 수 있다. 평화와 우호에 관한 온갖 미사여구에도 불구하고 위험천만한 상호 위협 인식의 동학이 작동하고 있다거나(Jiang 2002, 153), 중국 측은 중일 간 경쟁이 이미 구조적 갈등 국면으로 접어들었다고 판단하고 있다는 지적도 있다(김흥규 2014, 31). 2013년 말을 기점으로 중국 시진핑習近平 지도부와 일본 아베 신조安倍晋三 정권이 서로를 군사·안보적으로 적대시하기 시작한 점은 중대한 변화였다(서승원 2014). 참고로 한국에 대해서는 일본인의 21%, 중국인의 47%가 호의적이라고 답했다.

표 1 | 아시아인들의 일본, 중국, 인도, 한국에 대한 견해

자국 ▶ 대상 ▼	말레이시아	베트남	필리핀	호주	인도네시아	파키스탄	인도	한국	중국	일본	중간값
일본	84	82	81	80	71	48	46	25	12	-	71
중국	78	19	54	57	63	82	41	61	-	9	57
인도	45	66	48	58	51	16	-	64	24	63	51
한국	61	82	68	61	42	15	28	-	47	21	47

출처: Spring 2015 Global Attitudes survey, Q12b, g, l, r., Pew Research Center(2015)

중국의 군사력에 대한 위협 인식은 어떠한가?
: 잠재적 위협, 실재적 위협 [3]

다음으로 중국의 힘을 구성하는 제반 요소, 특히 군사력에 대해 한일 양국은 어떻게 인식하고 있는가? 우선, 중국의 '현재'의 군사력에 대한 양국의 평가는 엇비슷하다. 한국 내에서는 중국의 군사력이 동아시아 지역 내 힘의 균형을 바꿀 수 있는 수준에 도달했다는 견해도 있으나 무기체계, 전투력 투사, 실전 경험, 합동작전 능력 등 여전히 낙후되어 있다는 견해가 우세하다(박민형 2012, 94; 정재호 2008; 이동선 2011). 일본도 지리적 여건과 중일 간 현안을 배경으로 중국의 해군력 증강에 대한 관심이 상대적으로 높지만 중국의 해군력(항공모함, 접근 거부, 대함탄도미사일 등의 무기체계 및 운용능력)은 미일 연합 해군 전력에 비해 여전히 열세에 놓

---

[3] '위협'이란 힘으로 으르고 협박하거나, 위력을 배경으로 한 협박을 의미. 특정 국가에 대한 '위협 인식(threat perceptions)'에는 다양한 요인이 복합적으로 작용한다. 예를 들면 자신의 이론적 성향, 지리적 위치, 역사적 경험, 국내정치적 이슈, 경제적 이해관계, 영토·영유권 문제, 군사력과 의도에 대한 평가, 지정학적 지형의 변화 등이 있다.

여 있는 것으로 판단한다(Koda 2011). 단, 이러한 평가는 한중, 중일 양자 간 차원에서 비교한 것은 아니다. 한일 양국 모두 대미동맹 차원, 즉, 한미 연합군사력 대對 중국 군사력, 미일 연합군사력 대對 중국 군사력이란 구도에서 비교하는 경향을 보인다.

다음으로 중국의 '미래'의 군사력 행사 가능성에 대해서는 어떻게 보는가? 첫째, 한일 양국 모두 '대만'이 독립을 선언할 경우 중국이 반드시 군사력을 행사할 것이며, 이는 필연적으로 미중 간 군사적 충돌로 비화될 것으로 본다. 이는 미국의 동맹국으로서의 연루 가능성을 전제한 것으로, 일본 측은 직접적인 연루(대만은 미일동맹의 대상), 한국 측은 간접적인 연루(주한미군의 동 지역으로의 출동)를 우려한다. 둘째, 일본은 중국과의 군사적 충돌(중국의 센카쿠 열도를 비롯한 도서 침공 및 그에 대한 군사적 대응) 가능성을 배제하지 않으나, 한국은 중일 간 군사적 충돌(엄밀히 말하면 미일 vs. 중국)에 자국이 연루될 가능성은 그다지 높지 않게 본다. 셋째, 한국이 우려하는 부분은 북한 유사시 중국이 군사력을 투입하여 자국에게 유리한 상황을 조성하고자 할 가능성이다(김태호, 2006). 한국 내에는 중국이 북한을 군사적 완충지대로 간주하여 한반도의 평화적 통일보다는 북한 정권 친중화 및 중국식 개혁·개방을 바란다는 견해가 적지 않다(박민형 2012, 90).

여기서 한국인들이 중국을 안보적 측면에서 '그다지 위협적이지 않은 국가'로 보고 있는 점은 흥미롭다.[4] 그 이유로는 다음을 들 수 있다.

---

4 Kull(2007, 34)에 따르면 한국인들이 위협적으로 느끼는 국가는 북한(46%), 일본(28%), 미국(17%), 중국(7%) 순이었다. 한편, 서울대 통일평화연구원 조사(2007~14)에 따르면 한반도 평화에 가장 위협을 주는 국가를 중국을 선택한 비율은 2007년 15.5%(북한 36.

첫째, 한국인들이 보다 위협을 느끼는 것은 중국의 군사력이 아닌 경제력(시장·자원 경쟁, 중국 경제동향의 한국 경제에 대한 부정적 영향, 외교안보와 경제의 연계, 경제발전의 부작용 등)이다. 중국 경제에 대한 과도한 의존이 취약성을 낳는다는 인식이다. 둘째, 중국군의 현대화 및 정예화는 자국의 국제적 위상에 걸맞은 군사력을 갖추기 위한 당연한 수순이라고 본다. 셋째, 중국의 핵심적 국가 이익(대만, 티벳, 신장위구르, 영유권 등)에 한반도가 포함되어 있지 않으며 따라서 한국의 국익과 직접적으로 충돌되지 않는다고 본다. 단, 이러한 인식은 주한미군 사드 배치가 핵심적 이익에 반한다는 중국 측의 주장으로 상당부분 퇴색되고 있다. 넷째, 지정학적으로 북한이 한중─엄밀히 말하면 미중─ 사이의 완충지대 역할을 하고 있다고 본다. 따라서 한국 측은 중국이 향후 통일 한반도에 주한미군이 존재하는 것을 꺼려할 것으로 본다.

한편, 일본의 대중 위협 인식이 군사·안보 분야는 물론 매우 광범위한 분야에 걸쳐 있는 점은 유의할 만하다. 국제사회에서 중국 위협 인식을 야기하는 요인으로는 주로 다음 다섯 가지─①급격한 경제성장과 경제규모에서 미국을 추월할 것이라는 예측, ②민주화를 거부하는 권위주의 정치체제, ③군사력 증강과 대외적 영향력 확대, ④정치경제 시스템 붕괴 가능성, ⑤반미주의, 반일주의 등 내셔널리즘 고양─가 거론된다(Roy 1996; Yee·Storey 2002, 2-6). 일본 측의 위협 인식은 이들 모두를 망라하는데, 그 중에서도 정치체제 결정론적 사고, 즉 권위주의 정치체제가

0%), 2008년 15.0%(33.6%), 2009년 15.8%(52.7%), 2010년 24.5%(55.5%), 2011년 33.6%(46.0%), 2012년 30.5%(47.3%), 2013년 21.3%(56.9%), 2014년 17.7%(49.3%)의 추이를 보였는데 이는 대체로 일본보다 낮은 수치였다(연합뉴스 2015.3.19.).

대외팽창의 근본요인이라는 논리가 우세하며 중국공산당의 통치능력을 의문시하는 견해도 적지 않다. ①, ②, ⑤가 ③ 또는 ④를 초래한다는 논리다.[5]

중국의 의도는 무엇으로 보는가?
: G2, 또는 패권 추구

중국의 의도에 대한 한일 양측의 평가는 더욱 선명하게 엇갈린다. 우선, 한국 측은 중국이 장차 정치적, 경제적, 군사적 영향력 확대를 통해 미국과 함께 세계질서를 양분하려 할 것으로 본다. 한국에서 G2시대, 미중 경쟁시대 등과 같은 용어는 이미 일상적인 용어가 되었다. 앞서 언급한 역사적 관점과 더불어 신현실주의적 관점도 병존한다. 즉, 중국이 기존 국제질서에 불만을 가지고 있는 것은 사실이지만, 설령 국제질서에 도전할 의사를 갖고 있다 해도 그러한 시도는 기존의 국제체제에 의해 거부될 것으로 본다(Yee·Storey 2002). 이러한 견해는 한국 전문가들 사이에서 일반적으로 관찰된다.

이와 대조적으로 일본 측은 G2론이나 미중 양강체제론에 강한 거부감을 보이며, 일본이 포함된 G7 등과 같은 중층적 협의체를 선호한다. 중국이 경제력을 바탕으로 군사력 증강에 박차를 가하고 있으며 세력권

---

[5] 참고로 아마코(天児 1997, 10-12)는 중국의 내정을 결정적인 요인으로 전제한 네 가지 시나리오 - ①내정 안정→대외적 온건노선→위협 감소, ②내정 안정→초대국 지향→위협 증대, ③내정 불안정→대외적 강경노선→위협 증대, ④내정 불안정→국내문제 집중→위협 감소 - 를 제시한다.

확대, 더 나아가 미국을 배제한 형태의 패권을 추구할 것으로 보는 견해가 압도적이다. 특히, 중국의 공세적 해양 진출은 현상변경의 결정적 증거로 거론된다. 국익 추구를 위한 힘의 행사라는 점에서 전통적 현실주의 관점, 경제성장을 배경으로 한 강대국의 등장이 필연적으로 기존 질서를 위협한다는 세력전이론적 관점이 두드러지는 셈이다. 덧붙여, 과거의 화이질서처럼 중국이 동심원적인 세력권의 중심에서 중화질서를 재현하려는 구상을 갖고 있다는 주장도 있다.

그렇다면 중국의 그러한 의도를 낳는 요인은 무엇으로 보는가? 중국이 '재부상'하고 있다고 보는 한국 측은 중국의 G2 추구에 대해 별다른 이의를 제기하지 않는다. 그 대신 초미의 관심사는 G2시대가 야기하는 한반도에서의 미중 간 각축이다. 그 근저에는 전통적인 지정학 사고가 자리한다. 즉, 한반도는 지정학적으로 해양세력과 대륙세력이 각축하는 림랜드rimland이며 지경학적으로도 북한을 통해 세계와 연결하는 전략적 요충지라는 인식이다(이희옥 2012, 24). 한국인들은 중국과의 지리적 근접성과 더불어 남북분단 상황으로 인해 중국이 남북한에 대해 우월적인 입장을 갖고 있다고 보며, 냉전 시기 이래 미중 양국이 한반도에서 영향력을 유지해 왔다고 본다(Kim 2002, 170·174).

일본 측은 중국의 '팽창'이 주로 대륙국가 정체성, 굴욕적인 과거사, 그리고 무엇보다도 국내정세(일당독재 권위주의체제, 유효하지 않은 공산주의 이데올로기, 지역·사회 간 격차 등등)에 기인하는 것으로 본다. 대외정책은 국내정치의 연장이라는 인식이다. 중국의 일대일로一帶一路 구상이 보여주는 것처럼 유라시아 대륙을 육로·해로로 관통하는 교역루트를 설립하여 자국의 영향권 아래에 두려한다거나, 육해겸비陸海兼備의 해양강국으로서 대중화공영권의 맹주가 되려 한다는 입장도 적지 않다(森本 2016,

109-114). 특히, 일본 측이 민감하게 받아들이는 것이 해양 진출(동중국해 및 남중국해) 및 해양전략(제1도련선(쿠릴열도-일본본토-오키나와) 및 제2도련선(필리핀-인도네시아열도) 설정)으로, 이러한 해양 패권 추구는 일본의 국가안보 및 이익과 직접적으로 충돌되는 것으로 본다. 알프레드 마한의 '해양강국론Sea Power'이 그 이론적 근거라는 주장도 있다.

이 책의 구성과 내용

이 책은 서장, 제1부 한국의 중국 인식, 그리고 제2부 일본의 중국 인식으로 구성된다. 제1부의 첫 번째 차정미 논문은 1992년 한중 수교 이후 최근에 이르기까지 한국인들의 대중 인식이 어떻게 변화되어 왔는지를 분석한다. 눈에 띠는 부분은 그 동안 이루어진 수많은 여론조사 결과들을 충분히 섭렵하고 체계적으로 정리하여 수교 이후 최근까지 한국인들의 대중 인식 변화를 일목요연하게 파악할 수 있는 점이다. 또한 이 논문은 대중 인식의 변화를 힘의 변화, 경제적 이익, 그리고 정체성이란 세 가지 변수의 복합적 작용의 결과로 파악한다. 특히, 결론 부분에서 서구적 인식의 틀을 무비판적으로 수용하거나, 소망적 기대에 사로잡히거나, 냉전 시기의 관성적 인식으로 중국을 바라보거나, 특정 이슈에 쉽게 쏠리는 등 한국의 대중 인식이 여전히 혼선과 분열이 거듭되는 인식의 과도단계에 있다는 지적은 곱씹어 볼만한 대목이다.

두 번째 차정미 논문은 한국인들의 이념적 성향이 대중 인식에 어떠한 영향을 미치고 있는지를 규명하고자 한다. 기존 연구는 진보·보수라는 이념적 성향과 북한 인식 및 미국 인식과의 인과관계를 중심으로 다루어 왔다. 이 논문에서는 이러한 인관관계를 중국 인식 영역으로 확장한다. 이는 대중 정책이나 한중 간 현안에 대한 논의와 담론이 우리 자신의 이념의 경직성에 구속되거나 정쟁화의 수단으로 전락하기 쉽다는 필자의 강렬하고 시의적절한 문제의식에 의한 것이다. 구체적으로는 한국인들의 대중 인식에 있어서 이념의 역할이 점차 강화되어 왔다는 점, 진보층의 대중 선호도가 보수층의 그것보다 상대적으로 높다는 점, 진보 이념의 대중 인식의 상관성이 보수 이념보다 약하다는 점 등을 밝힌다. 덧붙여 진보층의 반미자주 구도가 친중과 자주가 충돌하는 외교적 현안이 발생할 경우 급속히 반중으로 변화할 수 있다는 전망은 시사하는 바가 크다.

세 번째 이정남 논문은 한국의 중국 외교·안보 전문가들의 인식을 실증적으로 분석하여 미중 간 세력경쟁 속에서 한국의 대중 정책이 나아가야 할 방향을 모색한다. 필자에 따르면 한국의 중국 전문가들은 한미동맹에 기초한 대북 견제도 중요하지만 중국과의 긴밀한 협력도 북핵 문제 해결을 위해 불가결하다고 본다. 또한 한미동맹이나 한미일 안보 협력이 중국을 대상으로 해서는 안 되며 어디까지나 북한에 한정되어야 한다는 인식도 대체로 공유한다. 또한 전문가들 중에 미중 사이의 균형 외교를 넘어서는 새로운 외교 방식, 예를 들면 '자기주도 외교'—자주외교와 동맹 의존 외교의 양극단의 탈피를 지향하는 외교—추진하자는 의견이 있음을 소개한다.

제1부 마지막의 서승원 논문은 박근혜 정부 시기 한국의 대중 정책을 전략적 사고의 시점에서 분석·고찰한다. 이 논문은 한중 양국의 대일 과거사 연대, 경제협력 문제─한중 FTA, TPP 및 AIIB 가입 등─, 북한/한반도 통일 문제를 둘러싼 한중관계, 그리고 주한미군 사드 배치

문제를 둘러싼 한중관계를 사례로 분석한다. 그 결과 도출된 전략적 사고의 특징으로는 대중 외교·안보 정책의 북한/한반도 문제 환원주의와 원교근공 어프로치의 지속성, 중견국 외교와 약소국 외교(반도숙명론) 사이의 급격한 유동성, 그리고 강대국 정치 및 강대국 간 지정학 게임을 극복(균형외교)하거나 회피(전략적 모호성)하려는 강력한 관성을 제시한다. 또한 균형외교로 상징되는 한국 정부의 중견국 외교는 결과적으로 강대국 간 지정학적 경쟁을 지연시키는 데 기여하였으나, 동시에 지양하고자 한 반도숙명론, 강대국 결정론 등이 일정부분 내재하는 한계를 보여주고 있음을 지적한다.

제2부의 첫 번째 김남은 논문은 일본의 대중 인식을 국제질서관이란 사상사적 시점에서 심층적으로 규명하고자 한다. 문제의 핵심은 일본의 의식구조에는 탈아입구(脫亞入歐)를 완수한 일본이 중국보다 우월하다는 관념, 즉 '탈아시아'적 서열 의식이 뿌리 깊게 자리 잡고 있으며, 동시에 일본이 그 동안 리드해 왔던 동아시아 질서가 이제 중국에 의해 주도될지도 모른다는 두려움이 병존한다는 점이다. 이러한 우월감과 두려움의 병존은 국제적 위상을 둘러싼 중국과의 경쟁을 불가피하게 하는 기본적인 동인으로 작용하고 있다는 것이 필자의 진단이다. 덧붙여 일본의 중국 인식은 일본의 자화상 — 맹주론, 연대론, 위계론 등 — 을 반영하며, 중국의 부상이 일본의 서열 의식에 심대한 동요를 초래했다는 부분은 독자들의 흥미를 충분히 자아낼 수 있을 것으로 보인다.

두 번째 오승희 논문은 중일 경쟁시대 일본의 중국 인식과 숭국 정책을 다룬다. 일본이 중국을 현상변경국으로 인식하는 이유는 무엇인가? 이 논문은 일본의 중국에 대한 현상변경국 인식과 그에 기반한 정책이 무엇보다도 중국의 부상이 야기한 일본 자신의 정체성 변화에서 비롯되는 것이라고 주장한다. 다시 말하면 중국의 부상을 바라보는 일본의 '현상변경국 중국' 인식과 이에 기반한 중국 정책이 상호주관적으로 형성되는 일본의 정체성 변화에서 비롯하고 있다는 것이다. 특히 전후 일본의 정체성 변화(패전국→경제선진국→ODA공여국→평화국가)와 중국의 정체성에 대한 인식의 변화(피해국→신흥국→ODA수혜국→현상변경국)가 어떻게 맞물려 왔는지 추적한 부분은 다소 단순화한 감은 없지 않으나 매우 흥미롭고 논쟁적이다. 부연하여 일본의 국가정체성에 있어서 중국 이상으로 중요한 존재가 미국이다. 향후 동일한 관점에서 미일관계를 사례로 한 연구가 진행되기를 기대해 본다.

세 번째 강수정 논문은 앞의 오승희 논문과 유사하게 일본의 대중 인식에 있어서 정체성과 인정의 문제를 다룬다. 앞의 논문이 중국의 현상변경국 규정에 주목하였다면, 이 논문은 중국의 '반일' 이미지에 초점을 맞춘다. 즉, 일본이 중국을 반일 국가로 규정하고 일본에서 중국에 대한 반감이 극적으로 증가한 이유는 일본의 전후 국가정체성에서 중요한 부분을 차지하는 평화국가로서의 발전을 중국이 부인한다고 인식하는 경향과 밀접하게 관련되어 있다는 것이다. 덧붙여 일본의 평화주의적 정체성에 대한 불인정이 일본으로 하여금 더 이상 과거 군국주의적 자아에 대한 비판이 아닌, 자신을 불인정하는 타자에 대한 비판을 통해 자신의 정체성 - 예를 들면 보통국가화 - 을 강화하는 방식으로 정체성의 수정이 이루어질 수 있다는 결론 부분의 지적은 매우 적절한 것으로 보인다.

마지막의 서승원 논문은 아베 정권 시기 일본의 대중 전략적 사고를 분석·고찰한다. 제1부 마지막 논문에서 박근혜 정부의 대중 전략적 사고를 다룬 것과 쌍을 이루는 것이다. 아베 정권이 직면한 최대의 대외정

책 과제는 중국 문제였는데, 그에 대한 전략적 선택은 다름 아닌 '억지'
였다. 그렇다면 아베 정권의 대중 억지 전략을 구성하는 전략적 사고는
과연 어떠한 것이었는가? 이 논문은 아베 전략이 전략적 사고를 강조하
면서도 복고적이고 관념화된 외교가 지정학적 발상에 근거한 세력균형
론과 불편하게 동거하고 있다고 주장한다. 동시에 중국은 대륙국가·권
위주의이고 일본은 해양국가·민주주의라는 이분법적 자타 구분이 두드
러진다고 지적한다. 특히, 일본 측의 중국의 대외전략 인식, 그리고 자
국의 전략적 사고가 마한, 매킨더, 스파이크만 등 전통지정학적 발상에
크게 의거하고 있다는 부분은 학문적 호기심을 불러일으킨다.

다시 물음: 우리는 중국에게 무엇인가?

일체의 사상을 흑과 백, 죽일 놈과 사랑할 놈, 천사와 악마, 자본주의와 공산주
의, 미국 대 타국, 민주주의와 뭣, 자유주의와 뭣이라는 식으로 그들은 세계를
파악하고 있다. … '중공'이란 용어는 즉각적으로 기아, 괴뢰, 야만, 반란, 정권
타도, 침략, 호전 등의 냉전용어와 그것이 담고 있는 관념을 우리에게 일으켜
왔다(리영희 1974).

고故 리영희 선생은 일찍이 『전환시대의 논리』(창비, 1974)에서 우리
들의 인식론적 기능이 냉전사상과 체제 속에서 조선만사의 토끼가 되어
버린 감이 있다고 설파한 바 있다. 최근 한국과 일본에서는 위협, 압박,
제재, 방어와 억제, 결연한 의지 등과 같은 강경일변도의 언설이 난무한
다. 북한과 중국을 각각 염두에 둔 표현으로 그 공통된 전략은 다름 아

닌 '억지'다. 이 같은 우방/적 구분에 기초한 언설들은 전형적인 안보 딜레마 – 방어는 공격으로, 억제는 포위로 해석됨 – 는 물론, 동아시아에 새로운 지정학적 단층 – 대륙세력 vs. 해양세력, 권위주의 vs. 민주주의 – 을 조장하는 촉매재로 작용하고 있는 것으로 보인다.

억지 전략은 상대방 또는 상대방의 의도를 본질적으로 공격적, 구제 불능으로 보고, 가능한 한 상대가 많이 차지하는 것을 막는 것을 목표로 하며, 흔히 응징이나 경우에 따라 무력 사용도 불가피하다고 여긴다. 그리고 여기에는 특정한 자국 이미지가 반영된다. 상대는 자신을 우유부단하고 용기가 결여된 것으로 인식하기 때문에 단호하고 용기 있음을 보여주어야 한다는 내적 욕구 등이 그것이다.

우리에게 중국은 무엇인가라는 물음은 궁극적으로는 중국은 우리 자신을 비추는 거울이란 답으로 귀결될 수밖에 없다. 우리의 내부정세, 자국관, 국제관계 인식이 상대에 대한 이미지, 인식, 관념, 개념, 그리고 전략을 상당부분 규정한다는 말이다. 이 물음이 보다 객관적이고 건설적인 것이 되기 위해 우리는 또 하나의 물음을 던져야 한다. 즉, 우리는 중국에게 우리는 무엇인가? 예를 들어 중국은 한미동맹과 미일동맹을 어떻게 보며 한반도와 일본 열도는 중국 안보에 과연 어떠한 의미를 갖는가? 중국은 미중관계와 한중관계, 미중관계와 중일관계, 그리고 미중관계와 한일관계를 어떠한 구도 속에서 파악하고 있는가? 또한 중국은 중국 자신을 어떻게 보고 있는가? 더불어 우리는 중국에게 어떠한 이익과 구상과 비전을 제시할 수 있으며 어떠한 동반자가 되어 줄 수 있을 것으로 생각하는가? 다시 말하면 결국 우리는 중국에게 어떠한 이웃이 되고자 하는가? 무엇보다도 우리 자신의 주체적이고 건설적인 물음이 요구된다 하겠다.

건설적인 대중 전략을 위해서는 창조적 상상력이 요구된다. 상상력은 역사적 경험을 충분히 참고한 것이 되어야 한다. 어떤 미래를 원하느냐에 따라 '역사 소환'의 내용이 달라지곤 한다. 한국은 중국과의 기나긴 역사를, 일본은 근대 이후의 역사를 소환시킨다. 중국의 부상에 즈음하여 한국에서는 명청明淸 교체기, 19세기 말부터 20세기 초의 상황, 그리고 조공체제론 등 중화제국 전통을 되돌아보기 시작했다. 하지만 앞으로 누가 천하의 주인이 될 것이냐에 관심이 집중되곤 한다. 일본에선 현재와 미래의 중국의 행보를 과거 1930년대 자국의 경험과 동일시하는 역사적 비유가 빈번하게 등장한다. 인민해방군이 1930년대 일본의 관동군처럼 중앙정부의 지시를 무시하고 독단적으로 행동할 가능성이 있다는 것 등이다(Moon·Suh 2015). 중국의 도련선과 군구주의 일본의 절대국방권의 유사성을 지적하는 이도 있다. 과거 역사의 일부를 단선적으로 소환하는 것을 지양하고 미래의 바람직한 역사를 소환시키는 것이 바람직할 듯하다. 미래의 바람직한 역사가 무엇인지 잘 모르지만.

참고문헌

김진호. 2006. "근·현대 한국인의 중국 인식과 중국인의 한국 인식 변화."『중국문화연구』 8(6월), pp. 373-398.
김태호. 2006. "중국의 군사적 부상: 2000년 이후 전력증강 추이 및 지역적 함의."『국방정책연구』제26권 2호, pp. 163-203.
김흥규. 2014. "시진핑 시기 새로운 한중관계의 진화: '연미협중' 전략 추진을 제안하며."『KDI 북한경제리뷰』(10월호), pp. 24-17.
미조구치 유조. 서광덕 옮김. 2004.『중국의 충격』. 소명출판.
박민형. 2012. "중국의 부상과 한국의 군사적 대응."『국제정치논총』제52집 1호, pp. 85-111.
백영서·쑨거. 2013. "비대칭적 한중관계와 동아시아 연대."『창작과 비평』(여름호), pp. 171-207.
서승원. 2014. "시진핑과 아베 신조의 중일관계: 군사·안보적 고려, 지정학적 환원주의, 그리고 민족주의 게임."『일본연구논총』제39호, pp. 153-186.
이동선. 2011. "미중 군사관계의 미래."『전략연구』제51호, pp. 169-175.
이삼성. 2014.『제국』. 소화.
이영희. 1974.『전환시대의 논리』. 창비.
전재성. 2009. "동아시아 전통질서 연구의 현황과 과제: 국제정치학과 역사학의 만남."『세계정치 12』제30집 2호(가을·겨울호), pp. 7-34.
정문상. 2012. "근현대 한국인의 중국 인식의 궤적."『한국근대문학연구』제25권(4월), pp. 203-231.
정재호. 2008.『중국의 '부상'과 한반도: 상호인식과 전략적 선택』. 대한발전전략연구소.
한국고등교육재단 편. 2015.『중국, 새로운 패러다임』. 한울.

天児慧. 1997.『中国は脅威か』. 勁草書房.
添谷芳秀. 2015.『韓国知識人との対話II 米中の狭間で生きる』. 慶應義塾大学出版会.
田畑光永. 2006. "日本人の中国観: '敗戦'はそれをどう変えたか."『国際経営論集』No. 31, pp. 11-66.
馬場公彦. 2015. "共存する日中関係: 交錯するまなざし·試論: 120年に渉る民間交流を通してみた相互認識の形成過程."『アジア研究』別冊3, pp. 157-192.
森本敏 編. 2016.『"海洋国家"中国にニッポンはどう立ち向かうか』. 日本実業出版社.
渡辺良智. 2006. "日本人のアジア認識."『青山学院女子短期大学総合文化研究所年報』第14号(12月), pp. 33-54.

Herman, Richard K. James F. Voss, Tonya Y. E. Schooler and Joseph Ciarrochi. 1997. "Images in International Relations: An Experimental Test of Cognitive Schemata." *International Studies Quarterly* Vol. 41, No. 3 (September), pp. 403-433.

Jervis, Robert. 1968. "Hypothesis on Misperception." *World Politics* Vol. 20, No. 3 (April), pp. 454-479.

Jiang, Wenran. 2002. "The Japanese Assessment of the 'China Threat'." in Herbert Yee and Ian Storey (eds.). *The China Threat: Perceptions, Myths and Reality*. New York: RoutledgeCurzon, pp. 150-165.

Kaplowitz, Noel. 1990. "National Self-Images, Perceptions of Enemies, and Conflict Strategies: Psychopolitical Dimensions of International Relations." *Political Psychology* Vol. 11, No. 1 (March), pp. 39-82.

Kim, Taeho. 2002. "South Korea and a Rising China: Perceptions, Policies and Prospects." in Herbert Yee and Ian Storey (eds.). *The China Threat: Perceptions, Myths and Reality*. New York: RoutledgeCurzon, pp. 166-180.

Koda, Yoji. 2011. "Japan's Perspective on PRC's Rise as a Naval Power." 『전략연구』 (11월), pp. 35-66.

Kull, Steven. 2007. "Dealing with the Dragon: Asian Public Opinion on the Rise of China." 『평화연구』 Vol. 15, No.2, pp. 27-41.

Moon, Chung-in and Seung-won Suh. 2015. "Historical Analogy and Demonization of Others." *Korea Observer* Vol.46, No.3 (Autumn), pp. 423-459.

Roy, Denny. 1996. "The 'China Threat' Issue: Major Arguments." *Asian Survey* XXXVI, No.8 (August), pp. 758-771.

Stokes, Bruce. 2015. "How Asia-Pacific Publics See Each Other and Their National Leaders." *Pew Research Center Global Attitudes & Trends*. www.pewglobal.org/2015/09/02/how-asia-pacific-publics-see-each-other-and-their-national-leaders/

Stokes, Bruce. 2013. "Asia's view of China – mostly wary, but Japan most of all." (August 5, 2013). www.pewglobal.org/2013/08/05/asias-view-of-china-mostly-wary-but-japan-most-of-all/

Tamamoto, Masaru. 2005/2006. "How Japan Imagines China and Sees Itself." *World Policy Journal* Vol. 22, No. 4 (Winter), pp. 55-62.

Williams, Michael C. 2003. "Words, Images, Enemies: Securitization and International Politics." *International Studies Quarterly* Vol. 47, pp. 511-531.

Yee, Herbert and Ian Storey (eds.). 2002. *The China Threat: Perceptions, Myths and Reality*. New York: RoutledgeCurzon.

제1부
한국의 중국 인식

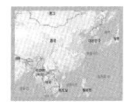

1장

한국인의 중국 인식 변화와 그 요인
힘, 이익, 정체성 변수의 복합적 영향 중심으로

차정미

2017년 올해로 한중 양국은 국교정상화 25주년을 맞이한다. 1992년 한중 국교정상화가 이루어진 이후 양국 간 경제적 교류와 인적 문화적 교류는 놀랄 만큼 급속한 성장을 보여 왔다. 중국은 2004년부터 현재까지 한국의 제1교역 파트너로서, 교역규모는 1992년 수교 당시 63억 달러에서 2016년 2,114억 달러로 33.6배 증대하였다. 북핵 문제에 있어서도 중국은 한국에게 중요한 안보적 이해를 가지고 있다. 2000년대 중국은 6자회담 의장국으로서 역할을 하였고 여전히 북핵 문제 해결에 책임있는 역할을 요구받고 있다. 이렇듯 한국에게 중국의 경제적 안보적 중요성은 날로 증가하고 상호의존도 또한 심화되고 있는 것이 현실이다.

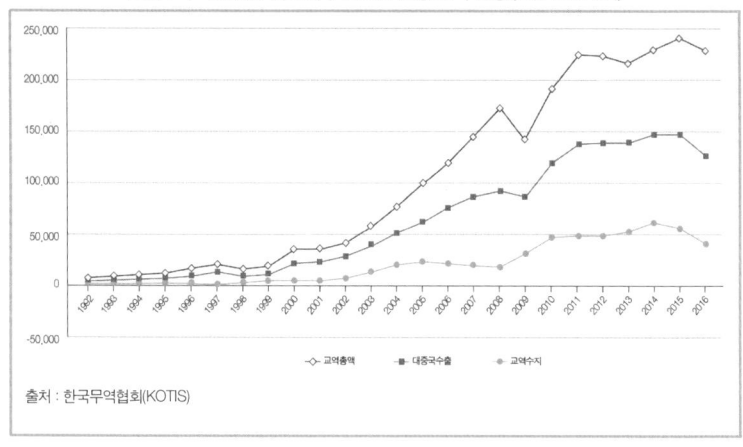

그림 1 | 1992년 수교 이후 연도별 한중 교역 현황 (단위: 100만 달러)

출처 : 한국무역협회(KOTIS)

그림 1에서 보듯 1992년 수교 이후 한중 양국의 경제적 교류 규모가 지속적으로 빠른 상승곡선을 그리고 있고, 2000년대 중반 한국인의 대중국 우호 인식이 급락한 상황에서도 대중국 경제교류와 수출은 지속 상승하는 것을 볼 수 있다.

그림 2는 한중 양국 간 상호 방문자 수를 보여주는 통계로 한중 양국의 방문자 수는 한국인의 대중국 우호 인식이 급락하는 2000년대 중반에도 지속 증대되는 것을 볼 수 있다.

이러한 교류의 증대, 상호의존도의 강화에도 불구하고 한중관계는 실제 불안정성이 지속되면서 상호 불신과 갈등이 반복되는 양상을 보이고 있다. 최근 사드 문제로 인한 중국의 보복조치, 그리고 이에 대한 한국의 반발과 반감은 양국 관계의 불안정성과 불신관계를 보여주는 대표적인 사례라고 할 수 있다. 한중 수교 이후 증대된 교류와 정보의 확대는 양국 관계를 양적으로 확대 발전시켜 온 반면, 부정적 인식과 불신이 증대되는 양상은 양국 관계의 질적 악화를 보여주고 있다. 이렇듯 교류의 확대가 관계의 우호화로 직결되지 않음은 다른 국가들에서도 빈번히 나타나는 현상이다(Peter Hays Gries 2011).

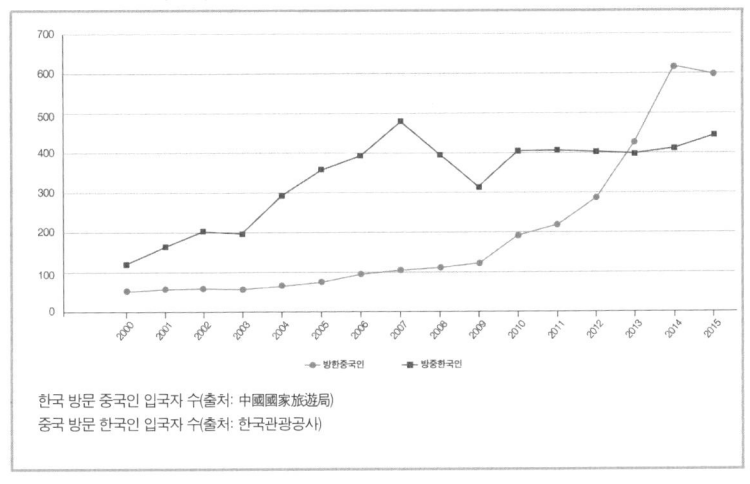

그림 2 | 1998년 이후 한중 양국 간 방문자 수 추이 (단위: 만 명)

한국 방문 중국인 입국자 수(출처: 中國國家旅遊局)
중국 방문 한국인 입국자 수(출처: 한국관광공사)

    그림 3은 1992년 이후 한국인의 대중국 인식과 관련된 여론조사 결과들을 종합하여 추이를 분석한 것이다. 분석결과 한국인의 대중국 우호 인식은 1992년 이후 2004년까지 지속적으로 상승곡선을 그리다가 2004년을 분기점으로 하여 급격하게 하향 추세로 전환된다. 2004년은 중국의 고구려사 왜곡이라는 '동북공정' 이슈가 여론의 관심과 반향을 불러일으켰던 시기로, 이후 한국인들의 대중국 인식은 부정적 인식이 지속적으로 상승하는 추세를 보인다.

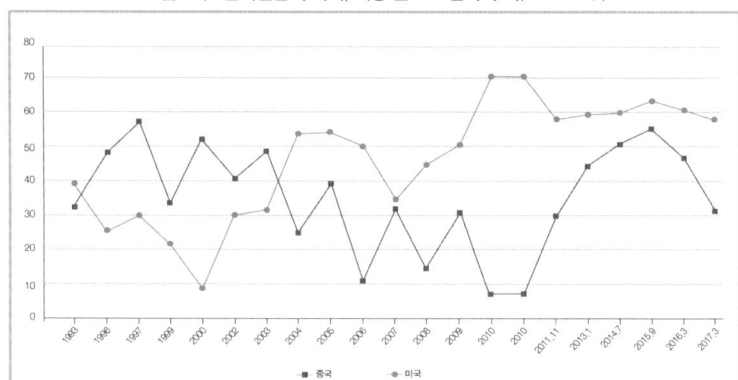

그림 3 | 한국인들의 대미, 대중 선호도 변화 추이(1993~2017.3)

출처: 인구발전연구소(편), 『전환기의 한국사회: 1993 국민의식조사』, p. 158; 국가홍보처 『한국인의 의식가치관 조사』(홍보처, 1996), p. 354 ; 『동아일보』(1999.1.1.) ; 『동아일보』(2000.12.5.) ; 『조선일보』(2002.12.22.) ; 『중앙일보』(2003.2.12.) ; 『조선일보』(2005.1.1.) ; 『중앙일보』(2006.5.18.) ; 『문화일보』(2006.9.16.) ; 『경향신문』(2008.8.15.) ; 『조선일보』(2010.8.12.) ; 『문화일보』(2010.11.1.) ; 美갤럽 『미중의 글로벌리더십조사』(2011.11) ; 2013년부터 2017년까지 데이터는 아산정책연구원 『아산폴』 자료에 근거한 것으로 선호도 절대 평가점수임

경제적, 인적교류의 양적 발전을 보여주는 그래프와 한국인의 대중국 인식 변화 그래프를 통해 한중 양국 간 경제적 인적 교류가 지속적으로 상승하는 추세 속에서도 한국의 대중국 인식은 부정적으로 전환되는 흐름을 볼 수 있다. 1992년 한중 수교 이후 한중관계는 경제적 인적 교류의 급속한 양적 발전에도 불구하고 우호 인식은 하락하는 질적 악화의 추세를 보여 왔다고 할 수 있다. 2013년 박근혜 정부 출범 이후 한중관계가 밀월기라는 평가를 받을 만큼 한중 양국 정상 간의 우호 외교가 빈번히 전개되면서 한국인의 대중국 인식도 단기적인 우호 추세를 보이나 여전히 한중 수교 초기에 비해 낮은 정도일 뿐만 아니라 2016년 사드 이슈의 등장으로 선호도가 또 다시 하락하는 추세에 있음을 볼 수 있다.

중국의 부상과 경제적 인적 교류의 지속적인 확대에도 불구하고 한중 양국 관계의 불안정성과 불신이 증대되는 이러한 상황은 실질적인 힘의 관계나 이익의 측면으로만 설명하기 어렵다. 본 논문은 한국인들의 대중국 인식이 한중 수교 이후 어떻게 변화하여 왔는지를 시대별로 종합하고 인식 변화의 요인을 힘power, 이익interest, 정체성identity이라는 3가지 변수를 중심으로 분석하고자 한다. 본 논문은 2절에서 외교관계와 정책에 있어 '인식'이 갖는 중요성을 제기하고 기존 논의에 대한 검토를 통해 한국의 대중국 인식 연구의 분석틀을 제시한다.

3절에서는 한중 수교 초기의 대중국 인식을 분석한다. 수교 초기는 냉전시대 적대적 관계 속에서 교류의 부재로 인해 '진공상태'에 있었던 한국의 대중국 인식이 높은 기대를 형성하면서 긍정적 인식이 확대되던 시기였다고 할 수 있다. 이러한 기회 인식의 바탕에는 한국의 국력에 대한 자신감, 통일에 대한 기대, 경제적 이익 확대에 대한 기대, 자주외교와 국위 상승의 기대 등이 복합적으로 작용하고 있었음을 보여준다.

4절에서는 2000년대 중반 이후 한국의 대중국 인식 변화를 분석한다. 이 시기는 동북공정 이슈의 부상으로 한국의 대중국 우호 인식이 급격히 하락한 이후 대중국 위협 인식과 반감이 확대되는 시기이다. 이러한 위협 인식의 확대에는 중국의 국력 상승과 미중 경쟁체제의 부상, 높은 대중국 경제의존도, 대북 정책 차이, 역사·이념 등 정체성 문제 등이 복합적으로 작용하였음을 밝힌다.

결론적으로 1992년 한중 수교 이후 25년간 한국인의 대중국 인식은 높은 변동성, 불안정성, 양면성을 보여주고 있음을 강조하고, 이것이 한중관계의 불안정성과 한국의 대중국 전략 부재를 설명하는 주요한 근거가 될 수 있다는 점에서 인식 연구의 중요성, 지속적인 학문적·정책적 관심의 필요성을 제기한다.

한국인의 대중국 인식
변화의 분석틀

연구의 배경

상대국에 대한 인식 연구는 외교관계, 외교정책의 '심리적 측면'에 대한 연구이다. 국제관계와 외교정책 결정에 있어 심리적 문화적 요소가 미치는 영향은 아무리 강조해도 지나치지 않다(Fisher 1997, 1). '인식의 힘'은 이미 국제관계나 외교정책 분석에서 다양하게 이루어져 왔다(Herrmann 1986; Blum 1993; Hurwitz·Peffley 1990; Murray·Cowden 1999; Schafer 1997). 인식은 '실제'에 대한 정보처리와 '상호교류' 속에서 형성되는데, 개인이 일상에서 접하고 있는 외교 현실은 실제로 일어난 일을 어떻게 해석하고 내화시키는가에 따라서 다른 의미를 갖는다(남궁곤 2005, 37).

인식 연구의 중요성에도 불구하고 국내연구는 그리 많지 않다. 국내적으로 '상대국에 대한 인식'이 가장 크게 주목받아 왔던 경우는 한국인들의 '대미인식' – 특히, 반미정서와 반미주의 – 에 대한 연구이다(Kim 1972; Kim 1989; 유영익·송병기·양호민·임희섭 1994; Moon 2004; 최종건·김용철 2005; 이내영·정한울 2005; Lee 2005). 한미 동맹관계의 오래된 역사와 굴곡, 그리고 한국 외교정책에 있어 미국의 위상과 영향력만큼이나 '미국의 이미지', '한국인의 대미인식'에 대한 연구는 국내적으로 척박한 '인식' 연구에 있어서 가장 많이 연구된 분야로, 한미관계 분석에 중요한 고려 요인이 되어 왔다. 반면, 중국의 급속한 부상과 함께 중국이 한국의 경제와 안보에 중요한 영향을 미치는 대외전략의 중요한 축으로 부상했음에도 불구하고 '한국인의 대중국 인식'에 대한 관심과 체계적인 연구는 한중 양국 간 짧은 공식적 외교관계 역사만큼이나 소수라고 할 수 있다 (Chung 2001·2007; 정재호 2011; 신경진 2011).

21세기 한국의 대외전략 수립에 있어 '중국의 부상을 어떻게 바라볼 것인가', '중국의 부상이 가져오는 한국의 미래는 어떠한 것인가', '중국의 부상이 미칠 역내질서와 세계질서 변화는 어떠한 것인가' 등 대중국 인식을 둘러싼 논의는 매우 중요한 화두이다. '중국의 부상'이라는 객관적 현실에 대해서 어느 때는 적극적으로 관여하고 편승하려는 경향이 높고 어느 때는 경계하고 대응하려는 경향이 높은 것은 객관적 사실에 대한 인식의 차이가 존재하기 때문이다. 따라서 한중관계 역사 속에서 한국인들의 대중국 인식이 어떻게 태동하였고 어떠한 변화 과정을 겪어 왔는지를 추적하고 종합하는 것은 한중관계와 한국의 대중국 외교 연구에 있어 매우 중요한 기초 작업이라 할 수 있겠다. 본 연구는 한국의 대외전략에 있어 가장 중요한 외교 대상국이라 할 수 있는 '대중국 외교'를 연구함에 있어 '인식'의 요소에 주목하고, 한중 수교 이후 한국의 대중국 인식의 역사적 변천과 그 요인을 살펴보는 데 목적이 있다.

본 연구는 1992년 수교 전후부터 2000년대 초까지 조사의 일관성과 지속성을 뒷받침할 수 있는 공식적 조사자료가 존재하지 않는다는 한계로 인하여 국내 언론사와 연구기관의 다양한 여론조사 결과 발표를 토대로 인식의 변화를 추적하였다. 2004년 이후부터는 국제적 여론조사기관인 글로브스캔과 BBC가 정례적으로 조사 발표한 세계 인식 조사자료를 종합하여 분석함으로써 비교적 일관성과 객관성을 기반으로 한 인식 변화 추이를 분석하였다.

인식의 영향 요인: 힘, 이익, 정체성

본 논문은 한국인들의 대중국 '인식'을 종속변수로 하여 인식 변화에 영향을 미쳐 온 독립변수로 힘, 이익, 정체성을 중요변수로 분석한다. 대중국 인식의 변화를 종속변수로 하여 이 세 독립변수의 시대별 변화와 인식 변화의 상관관계를 분석한다.

첫째, 상대국에 대한 인식을 결정하는 주요한 요소 중 하나가 바로 상대국의 국력, 상대국과 자국의 국력 격차라는 힘의 배분과 관련된 것이다. 보울딩(Boulding 1956)도 "국가 간 이미지의 중요한 측면이 바로 강함strength와 약함weakness"이라는 상대국의 힘에 대한 인식이라고 강조한다. 울포츠(Wolhforth 1987)는 나아가 힘 자체가 아니라 힘에 대한 인식이 분쟁을 일으키는 주요한 변수라고 강조한다. 세계 1차 대전 이전에 러시아의 국력에 대한 인식은 유럽국가 간에 서로 다르게 나타났으며 객관적 지표와도 차이가 있었다고 지적하면서 이러한 '인식된 힘perceived power'과 '객관적으로 측정된 힘estimated power' 간의 차이가 힘의 계량적 변화에 의존하고 힘에 대한 인식적 측면을 간과하는 이론들의 설명력에 한계를 부여할 수밖에 없다는 것이다. 한국의 중국에 대한 인식을 분석하는 데 있어서도 중국의 힘이 강하냐 약하냐 라는 객관적 힘의 차이가 인식의 변화에 중요한 변수라고 할 수 있다. 중국의 부상이라는 힘의 변화는 세계의 관심과 위협 인식의 증대를 함께 초래하고 있다. 한편으로 중국이 최근 공공외교를 적극적으로 강화하면서 세계 국가들의 우호 인식을 확대하고자 노력하는 것 또한 힘의 변화에 따른 인식의 변화, 즉 위협 인식의 증대에 대한 적극적 대응 차원으로 볼 수 있다.[1]

1990년대 초 소련의 해체와 탈냉전, 이로 인한 미국 일극체제의 등장 등 세계 힘의 질서가 변화하는 것은 한국이 중국에 대한 '적대적' 인식에서 벗어나는 중요한 기반이 되었고, 2000년을 전후한 중국의 경제적 급부상이 한국에게 대중국 외교의 중요성과 대안적 강국으로서의 기회를 인식하는 중요한 동력이 되었다. 그리고 2008년 미국 금융위기 이후 미국의 상대적 쇠락과 중국의 세계 2위 경제대국으로서의 부상으로 명실상부한 G2질서와 미중 경쟁관계가 구조화되면서 한국의 '선택 딜레마' 혹은 '구조적 위협 인식'이 증대된다는 것은 한국의 대중국 인식에 미치는 '힘'의 영향력을 보여주는 것이라 할 수 있다.

둘째, 인식을 결정하는 주요한 요소 중 하나는 '이익' 요인이다. 국가 간 경제적 상호의존이 국가 간 분쟁 가능성을 낮추고 협력을 증진한다는 자본주의 평화론capitalist peace은 경제적 이익이 가져다주는 대외 인식적 측면을 가장 잘 보여준다고 할 수 있다. 시장경제의 확산과 교역을 통해 상호 의존적 경제관계가 구축되면 기업인들 간에 국제적 유대가 돈독해지고 이들이 정치적 영향력을 행사해 기업의 이익을 저해하는 전쟁행위를 반대한다는 것이다. 중국의 부상을 위협이 아닌 긍정적 측면에서 바라보는 이유 또한 경제적 이익에 근거한다(Banlaoi 2003). 그러나 자유주의가 주장하는 것과는 반대로 경제적 상호의존이 중국에 대한 위협 인식을 높인다는 연구가 다수 존재한다(Polomka 1982; Chia·Sussang-kam 2006; Chew 2007). 추Chew는 미국인들의 대중국 인식의 변화를 설명하면서 미국인들의 인식 속에 '중국 위협'은 '군사적 위협'에서 '경제와 금융의 위협'으로 옮겨 가고 있다고 강조한다. 특히 미국 대중들은 중국

---

1 중국의 공공외교와 관련해서는 양명·차창훈(2014); 이장원(2011) 등 참조

이 경제적으로 재정적으로 미국에 미칠 수 있는 도전적 영향에 점점 더 민감하게 반응한다는 것이다. 동남아 국가들도 성장하는 중국의 제조업이 동남아 국가들의 제조업 경쟁력을 잠식할 것이라고 우려한다(Chia·Sussangkarn 2006).

한국의 대중국 인식 연구에서도 '이익' 요인은 경제적 안보적 측면에서 중요한 영향 요인으로 작용하여 왔다. 수교 이후 10여 년간 중국에 대한 우호 인식 상승을 견인하여 왔던 주요한 영향 요인이 경제적 이익이었다고 한다면 1999년 한중 마늘파동, 2005년 김치파동, 2016년 사드 보복 등 중국의 경제적 보복 사례는 한중 교역의 증대, 한국의 대중국 경제의존도의 부정적 측면과 위협 인식을 강화하는 것이었다고 할 수 있다.

안보이익의 측면에서도 한중 수교 초기 한국은 중국이 한반도 평화와 통일에 긍정적 역할을 할 것이란 기대가 우호 인식을 이끌었다고 할 수 있다. 그러나 중국이 북한의 핵 개발과 무력 도발을 억지하는 데 중요한 역할을 할 것이라는 초기의 기대는 이후 중국의 미온적 태도와 한중 간 이견이 부각되면서 점차 부정적 인식이 증대되어 갔다.

셋째, 이념, 역사, 민족주의 등 정체성 변수를 들 수 있다. 구성주의와 심리학의 사회정체성 이론social identity theory, 자기그룹화 이론self-categorization theory은 정체성의 공유가 국가 간 위협 인식을 완화시켜주거나 어떤 경우에는 완전히 제거할 수 있다고 주장한다(Rousseau·Retamero 2007, 744). 국제관계에서 '외부자'들을 '내부자'보다 더 위협적으로 보고, 국가 간의 정체성 공유 정도가 위협 인식에 영향을 미친다는 것이다(Gries 2005, 237). 민족주의는 자기민족 중심적 인식으로 '자기 그룹'과 '다른 그룹'을 구분하는 강력하고 보편적인 인식체계이다. 이는 상대국에 대한 인식을 결정하는 중요한 요소이다(Levinson 1957, 38). 자기 그룹은 매우 영광스럽고 이상적으로 인식하고, 자국의 자존심과 명예 그리고 주권을 매우 중시한다. 따라서 다른 민족에 대해서는 위협적이라고 보고 심각한 경우 우리를 공격할 것이라고 인식하는 경향이 있다고 주장한다.

과거 역사에 대한 기억 또한 상대국에 대한 인식에 중요한 영향을 미치는 변수이다. 사람들은 새로운 정보를 기존에 가지고 있던 신념을 통해 해석한다(Jervis 1982, 24). 즉, 과거에 대한 인식이 현재의 '위협 인식'에 중요한 영향을 미치며 이는 또한 미래의 외교정책 선호도에 영향을 준다(Gries·Zhang·Masui·Lee 2009, 246). 냉전 시기 형성된 이데올로기에 입각한 대외정책 신념과 적대적 이미지는 냉전뿐만 아니라 탈냉전 시기에도 핵심적인 역할을 하고 있다(Murray·Cowden 1999).

이렇듯 상대국에 대한 인식에 영향을 미치는 다양한 정체성 변수는 힘, 이익 등 물리적 변수와 상호작용을 하면서 인식의 변화를 강화하거나 혹은 변형시키기도 한다. 구성주의가 주장하듯 핵능력이라는 실재적 힘보다 '누가 핵을 가졌는가' 하는 대상의 문제에 따라 대응행동이 달라진다는 점에서 정체성 변수는 다른 두 변수와의 상호작용 속에서 실질적인 인식의 방향을 결정하는 주요한 변수라 하겠다.

한국의 대중국 인식 변화에서도 정체성은 가장 핵심적인 변수로 작용하여 왔다. 한중 수교 초기 대중국 우호 인식을 견인하였던 정체성 변수는 자부심self-esteem과 주권sovereignty 인식에 근거한 민족정서였다고 할 수 있다. 과거 대미의존에서 벗어나 외교적 자율성과 민족자존을 강화하는 계기라는 인식이 강하게 작용하였다는 것이다. 또한 사회정체성 이론이나 자기그룹화 이론에서 제시하는 바와 같이 '자기 그룹in-group'

과 '외부 그룹out-group'에 대한 구분, 즉 피아彼我 구분 인식 또한 한중 수교 초기 중요한 기회 인식을 형성하였다. 즉, 과거 냉전 시기 적대그룹에 속해 있던 중국이 북한 편이 아니라 한국 편이 될 수 있다는 기대는 한국의 대중국 기회 인식을 강화한 중요한 요인이었다고 할 수 있다. 그러나 2004년 동북공정, 북한의 무력 도발에 대한 중국의 미온적 태도, 2016년 사드 보복 등은 오히려 민족자존, 주권, 피아 구분 인식에 부정적 영향을 미치면서 한국인의 대중국 인식을 악화시키는 요인으로 작용하였다.

상대국에 대한 인식의 영향변수들은 독립적으로 역할하기도 하나 실제 복합적인 상호작용을 통해 인식을 형성한다고 할 수 있다. 허만(Hermann 1997)은 상대국에 대한 인식과 행동을 좌우하는 것은 상대국에 대한 이미지 – 즉 상대국이 적대국이냐 식민지냐 동맹국이냐 하는 분류 – 가 핵심이라고 주장한다. 그리고 상대국에 대한 이미지는 세 가지 특징 – 해당국가의 상대적 국력에 대한 인식, 상대국이 제시하는 위협이나 기회에 대한 인식, 그 상대국의 문화적 특성에 대한 인식 등으로 구성된다. 카스타노(Castano 2003)는 국제관계에서 상대에 대한 인식을 좌우하는 것은 첫 번째, 그 상대국이 동맹국이냐 적대국이냐 하는 데 있다고 주장한다. 즉, 똑같은 미사일 개발에 대해서 적대국의 경우는 위협을 느끼고 동맹국의 경우는 반대로 안정감을 느낀다는 것이다. 상대국의 행위에 대한 인식에 중요한 요소는 또한 힘이라고 주장한다. '강한' 적대국은 '약한' 적대국보다 더 위협적으로 느끼게 된다. 카스타노 등은 상대국의 이미지, 힘 두 가지 요소에 상대국의 실체성과 결집도에 대한 인식을 중요한 요소로 추가한다. 즉, 적대국이 결집력이 높은 국가일 경우 위협 인식은 더 높아지는 반면, 동맹국이 결집력이 높은 경우에는 그 국가에 대한 기대 인식이 높아진다는 것이다.

한국인의 대중국 인식 변화도 이러한 힘, 이익, 정체성이라는 세 가지 영향 요인들이 역동적인 복합작용을 하면서 전개되었다.

한중 수교 초기
대중국 긍정 인식의 형성과 확대

수교 직후 한국이 중국에 비해 앞서 발전해 있다는 자신감을 바탕으로 중국의 발전 잠재성과 한국이 얻고 있는 경제적 이익에 즐거워하던 시기에는 중국을 '기회'로 인식하는 흐름이 주를 이루었다(김한권·고명현 2014, 52). 본 연구는 수교 이전 중국에 대한 실질적 정보와 이해가 취약한 상황에서 형성된 장밋빛 기대와 중국의 경제적 부상, 한중 경제교류의 증대 등이 복합적으로 수교 초기 중국에 대한 우호 인식을 확대해 가는 양상을 살펴본다. 수교 초기의 높은 기대가 오히려 중국에 대한 불신과 반감을 확대 강화시키는 기반이 되었다는 점에서 이 시기 형성된 대중국 기대 인식을 구체적으로 살펴본다.[2] 힘, 이익, 정체성의 측면에서 형성된 한국의 높은 대중국 기대 인식을 고찰하고 이러한 초기의 기대 인식이 추후에 어떠한 계기와 과정으로 변화되어 가는지를 분석한다.

---

2 미중관계와 미국의 대중 정책을 분석하는 많은 논문들도 미국이 가졌던 오인과 오해의 문제를 지적하고 이것이 가져온 정책적 실패에 주목한다(Gries 2009 등 참조).

한중 수교 초기 10년 '긍정 인식'의 확대

대공산권 문호개방이 선언된 박정희 대통령의 1973년 '6·23선언'부터 한국과 중국의 공식적인 국교정상화가 합의된 1992년까지의 한국의 대중국 인식은 과거 냉전시기 '공산국가 중국'이라는 적대적 인식의 틀에서 벗어나 조금씩 객관화 중립화의 추세가 강화되던 시기라고 할 수 있다.

표 1 | 1984~90년, 주변국에 대한 한국인들의 친근감 변화 (%)

	좋다			싫다			어느 쪽도 아니다			잘 모르겠다		
	84년	88년	90년	84년	88년	90년	84년	88년	90년	84년	88년	90년
미국	69.9	37.4	23.9	3.3	16.1	18.5	24.0	33.4	51.2	2.8	13.1	6.5
중국	12.5	15.9	11.2	38.8	23.1	18.5	40.4	40.0	54.1	9.9	21.0	16.3
일본	22.6	13.6	5.4	38.9	50.6	66.0	33.8	26.4	24.2	4.7	9.4	4.4

출처: 『국민생활과 대외관계에 대한 국민의식 조사연구』(동아일보사 조사연구실 연구부, 1990), p. 36.

표 1에서 볼 수 있듯 1984년 대중국 인식은 '싫다(38.8%)' '좋다(12.5%)'보다 '어느 쪽도 아니다(40.4%)'는 중립적 인식이 높게 나타난다. '싫다'는 응답은 1988년 15.7%, 1990년 '18.5%'로 점차 줄어든다. 미국(18.5%)과는 같고 일본(66.0%)보다는 낮은 응답률을 보이고 '어느 쪽도 아니다(54.1)'는 중립적 의견이 증대한다.

1980년대 말 추진된 북방정책과 1992년 8월 성사된 한중 양국 간 국교정상화는 대중국 기대 인식을 증대시키는 중요한 전환점이 된다. 한중 수교 직후 한국인의 중국에 대한 기대 인식의 상승과 함께 호감도 또한 지속적으로 상승하는 모습을 볼 수 있다. 한중 수교 1주년을 맞아

'극동조사연구소'가 실시한 '한국인의 대중국 인식' 여론조사 결과를 보면, 중국에 대한 호감도(25.6%)가 미국(41.1%) 다음으로, 일본(21.1%)보다 높게 나타났다. 1992년 9월 노태우 대통령 방중 직후 여론조사 결과, 노 대통령의 방중이 우리 국익을 위해 의의가 크다는 응답이 84.2%에 달했고, 한반도 평화정착에 가장 영향을 미칠 나라로는 미국(33.2%)과 중국(30.3%), 일본(14.5%), 러시아(8.1%) 순으로 나타났다(동아일보 1992.10.2., 2). 한중 수교 3주년 시기인 1995년 한겨레신문 조사에서는 '한국의 발전을 위해 중국과 유대를 현재보다 더 강화해야 한다'는 의견이 71.4%에 달해 미국(33.6%)보다 높은 응답률을 기록했다.

1995년 11월 15일 장쩌민 중국 국가주석의 방한 이후 한국인들의 중국에 대한 기대 인식은 한층 높아졌다. 수교 당시 경협에 한정되었던 양국 관계가 정치, 외교 분야에 까지 확대된 것으로 평가하는 인식이 높아진다. 장쩌민 주석의 방한은 1992년 한중 수교 이후 대중국 기대 인식이 북중관계의 긴밀화로 일부 상쇄되었던 상황에서 다시 중국에 대한 기대 인식을 높이는 계기가 되었다. 이를 반영하듯 1996년 조사에서는 가장 중요한 협력대상국으로 중국(47.1%)이 미국(24.8%)보다 높은 응답률을 보였다.

표 2 | 1993/ 1996년, 한국인의 대미·대중 외교 중요도 인식 조사 (%)

	중국		미국	
	1993년	1996년	1993년	1996년
가장 중요한 협력대상국	33.3	47.1	38.3	24.8

출처: 인구발전연구소 1994, 158 ; 국가홍보처 1996, 354.

표 3 | 2002.12, 한국인의 대미국, 대중국 호감도 조사 (%)

	미국	중국
'좋다'는 응답률	37.2	55

출처: 한국갤럽, 주변국에 대한 호감도 조사(조선일보 02/12/23, 11)

대중국 외교의 중요도에 대한 인식과 함께 중국에 대한 선호도 또한 지속적으로 확대된다. 2002년 대선 당시인 12월 14일 실시된 여론조사 결과 '미국이 싫다(53.7%)'는 응답이 '좋다(37.2%)'보다 높게 나타났고, 이에 반해 '중국이 좋다(55%)'는 응답은 과반을 넘어 미국보다 20%가까이 높게 나타났다. 2002년 월드컵과 촛불시위를 통해 응집된 민족적 자존의식과 자부심은 과거 불평등한 대미 의존적 외교에서 벗어나려는 반미주의와 결합하면서 부상하는 이웃국가 중국에 대한 우호 인식을 제고시키는 기반으로 작용했다.

대중국 긍정 인식의 3가지 요인

1992년 한중 수교 초기 한국의 대중국 우호 인식의 확대를 견인하였던 요인은 무엇인가? 1992년 한중 수교 관련 정부 측이 언론에 배포한 '한중 수교에 대한 배경설명 자료'에서 정부 측이 강조한 한중 수교의 의의를 보면, 당시 한국이 중국과의 수교에 대해 갖는 핵심적인 기대 인식들을 살펴볼 수 있다. 우선 첫째, 북방외교의 완성과 평화통일의 외교적 초석 마련, 그리고 한반도 평화와 안정에 기여할 것이라는 점을 강조한다(외교부 1992, 33). 또한 우리 주도의 외교로 본격적인 4강 외교시대에 돌입, 한국의 국제적 위상이 제고되고 적극적이고 능동적인 외교 전개

기반을 확보했다고 강조하면서 독자적인 외교 역량 강화에 의미를 둔다(외교부 1992, 34). 더불어 대중국 무역의 급격한 증대 및 상호보완적인 경제협력의 대폭 확대에 기대를 표시한다(외교부 1992, 35). 이렇듯 정부 측이 국민들에게 수교의 의미를 설명하면서 ①남북관계 발전과 통일에의 기여 ②국제적 위상 제고 ③경제발전의 확대 등을 강조하고, 언론 또한 이러한 세 가지 기대를 중심으로 한중 수교의 의미를 중점 보도하였다. 1992년 한중 수교 이후 한국인의 대중국 우호 인식이 상승하는 데에는 이러한 수교 초기의 기대 인식들이 한중 간 경제적 인적 교류의 급속한 발전과 함께 상호 작용한 것으로 볼 수 있다.

힘의 변화: 탈냉전과 미국 일극체제의 부상

1990년대 초 소련의 해체와 탈냉전으로 인한 국제질서 힘의 배분 구조 변화는 국제질서를 탈이념 경제 중심으로 재편하였다. 이러한 양극체제, 냉전질서의 종언은 1992년 한중 수교기 대중국 인식을 형성하는 중요한 요인이었다고 할 수 있다. 과거 한국의 중국에 대한 인식이 공산국가라는 적대인식에서 탈이념화, 실용화되는 경향은 미국 일극체제의 부상이라는 새로운 국제질서에 힘입은 바 크다. 이후 중국이 고도 경제성장을 지속하면서 급속히 부상하는 가운데 1997년 아시아 금융위기 이후 가속화된 다자 협력기구 또는 지역공동체 논의는 동북아 지역 평화와 통합의 질서 구축을 위한 긍정적 동력으로 중국의 잠재적 역량에 대한 기회 인식이 높아지는 계기가 된다.

1992년 한중 수교기는 중국이 1978년 개혁개방 이후 급속한 경제성장을 지속하며 놀라운 속도의 국력 상승이 이뤄져왔지만, 실제 중국이 미국과 견줄만한 종합적 역량을 갖출 것이라는 전망은 그리 높지 않았다. 1994년 아사히신문과 뉴욕타임스가 공동 조사한 세계질서에 대한 미국, 일본, 영국, 독일 선진 4개국 국민의 인식 조사결과 '20~30년 뒤 미국 이외에 세계의 지도자로 등장할 나라나 지역'으로 미국에서는 일본(28%)이, 일본에서는 중국(38%)이, 영국과 독일에서는 서유럽이 각기 1위로 나타났다(한겨레 1994.4.3., 5). 평화를 위협하는 나라로는 미국과 영국이 중동(26%)을, 독일에서는 러시아(27%)가, 일본에서는 미국(22%)이 각기 1위를 차지해 중국의 부상에 대한 경계나 위협 인식은 이 시기까지는 아직 주목할 만한 이슈가 되지 못했음을 알 수 있다.

북방외교와 한중 수교가 이루어지는 1990년대 초반은 GDP 규모로 봤을 때 한중 양국 간 국력 격차가 상대적으로 작았을 때로 볼 수 있다. 중국이 고도 경제성장을 지속하고 있었으나, 한국 또한 1970, 80년대 산업화의 성공으로 경제력이 한층 높아지고 1988년 서울올림픽의 성공적 개최로 국제적 위상이 제고되던 시기이다. 한국은 이러한 자신감을 바탕으로 중국을 경제적 외교적 기회의 상대로 인식할 수 있었다. 1997년 IMF 이후 중국의 지속적 부상과 한국의 경제적 위기로 국력 격차가 조금씩 확대되기는 하였으나 중국의 다자외교 적극성, 9·11테러 이후 미중 협력관계 강화, 중국의 6자회담 의장국 역할 등 다양한 측면에서 중국의 부상이 아직은 위협으로 받아들여지지 않았다.

안보 이익, 통일 도움 인식

한국의 대중국 인식에 주요한 영향 요인은 바로 북한 문제와 연계되어 있다. 한국인의 대중국 인식 속에 한반도 평화통일, 북한 위협 해소에 도움이 될 것이라는 기대는 한중 수교 시기 이전인 1970년대 대중국 접근 외교 시기부터 태동해 왔다. 박정희 대통령은 1973년 6·23선언을 통해 남북한 유엔 동시 가입과 한국의 대공산권 문호개방 의지를 밝혔다. 중국이 북한에 대해 갖고 있던 잠재적 영향력을 인식하고 중국과의 관계개선이 한반도에서의 긴장을 완화하고 안정과 평화의 유지에 큰 도움이 될 것이라 확신했던 것이다(정재호 2011, 41).

1992년 외교부의 '한중 수교에 대한 배경설명 자료'를 보면 수교의 의의에서 한민족에 의한 한반도의 조기 평화통일에 대한 중국 측의 지지를 확보하여 향후 평화통일 실현을 위한 외교적 여건을 조성하였다고 평가한다(외교부 1922, 33). 북핵 문제 해결과 주변 4강의 남북한 교차승인을 통한 북한의 개방이 남북 간 화해협력을 재촉해 통일을 앞당길 것이라는 기대를 가졌다(한겨레 1992.9.1., 3). 또한 중국이 냉전 시기의 대북한 일변도 지지로부터 탈피하여 남북한과 모두 정상적인 외교관계를 맺게 되었다는 점에서 북중 동맹관계 변화의 의미로도 인식되었다(이성일 2011, 547).

노태우 대통령의 회고록은 북방정책, 한중 수교의 핵심적 기대와 목표가 남북한 대치상태 해결과 한반도 통일이었음을 보여준다.

"남북한 대치상태를 해결하기 위해 고민하던 나는 중국 전국시대 진나라가 썼던 '원교근공' 전략을 떠올렸다. … 나는 이 전략을 남북관계에 원용해야겠다고 작정했다. 평양으로 가는 길을 모스크바와 베이징을 통해 모색하기로 한 것이었다." (노태우 2011, 140)

"교류가 없던 저 대륙국가에도 국제협력의 통로를 넓게 하여 북방외교를 활발히 전개할 것입니다. … 이 외교적 통로는 통일로 가는 길을 열어 줄 것입니다." (노태우 2011, 422-424)

"저와 중국 지도자들의 회담은 통일을 위해 또 하나의 소중한 디딤돌이 될 것입니다. 우리는 이제 평양으로 가기 위해 유엔과 모스크바를 거쳐 그 마지막 관문인 북경에 이르렀습니다. … 북한의 오랜 친구이자 우리의 새로운 친구인 중국의 지도자들에게 통일을 향한 우리의 입장을 분명히 전할 것입니다. 통일을 막는 외적 장애는 더 이상 없습니다." (노태우 대통령 방중 출국 기자회견, 외교부 1922, 89-92)

"저와 중국의 지도자들은 자주적이고 평화적으로 통일되어야 한다는 데 의견을 같이하고, 중국은 적극 협조하겠다는 입장을 밝혔습니다. … 우리가 우리 힘으로 통일의 길을 열었다는 자신감입니다." (노태우 대통령 방중 귀국 기자회견, 외교부 1922, 93-98)

정부의 이러한 의미부여와 함께 한중 수교와 관련된 언론보도들도 일제히 한중 수교가 남북관계 개선과 북핵 문제 해결, 한반도 통일에 도움이 된다는 기대 인식을 반영하고 있다.[3] 표 4에서 볼 수 있듯 1992년 한중 수교 직후 실시된 여론조사에서도 한중 수교가 북한의 개혁개방에 도움이 될 것이라는 응답이 73.9%에 달할 정도로 중국이 북한변화에 긍정적 영향을 미칠 것이라는 인식이 지배적이었다. 남북통일에 장애가 되는 국가에 대한 여론조사는 미국(22.8%), 일본(17.6%)이 중국(10.6%)보다 훨씬 높게 나타났다.

---

3 한겨레, "중국, 한반도 비핵화 지지,"(1992.9.29., 1); 경향신문, "한반도 비핵화 의견일치,"(1992.9.29., 1); 동아일보, "한중 수교 한반도통일에 도움,"(1992.9.13., 13); 매일경제, "한중 수교 동북아 안정 청신소: 북핵해결 실마리 제공,"(1992.8.22., 4); 매일경제, "한중 수교 초읽기, 북한개방 촉진, 통일환경 새전기,"(1992.8.21., 1): 한겨레, "북한 핵문제 해결 가능성 높아져,"(1992.8.25.).

표 4 | 1992.9, 한중 수교의 대북한 개혁개방 영향력 인식 조사 (%)

	부분적 개방에 기여	전면적 개방 촉진	더욱 폐쇄적
응답률	60.7	13.2	7.9

출처: 현대사회연구소, 1992.

표 5 | 1995년, 남북통일에 대한 장애국가 인식 조사 (%)

	미국	일본	중국	러시아	남한	북한
응답률	22.8	17.6	10.6	2.6	1.6	44.0

출처: 세종연구소(1995), p. 72 ; "현재 어느 국가가 남북통일에 가장 장애인가"

경제적 이익

1992년 한중 수교가 이루어지면서 가장 핵심적으로 주목받고 기대되었던 부분이 바로 중국과의 공식 국교 관계가 가지고 올 수 있는 경제적 이익에 대한 것이었다. 한중 수교 시기 한국인들의 대중국 인식에 또 하나의 중요한 요소는 12억의 인구와 풍부한 자원을 가진 거대한 경제협력 파트너의 등장이라는 것이다. 중국은 1992년 수교 당시 이미 한국에게 세 번째로 큰 무역상대국이었던 상황에서, 양국 간 국교 수립은 한국 경제가 새롭게 도약할 수 있는 수출시장의 확대와 자원 수입원의 다변화, 투자처의 확보 등 다양한 경제적 활로로서 인식되고 있었다. 한국 정부 또한 한중 수교의 의의로 '대중국 무역의 증대 및 상호보완적 경제협력의 대폭 확대'를 들었다(외교부 1922, 35). 노태우 대통령도 한중 양국 간 경제구조가 상호보완성을 가지고 있기 때문에 실질협력의 가능성이 매우 크다고 강조했다(외교부 1922, 95). 당시 한국은 내수시장 및 자원 부족, 보호무역정책 등으로 어려움을 겪고 있던 데다, 미국의 슈퍼 301조 등 대한국 통상압력 강화 등으로 대미 의존적 경제구조에 대한 우려가 부상하고 있던 상황이었다.[4] 거대한 시장잠재력을 가진 중국과의 국교 정상화는 수출대상국의 다원화와 자원수입원의 분산 등 새로운 활로의 부상이라는 높은 기대 인식이 지배적이었다.[5] 또한, 한중 수교는 투자분야에 있어서도 하나의 획기적인 전기를 마련해 줄 것이라는 기대 인식이 존재했다(차근석, 1995).

1992년 한중 수교 이후 양국 간 무역은 급격히 증대되어 1992년 교역액 63.8달러에서 1994년 116억 6,600달러로 급격히 증대하였다. 급증하는 교역량과 교역수지는 수교 초기의 경제발전에 대한 기대와 함께 대중국 우호 인식을 제고하는 중요한 요소로 작용하였다.

정체성 요인: 자존과 자주외교의 기회

1992년 한중 수교 시기는 1986년 아시안게임과 1988년 올림픽 등으로 국가의 역량과 국제적 위상에 대한 자부심과 1987년 민주화와 대통령 직선제를 통해 출범한 정부의 정통성을 기반으로 적극적인 대외정책을 추진할 수 있는 시기였다. 또한 국내적으로 1980년대 민주화 시기를 거치면서 광범위하게 확산된 '반미, 자주' 의식은 탈냉전이라는 국제질서의 변화와 함께 대미 의존적 외교에서 벗어나 국가의 자율성과 자

---

[4] 1994년 신년특집 조사결과, 우리의 안보나 생존을 위협하는 요인으로 '북한의 핵 개발(89.1%)'에 이어 '미국의 통상압력(80.9%)'이 비슷한 응답비율로 높게 나타남. 그 다음으로 '일본의 군비증강(71.1%)' '중국의 무력증강(71.6%)' 순이었음. (동아일보, 1994.1.1., 21)

[5] 한중 수교 당시 언론보도를 통해 경제적 이익에 대한 기대가 높았음을 알 수 있다. 한국일보, "한중 수교, 침체경제 활력 기대, 상반기 교역 38억불 … 미·일 이어 3위,"(1992.8.22., 6); 서울신문, "한중 수교 서명으로 교역기지 발돋움"(1992.8.25., 19); 국민일보, "우리나라의 대중국 경제진출도 눈에 띄게 늘어 어려움을 겪고 있는 우리경제에 활력소를 불어넣게 될 것,"(1992.8.24., 3) 등.

주역량을 높이는 방향으로의 대외정책의 추진을 뒷받침하고 있었다고 할 수 있다. 즉, 북방외교와 한중 수교를 추진하던 시기 중국과의 외교 관계 수립은 이러한 국가와 민족의 '자주'와 '자존', '국가 위상의 제고'라는 요구와 기대에 부합하는 과제였다. 노태우 대통령의 발언은 이러한 '자주'와 '국위 상승'의 기회 인식을 그대로 보여준다.

> "저의 중국 방문은 우리 민족사에 있어 중대한 의미 … 우리는 이제 나라와 겨레의 밝은 앞날을 개척해 나가는 데 자주적인 역량이 더욱 강조되는 시대를 맞았습니다." (노태우 대통령 방중 출국 기자회견, 외교부 1992)

중요한 정체성 요인의 또 하나는 탈냉전으로 인해 '피아 그룹'의 경계가 약화되었다는 점을 들 수 있다. 한중 수교 당시 한국인들은 중국이 과거 북한 일변도의 대외정책에서 한국의 경제적 정치적 중요성을 고려한 '균형외교'의 실천 혹은 실질적으로는 한국과 더 가까워질 것이라는 기대 인식이 지배적이었다. 실질적으로 1992년 한중 수교를 전후로 중국의 대북 전략적 기조의 변화, 북중 동맹관계의 변화 등이 언론의 주목을 받았고, 한국의 대중국 기대 인식을 높이는 데 역할을 했다. 1991년 9월 장쩌민 당 총서기가 일본공명당 방중 대표단을 회견할 때 북중관계에 대하여 "과거에 함께 싸워 온 친구로서 밀접한 유대관계를 맺고 있지만, 이제 동맹관계는 아니다"라고 말함으로써 탈냉전 이후의 북중 동맹관계에 대하여 부인하였다(조선일보, 1991.10.8.)는 등의 내용은 한중 수교를 앞두고 중국의 대북태도와 정책변화에 대한 기대를 높였다.

이렇듯 1992년 한중 수교 시기 중국에 대한 기대는 자주, 통일, 경제라는 세 가지 핵심적 영역에 대한 기회 인식에 뿌리를 두고 있었고,

이것이 2004년까지 대중국 인식의 우호화를 견인한 중요한 요인이라고 하겠다.

2000년대 중반 이후 한국인의 대중국 인식 변화와 요인

한국인의 대중국 위협 인식의 부상

2000년대 초반은 중국의 지속적인 부상과 한국 정부의 정권교체에 따른 대외인식의 변화가 맞물리면서 친중국 흐름이 급격히 형성된다. 이에 한편에서는 한미동맹 위기라는 경계와 우려가 부각되면서 중국 위협론이 등장하게 된다. 이러한 대중국 균열 인식의 부상은 2004년 동북공정 이슈의 등장으로 급속히 부정적 인식이 확대되는 전환점을 맞이한다. 일반 대중들의 대중국 인식이 급격히 우호적으로 전환되면서 '탈미친중'으로까지 평가되던 국내적 흐름이 2004년 동북공정 이슈의 등장으로 급격히 하락하는 추세로 반전된 것이다.[6]

2004년 동북공정이 언론과 정치권의 핵심 논쟁이슈로 자리 잡으면서 여론의 대중국 인식 악화를 초래하였고 그와 연계된 다양한 역사논

---

6 2002년 2월부터 중국사회과학원 변경사지연구원 중심의 주도 하에 2006년 말까지 5년간 기한의 연구 프로젝트인 동북공정은 2003년 7월 16일 중앙일보에 의해 최초로 한국 언론에 보도된 이후 중국의 '역사주권 침해, 영토 야욕' 등 중국에 대한 부정적 인식을 강화하는 이슈로 지속되었다.

> **중국의 동북공정東北工程**
>
> 정식명칭은 '동북변강역사와 현황관련 연구공정東北邊疆歷史與現狀系列研究工程'이다. 2002년 2월에 시작되어 2007년 1월까지 5년기한으로 진행된 동북공정은 중국사회과학원과 길림성, 요녕성, 흑룡강성 등 동북3성의 학자들이 함께 참여하여 고조선부터 고구려사, 발해사 등을 포괄하는 광범위한 역사연구와 국경연구 등을 진행한 것이다. 동북공정은 서남공정, 북방공정 등 다른 역사공정들과 함께 소수민족의 역사를 중국사화 하고 이들을 중화민족의 틀에서 통합하고자 하는 국가차원의 프로젝트라고 할 수 있다. 이러한 기조 속에서 고구려사와 발해사 또한 중국변경의 역사로 편입시키려 한다는 내용이 2003년 7월 국내언론에 최초로 보도된 이후 한국의 반중여론과 위협론이 확산되는 계기로 작용하였다.

쟁들의 지속[7]으로 '중화패권주의'라는 대중국 인식의 프레임이 부상하게 된다.

그림 4는 여론조사 전문기관인 글로브스캔이 2004년부터 매해 조사해 온 국가별 인식 조사 자료를 바탕으로 한국인의 대중국 인식 추이를 종합한 것이다. 중국에 대한 부정 인식이 지속 증대되는 모습을 보인다.

2004년 연말 조사하여 2005년도에 발표한 한국인들의 대중국 인식은 긍정적(49%)과 부정적(47%) 인식이 비슷한 수준으로 나타났으나, 2006년 말까지 '49%→40%→32%'로 지속하락하면서 3년 만에 17% 하락한 것으로 나타났다. 특히 2004년 이후 한국인들의 중국에 대한 부정적 인식은 세계 평균보다 10%포인트 넘게 훨씬 높은 것으로 나타났다는 점에서 동북공정 이후 한국인들의 '반중反中정서'가 매우 강력하게 자리 잡고 있음을 볼 수 있다. 2012년도에는 '부정 인식'이 64%로 가장 높았고, 당시 글로벌 평균인 부정(31%), 긍정(50%) 여론과 비교할 때 상당

---

[7] 백두산과 이어도 영유권 분쟁, 아리랑 논쟁 등 중국의 한국 역사와 영토에 대한 침략이라는 인식을 강화시키는 다양한 이슈들이 지속 제기된다.

히 차이를 보이는 것을 볼 수 있다. 2013년도는 부정 인식이 61%, 긍정 인식이 23%로 역대 조사 이래 가장 큰 격차를 보여주었다. 2014년도는 부정 인식이 56%, 긍정 인식이 32%로 부정 인식의 완화가 보이나 여전히 글로벌 평균인 부정(40%), 긍정(41%)에 비교하면 부정 인식이 높다.

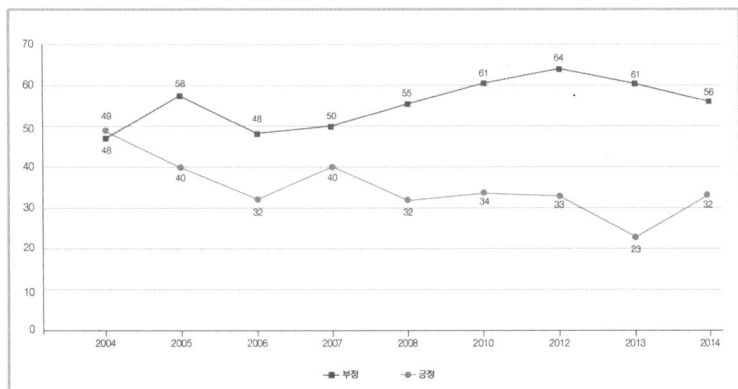

그림 4 │ 한국인들의 대중국 인식 변화 추이 (2004-2014)

출처: GlobeScan, "BBC World Service Poll"(www.globescan.com). 본 그래프는 국제여론조사기관인 'GlobeScan' 이 2004년부터 매해 실시,발표하고 있는 세계주요국에 대한 인식 조사 결과 중 '중국의 영향력에 대한 한국인의 인식' 부분을 별도로 종합하여 재구성한 것임.

중국에 대한 선호도 악화는 물론 위협 인식도 증대된다. 2000년도 한국인의 주변국 군사력에 대한 위협 인식 조사에서 북한(54%), 일본(21%), 미국(12%), 중국(8%) 순으로 중국이 가장 낮게 나타났다(동아일보 2000.12.5., 22). 그러나 2006년 조사에서는 중국의 발전에 대해 '매우 위협(49%)' '다소 위협(42%)'이라는 응답이 90%를 상회하면서 '위협이 안 된다(8%)'는 응답을 압도하였다(이내영·정한울 2006, 49).

대중국 인식 변화의 요인

힘의 변화: G2 경쟁체제 '구조적 위협 인식'의 대두

1997년 아시아 금융위기, 2008년 세계 금융위기 등의 세계적 경제위기는 중국의 부상에 주요한 계기로 작용하였다고 할 수 있다. 중국의 고도 경제성장 지속으로 한국과의 경제력 격차가 확대되면서 수교 초기와는 다른 '강대국' 인식이 형성된다. 현실주의론적 입장에서 양국 국력의 비대칭성이 증대되면 될수록 위협 인식이 증대한다고 하거나, 힘의 비대칭성이 자동적으로 위협 인식으로 연결되지는 않으나 다른 정체성 요인들이 복합적으로 작용할 경우 힘의 비대칭성은 위협 인식을 극대화하는 중요한 요소로 작용한다. 2004년 동북공정 이후 한중 간의 국력 격차는 위협 인식을 증대시키는 데 복합적 작용을 하였다고 할 수 있다.

중국이 2010년 일본을 제치고 경제규모 세계 2위 국가로 등극하면서 역내 중일 간 세력균형의 붕괴와 미중 간 세력전이 흐름의 가속화가 초래된다. 이러한 세력 배분 구조의 변화와 함께 미중 양국 간의 갈등과 충돌은 점증하는 추세를 보인다. 이러한 세계질서의 변화 속에서 한국은 선택의 딜레마와 연루의 가능성이라는 측면에서 우려와 위협 인식이 동시에 높아진다.[8] 과거 중국의 부상을 바라보는 인식이 '중국이 위협이냐 기회냐' 하는 중국을 상대로 한 양자 관계적 인식이었다면, 2008년 세계 금융위기 이후 대중국 인식의 특징은 미중 양대 강국 사이에서 겪

---

8 중국의 부상에 따라 한국이 미중 양국 사이에서 처하게 될 외교적 딜레마와 관련된 연구들은, 정재호 2011; 정덕구 2011; 이창형 2008; 김상태 2006; 서정경 2008; 박인휘 2011 등 참조.

게 될 딜레마적 상황에 대한 위기 인식, 즉 '구조적 위협 인식structural threat perception'의 지배라고 할 수 있다. 중국의 부상에 대한 최근 논란과 언론의 초점은 대부분 '중국이냐 미국이냐' '한미동맹과 한중 협력관계를 어떻게 조화시킬 것이냐'에 맞춰져 있다.

경제적 이익 요인

한중 수교 초기 경제 이익에 대한 장밋빛 기대와 낙관이 지배적이었던 데 반해, 한중 교역의 확대와 함께 중국 경제가 단순히 기회만 제공하는 것이 위협이 될 수 있다는 인식이 점차 부상한다.[9] 2000년 마늘분쟁, 2005년 김치파동, 2016년 사드 경제보복 등은 한중 경제교류의 기회 인식에 커다란 전환점으로 작용한 대표적인 사례이다.

그림 5에서 보여지듯 2000년 마늘분쟁과 2005년 김치파동은 이전까지 한중 경제협력 관계에 대한 낙관적 긍정적 기대 일변도의 인식에서 '중국 경제, 중국 시장'이 한국 협상력을 제약하는 위협적인 수단이 될 수 있다는 인식을 강화시킨 사건이라고 할 수 있다.[10]

2016년 중국의 사드 보복은 한국 경제의 대중국 의존도 심화 속에서 중국에 대한 협상 지렛대가 취약하다는 점과 불평등한 양국 관계에 대한 인식, 중국이 한국 경제에 언제든지 타격을 입힐 수 있다는 인식 등으로 경제적 위협 인식을 한층 강화시킨 사례라 할 수 있다.

---

9 한중 경제관계에 대한 '위기론'은 대한무역진흥공사 2002; 한석희 2003 등 참조.
10 한국일보가 2006년 8월 실시한 "한일 국민의식조사"에서 한국인들의 중국 경제성장에 대한 영향력 평가에 긍정적(32.9%) 응답보다 부정적(41.7%)이라는 응답이 높게 나타났다 (한국일보 2006.8.7.).

그림 5 | 2004/2011, 중국의 경제적 부상에 대한 한국인의 인식 변화 (%)

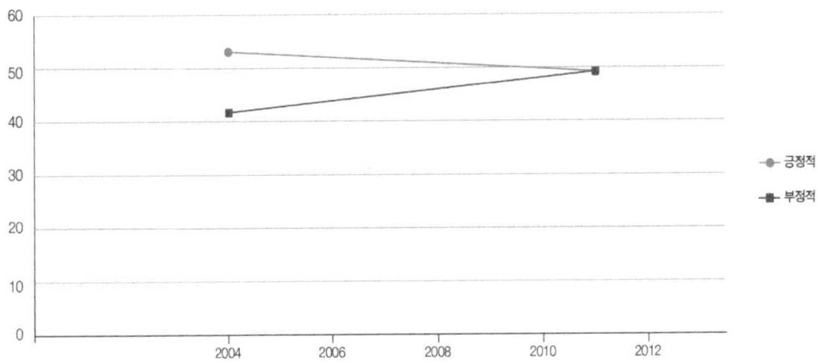

출처: GlobeScan·BBC, "Global Poll," (www.globescan.com)

안보적 이익 요인

1992년 한중 수교 당시 대중국 기대 인식과 긍정적 인식의 핵심 축은 '북한 문제 해결, 통일'에 대해 중국이 큰 도움이 될 것이라는 '통일 조력자'로서의 인식이었다. 이러한 인식은 북중 우호관계의 복원과 중국의 '북한 편들기' 등의 사례들이 빈번히 일어나면서 일부 회의적 시각이 제기된다. 한중 수교 초기는 북한 문제에 있어 중국의 역할과 영향력에 대한 기대와 긍정적 인식이 지배적이었던 상황이었다. 2002년 북핵 6자회담 의장국으로서 중국의 역할이 부각되면서 이러한 기대 인식은 높아졌다고 할 수 있다. 그러나 2004년 동북공정 이슈의 부상으로 한국의 대중국 인식이 악화되고 중국의 북핵 대응에 미온적 태도가 지속적으로 비판의 대상이 되면서 수교 초기 중국에 대해 가졌던 한반도 통일의 지름길, 북핵 해결의 역할자, 남북관계 발전의 조력자 등의 역할에 대한 일방적 기대는 약화되고, 북한 문제에 대한 위협 인식이 확대되는 양상을 보인다.

북중관계 긴밀화로 북한의 중국에 대한 의존도가 높아지는 것에 대한 우려가 부상하면서 '북한의 대중국 종속화'라든지, '북한 급변사태 시 중국이 대북 영향력을 토대로 개입할 가능성' 등 다양한 우려들이 제기된다.[11] 중국의 동북공정이 통일 뒤 북한에 대한 연고권을 주장하기 위한 포석(송기호 2003)이라는 인식으로 확대되면서 중국은 한국의 안보적 이익을 증대하기 보다는 오히려 위협한다는 인식이 힘을 받게 된다. 2006년 동북공정에 대한 정부대응을 비판하는 국회 외교통상위원회에서도 중국의 동북공정이 통일시기에 대비하여 북한지역에 대한 영토야욕을 드러내는 것이라는 주장들이 제기된다.[12] 이것은 정체성 변수가 안보이익 변수와 복합적인 작용을 통해 대중국 인식을 변화시킨 대표적인 사례라 할 수 있다.

이러한 북중관계의 긴밀화는 2010년 천안함·연평도 사건으로 더욱 부각된다. 북한의 지속적인 도발에 대한 중국의 '북한옹호적' '비협조적 태도', 6자회담 재개를 지속 요구하는 상황은 중국에 대한 '안보적 이익' 기대가 '안보적 장애와 위협 인식'으로 전환되는 양상을 보이게 된다.[13] 북한 문제에 대한 한중 협력관계의 부재와 중국의 대북 우호적 태도 등

---

11 내일신문, "북중 너무 가까워진다,"(2006.1.17., 6); 서울신문, "북, 중 신밀월과 6자회담/2004투자 130배 투자 폭증, 중국에 경제종속 심화,"(2006.4.6., 4); 내일신문, "북한 핵과 중국의 동북공정,"(2006.10.30., 23) 등 언론보도 참조.
12 2006년 9월 7일 국회 외교통상위원회 회의에서 장영달 의원은 "동북공정이 김정일 정권 붕괴를 염두해서 자기 영토 주장하겠다는 심산"이라고 주장하고, 김용갑 의원은 "독도문제는 하나의 섬의 문제이지만 한수 이북까지 중국 땅이다는 것은 엄청난 이야기"라며 위협 인식을 드러냈다.
13 동아일보, "중국의 도덕성을 묻는다,"(2010.5.22.); 한국경제, "이 판국에 6자회담 요구한 중국, 책임있는 대국인가,"(2010.11.28.) 등 언론보도 참조.

이 지속되면서 북중 우호관계의 긴밀화, 중국의 대북 경제교류의 확대[14]에 대해 중국이 북한을 잠식한다는 위협 인식이 드러난다.[15]

표 6 | 2010년, 통일을 바라지 않는 주변국에 대한 인식 조사 (%)

	중국	미국	북한	일본	러시아
2010	47.1	22.0	16.0	14.3	3.6

출처: 문화일보(10/11/01) - "남북한 통일을 가장 바라지 않는 국가는 어느 나라?"

표 7 | 2012년, 통일에 장애되는 주변국에 대한 인식 조사 (%)

	중국	미국	일본	러시아
2012	67.6	16.4	11.6	4.4
2000	12.4	26.1	40.0	11.7

출처: 현대경제연구원(12/2), p. 4. - "통일에 가장 걸림돌이 되는 나라"

위의 여론조사 결과, 한반도 통일과 관련하여 중국에 대한 인식은 '통일을 바라지 않는 나라, 도움되지 않는 나라'라는 인식이 상당히 높은 것으로 나타났다. 2000년도의 인식 조사에서 통일에 가장 걸림돌이 되는 국가로 일본(40.0%)에 이어 미국(26.1%)이 높게 나타나고 중국(12.4%)이 상대적으로 낮은 응답률을 보인 것과는 대조적인 결과이다.

---

14 2011년 북중 간 교역액은 약 56억 2,900만 달러로 전년 동기 대비 62.5% 상승하는 등 북한의 대중국 경제의존도는 더욱 심화되어 간다. (외교부 2012.2. 『중국약황』)
15 한국일보, "북한경제, 중국에 더욱 의존할 듯 … 통일에도 걸림돌,"(2011.12.23.); 파이낸셜뉴스, "조국, 농북4성화 믹아야. 중국 종속 우려,"(2011.12.19.); 연합뉴스, "북한경제 중국에 종속될 우려,"(2011.12.24.); 프레시안, "동해에 中군함 출몰 … 北중국으로 넘어가나?"(2012.4.18.) 등 언론보도 참조.

정체성 요인

정체성 변수는 역사적 기억과 매우 밀접히 연계되어 있는데, 한국의 대중국 인식을 지배하는 가장 중요한 역사적 기억으로는 두 가지를 들 수 있다. 하나는 과거 중국 중심의 조공질서 체제가 존재했던 '중화주의'에 대한 기억이고, 또 다른 하나는 6·25전쟁의 중공군 참전 역사에 대한 기억이다. 조공체제, 중화주의의 역사적 기억은 민족적 자부심과 주권에 연계되어 있고, 6·25전쟁에 대한 역사적 기억은 '피아彼我 구분' '이념의 격차'와 연계되어 있다고 할 수 있다. 한국의 대중국 인식 악화에 중요한 영향변수인 정체성 변수는 이러한 역사적 기억과 긴밀히 연계되어 있다고 할 수 있다.

정체성 변수는 2004년 동북공정 이후 급격히 전환된 한국인의 대중국 인식에서 보여지 듯 가장 중요한 영향변수라고 할 수 있다. 1992년 한중 수교 이후 한국인의 대중국 인식에 가장 큰 전환적 계기가 되었던 것이 동북공정 이슈이다. 2004년 시기는 한국의 대중국 우호 인식이 급격히 강화되어 국내적으로는 급속한 '친중화'의 추세가 주목받던 시기였다. 한중 양국 간 경제교류도 지속 상승하고 중국이 6자회담 의장국으로서 역할을 하면서 경제적 안보적 상호이익이 존재하던 시기였다. 이러한 상황에서 2004년 부상한 동북공정 이슈는 민족자존과 자주, 역사주권의 문제와 충돌하면서 한국인의 대중국 인식을 급격히 악화시키는 주요한 요인이 되었다.

그리스(Gries 2009)는 2008년 올림픽 성화봉송 사건과 티베트 문제가 서구사회의 중국에 대한 인식을 급격하게 악화시킨 계기가 되었다고 보면서 이러한 것들은 물질적 힘의 균형에 초점을 두는 현실주의 이론으로 설명할 수 없다고 강조한다. 허쉬버그(Hirshberg 1993)는 1989년 톈안먼 사태가 미국의 대중국 인식에 급격한 악화를 초래한 요소로 이후 미국의 대중국 부정 인식은 큰 변화 없이 지속되고 있고, 여러 미중 양국 간 외교 현안이 이 시기 형성된 부정적인 대중국 인식 틀에서 해석되고 있다고 설명한다.

한국의 대중국 인식 또한 중화주의와 6·25전쟁에 대한 역사적 기억이 지배하는 저항감과 피아 인식이 지속적인 영향을 발휘하고 있다고 할 수 있고, 동북공정 이후 형성된 '중화패권주의'라는 부정적 강대국 인식의 프레임은 이후에도 지속되고 있다고 할 수 있다. 최근 한국의 사드 배치에 대한 중국의 압박과 개입의 양상 속에서 강화되는 부정적 인식 또한 주권 침해의 문제, 중화주의라는 부정적 프레임의 작용이 주요한 영향 요인이라고 할 수 있다.

한국의 대중국 인식
여전히 '형성중'인 과도단계

1992년 수교 이후 양국 관계는 '선린우호 협력관계(1992~97)', '협력 동반자 관계(1998~2002)', '전면적 협력 동반자 관계(2003~07)', '전략적 협력 동반자 관계(2008~현재)'로 지속적인 관계 격상을 이뤄왔다. 그러나 이러한 지속적인 관계 격상과 경제적 인적 교류의 확대 발전, 상호 의존도의 심화는 이에 부합하는 만큼의 '상호 인식'의 발전과 우호화를 수반하지 못했다. 한국인의 대중국 인식은 수교 이후 25년간 매우 높은 변동성과 불안정성을 보이고 있으며 불신과 부정적 인식이 강화되는 추세를 경험하였다고 할 수 있다. '리'와 '홍'(Li·Hong 1998)은 미중관계 형성에 있어 인식이 가장 핵심적인 요소로 작용하여 왔다고 주장하면서 롤러코스터와 같이 자주 급변하는 미중관계의 근간에는 양국 국민 간의 '정확한 인식의 부재'가 자리하고 있고, 이것이 양국 관계의 불안정성과 취약성의 중요한 기반이라고 강조한다. 어찌 보면 1992년 한중 수교 이후 지난 25년간, 한국의 대중국 외교전략을 둘러싼 다양한 논의와 논쟁, 일관성과 전략적 체계성을 갖추지 못한 듯한 한국 대중국 외교의 현실, 그리고 지속적으로 비판받고 있는 '대중국 외교의 부재, 대중국 외교의 취약성' 또한 정확한 대중국 인식의 부재不在, 혼선과 혼란이 주요한 근원으로 작용해 왔다고 볼 수 있다.

'상대국에 대한 인식'이 주요한 외교정책 결정과 매우 밀접한 상관관계에 있으며, '인식'은 정책 선호를 예측하는 데 그 어떠한 다른 변수들보다 훨씬 더 신뢰할만한 변수가 된다(Herrmann 1986). 상대국에 대한 외교전략 기조를 결정하거나, 주요 외교 현안에 대한 해석과 대책을 수립하는 데 주요국에 대한 인식이 중요한 정책 결정의 근거점이 된다는 것이다. 중국의 국제적 위상과 한국 대외전략에 있어서의 중요성을 고려할 때, 대중국 인식은 우리 외교정책 전반에 주요한 영향을 미치는 핵심적 변수라고 할 수 있다. 국내적으로 많은 중국 전문가나 학자, 한국 외교정책 전문가들이 한국의 대중국 외교에 '대전략grand strategy'이 없음을 지적하고 있다. 중국의 부상이 가속화되고 G2체제가 현실화되는 국제질서 속에서 이러한 우려와 비판은 더욱 높아지고 있다. 서구석 인식틀을 무비판적으로 수용하거나, 실제reality가 아닌 '소망적 기대'에 근거한 인식에 사로잡히거나, 과거 냉전 시기의 '이념적, 적대적' 틀에 갇힌 관성적 인식으로 중국을 바라보거나, 특정 이슈에 쉽게 인식의 쏠림 현상이 일어나는 등 한국의 대중국 인식은 여전히 '형성 중'에 있으며 아직도 혼선과 분열이 거듭되는 '인식의 과도' 단계에 있다고 볼 수 있다.

본 연구가 한중 수교 이후 한국인들의 대중국 인식 변화 추이와 그 변화의 요인들을 시대별로 종합하고 변화의 요인들을 분석하는 것은 대중국 인식의 혼선과 불명확성이 한중관계의 안정성과 한국의 대중국 외교의 효율성을 저해해 왔을 수 있음에 주목하고 이에 대한 관심과 연구의 필요성을 제기하는 데 목적이 있다. 한국의 대중국 인식 변화를 분석하는 것은 중국의 부상, 중국의 역할에 대한 인식을 좀 더 객관화하고 현실화하여 한중관계의 안정성과 성공적인 대중국 전략을 수립하는 데 중요한 토대가 될 것이다.

참고문헌

노태우. 2011. 『노태우 회고록 하권』. 서울: 조선뉴스프레스.
대한무역진흥공사. 2002. 『한중 수교 십 주년의 경제성과와 문제점』. 서울: 대한무역진흥공사.
외교부. 1992. 『한중 수교 및 노태우 대통령 중국 공식방문 관련자료』(1992. 10)
이내영·정한울. 2005. 『중국의 부상, 위협인가 기회인가: 세계여론을 통해 본 중국의 현재와 미래』. 서울: 동아시아연구원.
이종석. 2000. 『북한·중국관계: 1945-2000년』. 서울: 중심도서출판.
이창형 外. 2008. 『중국이냐 한국이냐 중국의 부상과 한국의 안전보장』. 서울: 국방연구원.
정덕구. 2011. 『미·중 사이에서 고뇌하는 한국의 외교안보; 연미화중으로 푼다』. 서울: 매일경제신문사.
정재호. 2011. 『중국의 부상과 한반도의 미래』. 서울: 서울대학교출판문화원.
정재호 편저. 2011. 『중국을 고민하다』. 서울: 삼성경제연구소.
인구발전연구소 편. 1994. 『전환기의 한국사회: 1993 국민의식조사』. 서울: 인구발전연구소.
국가홍보처. 1995. 『한국인의 의식가치관 조사』. 서울: 홍보처.
김상태. 2006. "미·중 패권경쟁과 한국의 외교안보전략."『정치정보연구』제9권 2호.
김한권, 고명현. 2014. "동북아 정세와 동북아 평화협력구상의 과제."『한국국제정치학회 기획학술회의』.
남궁곤. 2005. "9/11테러 이후 미국 국제주의 여론의 지속성과 변동에 관한 실증연구."『한국과 국제정치』제21권 3호.
박인휘. 2011. "G2시대 미중 세력관계의 변화와 글로벌 안보환경 - 한국의 안보정책에 미치는 영향."『안보학술논집』제22집.
서정경. 2008. "중국의 부상과 한미동맹의 변화: 동맹의 방기(Abandonment) - 연루(Entrapment) 모델적 시각에서."『신아세아』제15권 1호.
송기호. 2003. "중국의 한국 고대사 빼앗기 공작."『역사비평』제65호.
양명·차창훈. 2014. "중국 공공외교의 등장과 강화."『21세기정치학보』제24권 1호.
이장원. 2011. "중국의 공공외교: 배경, 목표, 전략."『동서연구』제23권 2호.
이내영·정한울. 2005. "동맹의 변화와 한국인의 대미인식: 한미동맹 위기론과 대미인식 다원화 현상을 중심으로."『국제정치논총』제45집 3호.
이성일. 2011. "1992년 한중 국교정상화 의의에 관한 재고찰: 한반도와 중국과의 관계구조 변화를 중심으로."『중국학』제40집.
차근석. 1995. "한국 신문에 나타난 중국의 상 - 한중 수교 전후를 중심으로."『동북아연구』.
최종건·김용철. 2005. "한국인의 반미행동 의도에 대한 인과분석: 미국의 이미지와 한국의 이미지를 중심으로."『국제정치논집』제45집 4호.

한석희. 2003. "중국의 경제적 부상에 대한 한국의 새로운 시각." 『한국정치학회보』 제37권 제3호.

Boulding, Kenneth E. 1956. *The image : knowledge in life and society*. Ann Arbor : University of Michigan Press.

Chung, Jaeho. 2007. *Between Ally and Partner: Korea China Relations and the United States*. New York: Columbia University Press.

Fisher, Glen. 1997. *Mindsets: The Role of Culture and Perception in International Relations*. Yarmouth ME.: Intercultural Press.

Herrmann, K. Richard. 1985. *Perceptions and Behavior in Soviet Foreign Polic* . Pittsburgh: University of Pittsburgh Press.

Banlaoi, C. Rommel. 2003. "South Asian Perspectives on the Rise of China: Regional Security after 9/11. *DTIC Document* (www.DTIC.mil)

Blum, W. Douglas. 1993. "The Soviet Foreign Policy Beliefs System: Beliefs, Politics, and Foreign policy Outcomes." *International Studies Quarterly*, 37 (4).

Chia, Siow Yue and Sussangkarn, Chanongphob. 2006. "The Economic rise of China: Challenges and Opportunities for ASEAN. *Asian Economic Policy Review*, 1 (1).

Gries, H. Peter, Zhang, Qingmin, Masui, Yasuki and Lee, Yong Wook. 2009. "Historical Beliefs and the Perception of Threat in Northeast Asia: Colonialism, the Tributary System, and China-Japan-Korea Relations in the Twenty First Century." *International Relations of the Asia-Pacific*. 9.

Castano, Emmanuele, Sacchi,, Simona and Gries, H. Peter. 2003. "The perception of the Other in International Relations: Evidence for the Polarizing Effect of Entitativity." *International Society of Political Psychology*, 24 (3).

Chung, Jaeho. 2001."South Korea between Eagle and Dragon: Perceptual Ambivalence and Strategic Dilemma. *Asian Survey*. 41 (5)

Chew, Eric Teo Chu. 2007. "Shifting Perception of the 'China Threat' in America: Implications for Domestic American Psyche, Politics and Asia. *China Report* 43;69.

Cohen, Raymond. 1978. "Threat Perception in International Crisis. *Political Science Quarterly*, 93 (1).

Gries, H. Peter, 2011. "When Knowledge Is a Double-Edged Sword: Contact, Media Exposure, and American China Policy Preferences *A Journal of Society for Psychological Studies of Social Issues*. 67(4).

_____. 2005. "Social Psychology and the Identity-Conflict Debate: Is A "China Threat" inevitable?. *European Journal of International Relations*. 2 (11).

_____. 2009."Problems of Misperception in U.S.-China Relations. *Orbis*. 53 (2).

Hahm, Pyong-Choon. 1984. "The Korean Perception of the United States. Koo, Youngnok and Suh, Dae-sook (eds.). *Korea and the United States: A Century of Cooperation*. Honolulu: University of Hawaii Press.

Herrmann, K. Richard. 1979. "American Perceptions of Soviet Foreign Policy: Reconsidering Three Competing Perspectives." *Political Psychology*. 6 (3).

_____. 1985. "American Perceptions of Soviet Foreign Policy: Reconsidering Three Competing Perspectives. *Political Psychology*. 6 (3).

_____. 1986. "The Power of Perceptions in Foreign Policy Decision Making: Do Views of the Soviet Union Determine the Policy Choices of American Leaders?" *Journal of Political Science*, 30 (4).

Herrmman, K. R., Voss, J. F., Schooler, T.Y.E. and Ciarrochi, J. 1997. "Images in International Relations: An Experimental Test of Cognitive Schemata. *International Studies Quarterly*, 41.

Hurwitz, John and Peffley, Mark. 1990. "Public Images of the Soviet Union: The impact on Foreign Policy Attitudes. *The Journal of Politics*, 52.

Jervis, Robert. 1982. "Deterrence and Perception." *International Security*. 7 (3).

Levinson, J. Daniel. 1957. "Authoritarian Personality and Foreign Policy. *Journal of Conflict Resolution*, 1.

Moon, Chung-in. 2004. "Changing South Korean Perception of the United States since September 11." *Asian Studies*. International Symposium.

Murray, S. K. and Cowden, J. A. 1999. "The Role of 'Enemy Images' and Ideology in Elite Belief System." *International Studies Quarterly*. 43 (3).

Polomka, Peter. 1982. "Asean Perspectives on China: Implications for Western Interests. *The Australian Journal of Chinese Affairs*. 8.

Rousseau, L. David and Retamero, Rocio-Garcia. 2007. "Identity, Power, and Treat Perception; A Cross-National Experimental Study." *The Journal of Conflict Resolution*, 51 (5).

Schafer, Mark. 1997. "Images and Policy Preferences. *Political Psychology*. 18 (4).

Wolhforth, C. William. 1987. "The Perception of Power: Russia in the Pre-1914 Balance. *World Politics*. 29 (3).

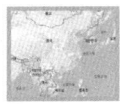

2장

한국 진보·보수의 중국 인식 차이와 이념의 영향

차정미

2017년 초 한국 정치사회의 최대 이슈였던 대통령 탄핵심판을 둘러싸고 한국은 이념 균열과 갈등이 첨예하게 드러나고 그 대립과 충돌은 이념적 세력 대결의 양상까지 보여주었다. 대통령 탄핵심판이라는 역사적 사건과 찬반집회가 지속적으로 충돌하는 과정에서 우리는 탄핵반대 집회에 참석한 대중들이 태극기와 함께 미국의 성조기를 흔드는 모습을 보았다. 한국의 진보 보수 이념 균열과 갈등 속에 미국, 한미동맹에 대한 태도는 이미 오래된 균열축이면서 여전히 정치적 이념과 대미 태도의 상관성이 건재함을 상징적으로 보여주는 장면이었다고 할 수 있다.

이념은 정치학에서 주요한 연구 분야로 나루어져 왔고, 특히 외교 태도나 외교정책 결정에 있어 중요한 영향변수로 분석되어 왔다. 탈냉전 이후 '이념의 종언'과 함께 한동안 이념은 학문적 연구대상에서 소외되어 왔으나, 실제 여론조사 등에서 나타난 정치적 현실과 심리학적 패러다임의 등장은 다시 이념에 대한 연구가 주목받는 주요한 배경이 되었다(Jost 2006). 중국의 부상은 학문적으로 그리고 외교정책적으로 21세기 국제질서를 분석하는 데 중요한 화두가 되고 있다. 부상하는 중국을 어떻게 바라보고 어떻게 대응해야 하는가에 대한 논의는 단지 국가적 차원뿐만 아니라 국내적 차원에서도 의견의 균열과 논란이 계속되는 양상이다. 중국에 대한 인식과 태도에 대한 국내적 논란과 균열은 단순히 한국만의 문제가 아니라 미국, 호주 등 다수의 국가들에서 나타나는 현상이면서 주요한 연구의 주제이기도 하다. 이념은 이렇듯 대중국 인식과 외교정책 선호도 연구에서 중요한 분석대상이라고 할 수 있다.

한국의 외교 이념은 전통적으로 '한미동맹 vs. 자주' '반공 vs. 친북'의 균열에 기반하고 있었다. 건국 이후 지속된 냉전과 남북한 적대적 경쟁관계, 그리고 한미동맹과 권위주의 체제의 역사 속에서 '북한' '미국'에 대한 인식과 태도는 한국의 외교정책 이념을 형성하는 주요한 요인이었다고 할 수 있다. 그렇다면 한국의 이념 균열이 중국에 대한 인식과 태도에도 영향을 미치는가? 중국의 부상을 어떻게 바라보고 어떻게 대응할 것인가는 오늘날 한국 외교의 핵심 화두이면서 풀어가야 하는 중대한 외교 과제로 자리 잡고 있다. 그러나 중국을 어떻게 바라보고 어떻게 대응할 것인가의 문제는 일치된 견해가 존재하지 않고 여전히 논쟁 중에 있는 주제라고 할 수 있다.

그렇다면 국내적으로 중국에 대한 인식과 태도의 차이를 결정하는 유의미한 영향변수들은 무엇일까? 본 연구는 이념, 즉 자신이 진보인지 보수인지의 정체성을 분별하는 주관적 이념이 어떻게 중국에 대한 인식에 영향력을 미치는가를 분석하고자 한다. 또한 그 영향관계는 얼마나 지속적인가? 그리고 진보 보수 이념이 동일한 영향력을 발휘하는가? 본 연구는 이렇듯 한국의 대중국 인식에 미치는 '이념'의 영향을 다각적으로 분석하고 정책적 함의를 제시하고자 한다.

2절에서는 이념이 외교 인식과 태도에 미치는 영향을 분석한 기존의 주요 연구들에 대한 검토와 함께 한국의 대중국 인식에 미치는 이념의 역할을 연구하기 위한 3개의 가설을 제시한다.

3절에서는 기존에 발표된 여론조사 자료를 토대로 진보와 보수라는 이념의 차이, 혹은 정파적 차이에 따른 대중국 인식 차이를 종합 분석하여 이념과 대중국 인식의 상관관계를 분석한다. 이를 통해 이념이 한국인의 대중국 인식에 영향을 미치는 유의미한 변수임을 제시한다. 구체적으로는 ①대중국 인식에 대한 이념의 역할이 점차 강화되어 왔다는 점, ②진보층의 대중국 선호도가 보수층보다 상대적으로 높다는 것, ③ 진보 이념의 대중국 인식에 대한 영향이 보수 이념보다 상대적으로 약하다는 것을 밝힌다. 즉 진보 이념과 대중국 인식의 상관성이 보수 이념보다 약하거나 불안정한 양상을 보인다는 것이다.

4절에서는 한국인의 대중국 인식의 이념화가 어떻게 형성되어 왔는지를 분석한다. 역사적 접근, 질적 접근을 통해 대중국 인식의 이념화 과정과 특징을 밝힌다. 이를 통해 대중국 인식의 이념화는 전통적 외교이념 균열인 '반공 vs. 친북'[1] '한미동맹 vs. 자주'와 중첩되면서 형성되

---

[1] '친북'이라는 용어 자체가 이념적 정파성을 반영한 용어로 학술적 사용에 적합하지 않을 수 있으나, 실제 한국 정치사회 이념논쟁 속에서 '반공주의'와 대립되는 상징적 담론으로 빈번히 사용되어 왔다는 점에서 본 연구의 논거를 쉽게 전달하기 위한 목적에서 사용함.

었다는 특징을 제시한다.

결론적으로 본 연구는 대중국 인식을 둘러싼 이념 균열은 전통적 외교 이념 균열에 중첩되어 나타나면서 외교정책 결정에 대한 국내적 여론 균열을 반영하거나 혹은 강화하는 영향력을 발휘할 수 있다는 점을 강조한다. 대중국 인식과 외교정책에 연구에 있어서 이념의 중요성과 지속적인 연구의 필요성을 제기한다.

연구배경과 연구방법론

연구의 배경

이념과 외교정책의 상관성, 이념의 역할 등 이념에 대한 주제는 정치학의 중요한 연구대상으로 주목 받아 왔고 통계학적 분석이든 역사서술적 분석이든 이념의 영향력을 검증하려는 많은 연구결과들이 발표되어 왔다. 이념은 서로를 하나로 묶는 신념체계로 같음coherence과 다름contrast을 구별한다. 이념은 넓은 의미로는 개인이든 전체사회이든 스스로를 합리화하는 사고체계라고 할 수 있다(Knight 2006, 619). 이념은 외교인식과 태도, 국가관계에 영향을 미치는 변수로 주목받아 왔다. 그러나 이념과 외교 인식이 유의미한 영향관계인가 아닌가에 대해서는 균열적 시각이 존재한다. 이념과 외교정책, 대중국 태도의 상관관계를 분석한 다수의 연구들은 연구결과 정파나 이데올로기가 대중의 외교정책, 특히 중국에 대한 태도에 큰 영향을 미치지 않는다고 주장한다(Page·Marshal 2006; Page·Tao 2010, Gries 2014에서 재인용). 여론조사기관의 조사결과에서도 외교정책 현안에 대해서는 공화당과 민주당의 차이가 유의미한 정도로 나타나지 않았다고 주장하고 있다(Gries 2014, 318).

그러나 이념과 정파적 차이가 외교 인식이나 외교정책 선호도에 중요한 영향요인으로 작용한다고 주장하는 연구들도 다수 존재한다(이상신 2014; 남궁곤 2003; Javaid, Naz, Watoo·Rashid 2016; Nincic 2010; Hunt 2009). 호르위츠와 페프리(Hurwitz·Peffley 1990)는 일반 대중의 국가 이미지 변화 분석에서, 국가 이미지 변화가 정파partisan와 이념적 정체성에 영향을 받는다는 점을 설명한다. 머레이와 코우던(Murray·Cowden 1999)은 이데올로기에 입각한 대외정책 신념과 적대적 이미지가 냉전뿐만 아니라 탈냉전에도 핵심적인 역할을 하고 있음을 주장하였다. 베린스키(Berinsky 2007)는 전쟁에 대한 여론을 분석하면서 전쟁에 대한 국민들의 지지 여부는 정파적 균열을 반영한다고 주장한다. 이념이 정보를 습득하는 지름길과 같아서 개인들은 일반적으로 외교정책의 우선순위를 결정하는 데 있어서 이념적 정향을 적용한다는 것이다. 이념적 정파적 지도자가 외교 현안에 대한 인식을 드러내면 같은 이념 그룹과 정파세력이 지도자들이 규정지은대로 외교 현안을 인식한다는 것이다(Mirilovic·Kim 2017, 180).

중국의 부상과 함께 이념이 대중국 인식과 외교 태도에 미치는 역할에 대한 연구들이 주목받고 있다(Mirilovic·Kim 2017; Gries 2014; Gries, Crowson·Cai 2012). 이념을 주요한 독립변수로 포함시켜 대중국 인식의 양상과 변화들을 분석하고 있는 것이다. 로즈노(Rosenau 1988)는 미국의 정책결정자들 중에 보수주의자와 공화당 지지자들이 자유주의자나 민주당파보다 더 강경한 태도를 보인다고 주장한다. 스롤(Thrall 2007)은 보수주의자들이 자유주의자들보다 중국의 군사적 위협을 더 크게 느낀다고 주장하고, 그리스와 크로슨(Gries·Crowson 2010) 또한 보수층이 중국을 위협으로 보는 경향이 높다고 주장한다. 반면에 밀리로빅과 김(Mirilovic·Kim 2017)은 보수주의자들이 경제적 이익 때문에 부상하는 중국에 대해 좀 더 관여 정책을 지지하는 경향이 높다고 주장한다.

상대국에 대한 인식과 외교정책에 대한 이념의 역할이 유의미한 영향을 미치느냐 아니냐의 문제와 어떠한 이념 성향이 어떠한 인식이나 외교정책 경향을 갖게 하는가 하는 문제에 대해서는 이렇듯 다양한 논의가 존재한다. 특히 한국은 여전히 남북한이 냉전 시기의 이념 균열을 유지하면서 분단된 상황에 놓여 있어 국내적 이념 균열과 외교정책의 상관성을 분석하는 연구는 매우 중요한 학문적 정책적 가치를 갖는다고 할 수 있다. 그럼에도 불구하고 한국에서 이념과 외교정책 혹은 외교 태도 간의 상관성을 연구한 논문들은 그리 많지 않다(이상신 2014; 이내영·정한울 2005; 박현숙·남궁곤 2003; 김태현·남궁곤·양유석 2003). 특히 대중국 인식이나 대중국 외교정책의 문제에 대한 이념의 역할을 분석한 연구는 취약한 상황이다. 이념과 대중국 인식의 상관관계에 대한 내용은 여론조사기관이나 연구기관이 외교정책 선호도에 대한 설문조사 결과에서 간헐적으로 제시되어 왔으나 체계적이고 분석적인 연구에서는 찾아보기 어렵다.

한국은 남북분단이 지속되는 속에서 여전히 냉전기의 이념적 대결이 존재하고, 그러한 분단과 이념 대결은 국내적 이념 균열과 정치 균열의 주요한 기반으로 작용하여 왔다. 반세기가 넘는 분단의 역사 속에서 북한에 대한 인식과 태도, 한미동맹에 대한 인식과 대도는 한국의 외교 이념 균열을 형성하는 주요한 축이었다고 할 수 있다. 즉 진보와 보수, 진보적 성향의 정당과 보수적 성향의 정당, 즉 이념 성향과 정파적 차이에 따라 대북 인식과 정책, 한미동맹에 대한 인식과 정책에 차이를 보여 왔다고 할 수 있다. 그렇다면 중국에 대한 인식과 태도 또한 이념의 영향이 존재하고 그것이 국내정치적 균열 속에 반영되고 있는가? 본 논문은 이념이 대중국 인식에 영향을 미치는 주요한 영향변수인지에 대해 분석하고, 이념과 정파별로 대중국 인식에 어떠한 차이를 보이는지 구체적인 내용을 살펴보고자 한다. 그리고 이념과 대중국 인식과의 영향 관계가 시대별로 어떻게 변화되어 왔는지를 종합하면서 대중국 인식의 이념화 과정에 대한 역사서술적 접근에 근거하여 한국인의 대중국 인식에 미치는 이념의 영향이 갖는 특징을 살펴보고자 한다.

본 연구는 한국의 대중국 인식과 외교정책 결정에 있어서 이념의 영향력을 분석하는 것을 통해 단순히 대중국 인식 연구에 있어서 이념의 중요성을 제시하는 학문적 의미뿐만 아니라 대중국 외교와 한중관계의 지속적 발전과 정책적 효율성을 견인하기 위한 중요한 정책적 시사점을 제공한다는 데 의의를 둔다. 1992년 한중 수교 이후 한국인의 대중국 인식이 큰 변동성과 불안정성을 노정하여 왔다는 점에서, 그리고 한중관계 또한 신뢰에 기반한 안정적 발전의 경로를 밟아가지 못하고 지속적으로 악화와 우호화를 반복하는 불안정성을 보이고 있다는 점에서 대중국 인식에 대한 연구는 무엇보다 중요하다. 본 논문이 한국의 대중국 인식에 대한 이념의 역할에 주목하는 것은 한국의 대중국 인식 연구의 범위를 확대하는 것은 물론 성공적인 대중국 외교전략을 수립하고 추진해 가는 데 중요한 국민적 지지와 협의를 어떻게 강화해 갈 것인가에 대한 정책적 함의를 제공하고자 하는 것이다.

연구방법론과 가설

본 연구는 한국의 대중국 인식에 대한 이념의 역할을 분석하는 데 있어 기존에 발표된 다양한 언론사와 연구기관의 여론조사 결과를 활용한다. 시기는 1992년 한중 수교 이후 현재까지 시대별로 유의미한 여론조사 결과를 종합하되 설문 및 통계의 기본자료를 확보하기 어렵다는 측면에서 데이터를 심층적으로 분석하는 양적 접근보다는 보도되거나 발표된 조사결과의 수치와 조사 시기의 한중관계 현안을 연계하여 분석하는 질적 접근에 무게를 둔다. 기존의 외교정책과 대중국 연구에 있어서 주목받지 못해왔던 외교정책, 특히 중국에 대한 인식과 외교정책 선호도에 대한 이념의 역할을 제시하는 데 목적을 두고 있다는 점에 의의를 두고 기존에 나와 있는 여론조사 결과 자료를 기반으로 일관된 상관성을 종합하고 분석하는 것을 중심으로 한다.

기존의 여론조사 결과를 토대로 하여 이념 성향이 대중국 인식에 미치는 영향력을 분석하되 대다수의 여론조사가 주관적 이념 성향에 근거하여 이념 성향을 분류하고 있다는 점에서 이념 성향이나 정파적 성향은 설문 참여자가 스스로 규정하는 주관적 이념 성향을 토대로 영향관계를 분석한다. 이념 성향에 따른 대중국 인식이나 선호도를 직접적으로 설문한 조사의 수가 양적으로 충분하지 않다는 점에서 객관적 상관관계를 정확히 분석하는 데 한계가 있을 수 있겠으나 최대한 기존에 발표된 조사결과를 토대로 유의미한 상관성을 분석하면서 향후 지속적인 연구의 필요성을 환기하고 강조한다는 데 의미를 두고자 한다.

본 연구는 또한 대중국 인식과 외교정책 선호도에 있어서 1992년 한중 수교 이후 현재까지 이념의 역할이 변화해 왔다는 점에서 역사서술적 방법을 적용하여 이념의 영향력이 변화하는 흐름을 분석하고자 한다. 한국의 이념 성향을 구별하는 중요한 균열축은 북한에 대한 인식과 태도라고 할 수 있다. 남북분단 상황은 진보주의와 보수주의자 간의 대립과 논쟁을 지속적으로 배태하고 있고 남북문제는 한국사회의 이념적 균열축을 가르는 중심이 되는 신념이라고 볼 수 있을 것이다. 북한을 어떻게 인식하고 있는가에 따라 외교정책이 결정된다는 것이다(박현숙·남궁곤 2003, 180). 또 한편으로 미국에 대한 인식, 한미동맹에 대한 인식이 한국사회의 또 다른 주요한 이념 균열축이라고 할 수 있다.[2] 미국을 바라보는 시각의 차는 남북문제를 해결하는 방식의 차이도 반영된 것으로 추론할 수 있다. 즉, 북한을 바라보는 시각 차이와 미국을 바라보는 시각 차이가 보수와 진보라는 이념 성향에 따라 다르게 나타나며 이는 한국의 외교정책 이념에 중요한 두 균열축이었다고 할 수 있다. 본 논문은 중국에 대한 인식과 태도의 이념화 과정이 기존의 전통적인 외교 이념 균열축이라 할 수 있는 '대북관' '대미관', 즉 '친북 vs. 반북(반공)' '반미(자주) vs. 친미(한미동맹주의)' 라는 두 균열축에 중국에 대한 인식이 중첩되면서 이념의 영향이 강화되었다고 보고 대중국 인식의 이념화 과정을 역사서술적으로 분석해 보고자 한다.

    본 논문이 조사자료와 문헌연구를 통해 규명하고자 하는 것은 다음의 세 가지 질문이다.

---

2 박현숙, 남궁곤(2003)은 국회의원들의 외교정책 이념을 분석한 논문에서 이라크 파병에 대한 국회의원들의 견해차가 미국에 대한 시각차를 반영한 것이라고 설명하였다.

질문 ① 이념적 성향에 따라 대중국 인식에 차이가 존재하는가?
질문 ② 보수층이 진보층보다 중국에 대한 부정 인식이 강한가?
　　　'보수=반중, 진보=친중'의 경향이 높은가?
질문 ③ 보수와 진보 이념이 한국의 대중국 인식에 미치는 영향이 지속적인가.
　　　변동성이 존재하는가?

질문 ①은 한국인들의 이념 성향이 대중국 인식에 어떠한 영향을 미치는가이다. 시대별 주요한 여론조사 데이터를 종합하여 상관성을 설명한다.

질문 ②는 이념 성향별로 중국에 대한 인식이 어떠한 내용을 가지는지를 분석한다. 시대별 주요한 여론조사 데이터를 기반으로 내용을 분석한다.

질문 ③은 이념 성향별로 중국에 대한 인식의 변동성이 존재하는가를 분석한다. 보수층과 진보층이 대중국 인식에 있어 각각 어느 정도의 일관성을 가지는지를 분석하면서 모든 이념이 동일한 영향력을 가지고 있지 않을 수 있음을 규명한다.

본 연구는 여론조사 결과를 토대로 위 3가지 질문에 대한 답을 규명하고 4절에서 대중국 인식의 이념화 과정이 어떻게 전개되어 왔는지에 대한 내용분석을 한다. 대중국 인식의 이념화가 전통적인 외교 이념 균열인 '대북관, 대미관'과 중첩되면서 강화되어 왔고 이에 따라 이념 성향별로 대중국 인식과의 상관성이 지속성과 안정성에서 차이를 드러낸다는 점을 강조한다. 결론적으로 정부의 외교전략, 대중 외교정책을 수립하고 추진해 가는 데 어떠한 요인들이 고려되어야 하고 어떻게 국내적 이념 균열과 국론 갈등을 관리하면서 외교정책을 성공시킬 수 있는지에 대한 정책적 시사점을 도출하고자 한다.

한국의 대중국 인식 이념성향별 정파별 차이

이념과 대중국 외교 인식의 상관성을 분석하는 데 있어 이념과 대중국 인식이 모두 포함된 여론조사의 수가 제한되어 있고 특히 2000년대 이전의 자료에서 이념이나 정파성의 영향력을 볼 수 있는 여론조사 자료가 취약하다는 점에서 여론조사 데이터는 2000년대 중반과 2012년 박근혜 정부 출범 이후의 자료를 중심으로 분석하고자 한다.

대중국 인식과 외교 태도에 대한 이념의 역할이 주목받게 되는 시기는 2000년대 초반 효순·미선 사건으로 반미 여론이 확대되고 중국 우호 여론이 급격히 상승하면서 이에 대한 관심과 경계가 동시에 부상하던 시기라고 할 수 있다. 2004년 17대 총선 이후 열린우리당 당선자 130명을 대상으로 실시한 정책설문 조사결과 '자신의 이념 성향이 어디에 속한다고 생각하느냐'는 질문에 56%가 중도진보, 28%는 중도, 10%는 중도보수, 6%가 진보라고 답했고, 보수로 응답한 당선자는 1명도 없었다. 앞으로 우리가 가장 중점을 둘 외교통상 상대국으로는 중국을 꼽은 당선자가 63%로 가장 많았고, 미국 26%, 아세안 5%, EU 3%, 일본 2%순이었다(매일경제 2004.4.29.).

반면 한나라당의 17대 총선 당선자 121명을 조사한 결과 응답자의 62%가 중도보수, 24.1%가 중도, 8.3%가 중도진보, 4.6%가 보수라고 답했다. 앞으로 가장 중점을 둬야 할 '외교통상 상대국'으로 63.9%가 미국을, 33.3%가 중국을 선택했다. 열린우리당과 한나라당의 미중 양국에 대한 외교 중시도가 선명한 차이를 보이고 있음을 볼 수 있다(조선일보 2004.4.30.).

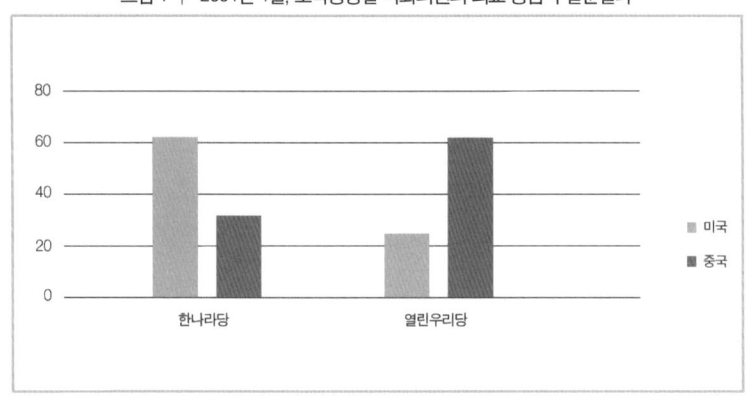

그림 1 | 2004년 4월, 소속정당별 국회의원의 외교 중점국 설문결과

　그림 1에서 보여지듯 2000년대 초반 대중국 외교의 중요도 인식은 정파에 따라 명확한 차이가 있음을 알 수 있다. 설문조사 결과 정당별 소속 국회의원들의 주관적 이념 성향이 한나라당은 보수(66.6%), 열린우리당은 진보(62.2%)로 명확히 구분된다는 것을 볼 때 이 시기 대중국 인식에 미치는 이념의 역할이 강하게 존재했음을 알 수 있다.

　2012년 박근혜 대통령의 당선 이후 동아일보가 실시한 여론조사에서도 이념 성향별로 대중국 외교를 중요시하는 정도의 차이가 존재함을 볼 수 있다. 여론조사에서 '박근혜 당선인이 가장 먼저 정상회담을 해야 할 나라'를 묻는 질의에 응답자의 51.4%가 미국, 24.6%가 중국, 9.4%가 북한, 4.8%가 일본, 1.5%가 러시아 순으로 응답하였다(동아일보 2013.1.1.).

　중국의 경제적 외교적 부상에도 불구하고 미국과의 관계를 중시하는 여론이 높게 나타났음을 볼 수 있다. 그러나 그래프에서 보듯 진보와 보수 이념별로 미국과 중국을 중요하게 생각하는 정도의 차이는 명확히 드러난다. 스스로 '진보'라고 밝힌 응답자 가운데 46.2%가 미국, 26.5%

가 중국, 15.8%가 북한, 4.5%가 일본을 먼저 정상회담을 할 필요가 있는 국가로 답했고, 스스로 '보수'라고 밝힌 응답자는 62.7%가 미국, 20.4%가 중국, 4.9%가 일본, 4.5%가 북한을 꼽았다.

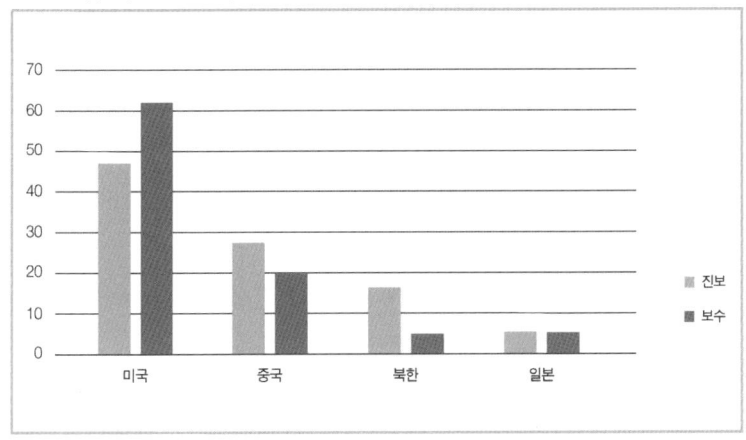

그림 2 | 2013년 1월, 이념 성향별 외교 중요도 평가 여론조사 결과 (동아일보 2013.1.1.)

지지하는 정당별로 보면 새누리당 지지층의 62.6%가 미국을 1순위로 꼽았고, 민주당 지지층의 44.8%가 미국을 1순위로 꼽았다. 통합진보당 지지층에선 39.1%가 중국을 1순위로, 진보정의당 지지층에선 26.2%가 북한을 각각 1순위로 꼽았다(동아일보 2013.1.1.).

그림 2와 그림 3은 이념 성향별, 정파별로 중요시하는 외교 대상국이 다름을 보여주고, 진보층이 상대적으로 보수층보다 대중국 외교의 중요성을 더 높게 인식하고 있음을 보여주고 있다. 한편으로 진보층의 중국 중시 인식은 2004년도 친중화 여론이 급격히 확대되던 시기에 비해 상대적으로 약화되었고 보수층의 미국 중시 인식은 여전히 공고한

것을 볼 수 있다. 2004년 보수층의 미국 중시가 66.6%에서 2012년 62.7%로 큰 변동이 없는 데 반해 진보층의 중국 중시는 2004년 62.2%에서 2012년 26.5%로 하락한 것을 볼 수 있다.

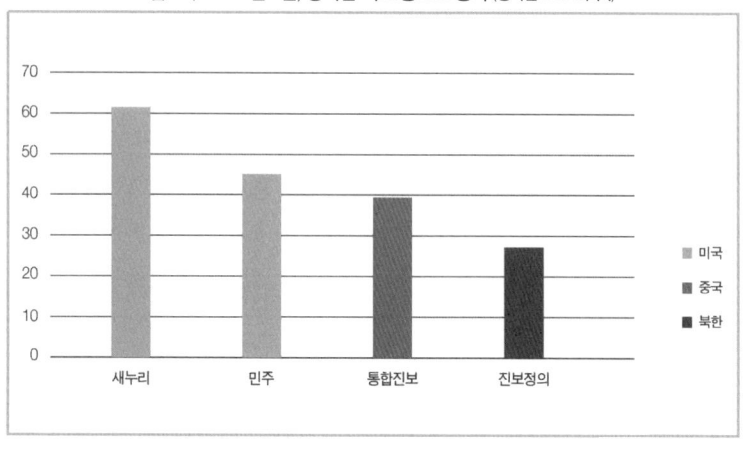

그림 3 | 2013년 1월, 정파별 외교 중요도 평가 (동아일보 2013.1.1.)

    2015년 1월 한겨레신문의 광복 70주년 기념 여론조사에서 '향후 우리나라의 발전을 위해 협력이 가장 필요한 나라는 어디라고 보느냐'는 질문에 응답자의 58.5%가 중국, 34.5%가 미국이라고 응답했다. 주관적 이념 성향별로 살펴보면 진보층의 70.3%, 중도층의 61.6%, 보수층의 50.1%가 중국을 가장 협력해야 할 국가로 꼽았다(한겨레 2015.1.1.).
    그림 4에서도 진보가 보수에 비해 중국 중시도가 높음을 보여준다. 전체평균에 비해 보수는 낮은 중국 중시도를, 진보는 높은 중국 중시도를 보인다.

그림 4 | 이념 성향별 중국 중시도 (한겨레 2015.1.1.)

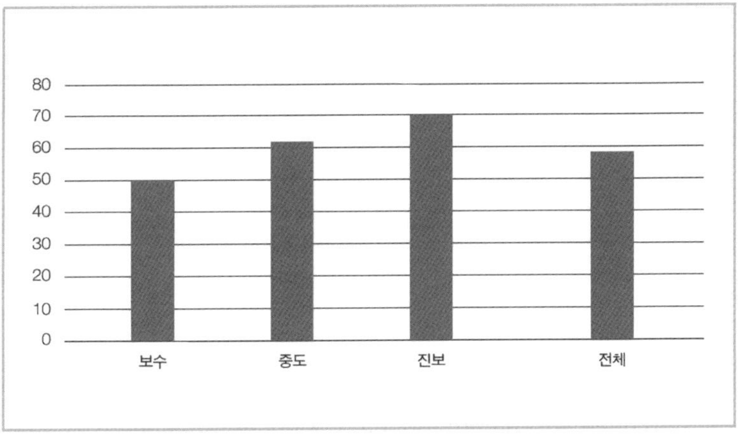

2015년 7월 리얼미터가 실시한 여론조사에서도 정파별 이념별 외교 중시도가 선명한 차이가 있음을 볼 수 있다. 새누리당 지지층은 미국과의 관계를 중시한다는 응답이 72.4%로 중국과의 관계를 중시한다는 응답 21.5%보다 높게 나타났다. 반면 새정치민주연합 지지층은 중국과의 관계를 중시한다는 응답이 50.7%로 미국과의 관계를 중시한다(40.0%)는 응답보다 높았다. 정의당 지지층에서는 중국과의 관계를 중시한다는 응답이 56.2%로 미국(25.9%)보다 높아 중국 지지가 더 큰 격차로 앞서 있음을 볼 수 있다. 정파별 중국 인식의 차이와 마찬가지로 이념성향별 중국 인식도 일관된 차이를 보인다. 자신을 스스로 보수라고 밝힌 주관적 보수층은 미국과의 관계를 중시한다는 응답이 72.0%로 중국 중시(23.3%)에 비해 큰 격차로 높았으며, 반면 진보라고 밝힌 응답자는 중국과의 관계를 중시한다는 응답이 53.5%로 미국과의 관계를 중시(40.9%)하는 응답보다 높았다(리얼미터 2015.7.30.). 보수와 새누리당 지지층의 미국 중시도가 매우 높고 진보와 새정치연합, 정의당 지지층은 중국을 미국보다 더 중요시하는 것으로 나타나 이전의 조사결과와 같은 상관관계를 보여준다. 대중국 인식에 대한 이념의 결집도 또한 이전의 조사와 유사하게 보수층이 진보층보다 높게 나타나는 모습을 볼 수 있다.

2017년 3월 리얼미터가 한반도 주변국 주요 정상에 대한 국민 선호도를 조사한 결과, '어느 누구에게도 호감을 못 느낀다'는 응답이 56.2%로 가장 높은 나타났고, 트럼프 미국 대통령이 19.1%, 시진핑 중국 국가 주석이 8.5%. 푸틴 러시아 대통령이 6.3%, 아베 일본 총리가 1.5%, 김정은 위원장이 1.0% 순으로 나타났다. 이념 성향별로 살펴보면 보수층의 트럼프 선호도는 32.4%, 중도층은 15.9%, 진보층은 11.4%를 기록했다. 시진핑 주석의 경우에는 보수층의 선호도가 7.6%, 중도층은 7.5%, 진보층은 11.2%를 기록했다. 정당 지지도별로는 자유한국당 지지층의 50.8%가 트럼프를 선호했고, 민주당 지지층의 11%가 트럼프를 선호했다. 시진핑 주석은 자유한국당이 2.9%, 민주당 지지층이 11.5%를 기록했다(리얼미터 2017.3.13.).

그림 5에서 보여지듯 미중 양국 정상에 대한 선호도 또한 이념의 역할이 중요하게 작용하고 있음을 볼 수 있다. 보수층은 미국 선호도가 진보층은 중국 선호도가 높다는 것이 본 조사에서도 일관되게 반영되어 있다. 또한 보수층의 결집도가 진보층보다 높다는 것 또한 다른 조사에서와 마찬가지로 뚜렷이 나타나는 것을 볼 수 있다.

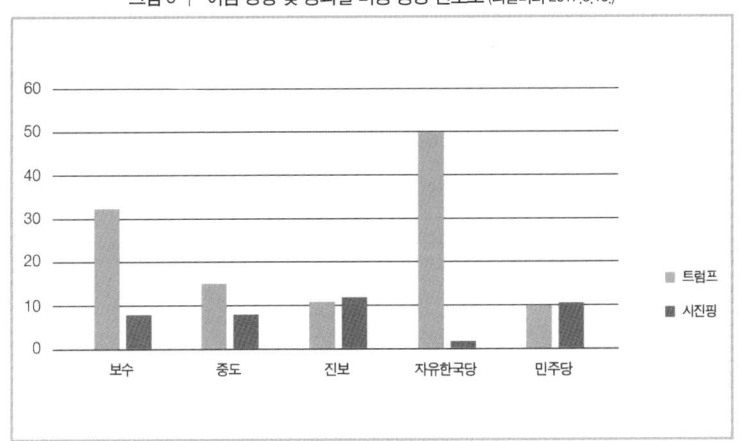

그림 5 | 이념 성향 및 정파별 미중 정상 선호도 (리얼미터 2017.3.13.)

한겨레가 2017년 3월 말부터 4월 1일까지 실시한 여론조사에서도 정파별 대중국 인식의 차이를 극명하게 보여준다. 특히, 이 시기는 사드 THAAD 문제를 둘러싼 한중 간 갈등과 중국의 경제적 보복이 부각되는 시기인 만큼 국민들의 미국 중시 경향이 상대적으로 높은 지지율을 보인다. '우리나라의 발전을 위해 가장 협력해야 할 나라'로 전체 응답자 중 51.5%가 미국을 선택하였다. 중국을 선택한 응답자는 36.2%, 일본을 선택한 응답자는 3.3%로 나타났다. 문재인 더불어민주당 후보 지지자라고 밝힌 응답자는 48.1%가 중국과의 협력을 중시했고, 39.1%가 미국과의 협력을 중시했다. 홍준표 자유한국당 후보 지지자라고 밝힌 응답자는 79.3%가, 유승민 바른정당 후보 지지자라고 밝힌 응답자는 60.8%가 미국과의 협력 강화를 중시했다. 안철수 국민의당 후보 지지자라고 밝힌 응답자는 57.8%가 미국과의 협력을 중시했고, 29.9%가 중국을 선택했다(한겨레 2017.4.7.).

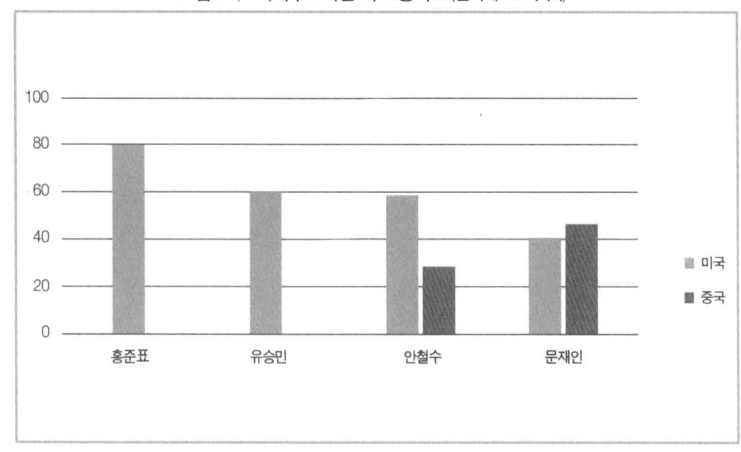

그림 6 | 지지후보자별 외교 중시도 (한겨레 2017.4.7.)[3]

본 조사에서도 보수층의 미국 중시와 진보층의 중국 중시 경향이 나타나며 보수층의 이념 결집도가 높게 나타난다.

이러한 이념별 대중국 중시 인식, 선호도 차이는 한중 외교 현안에 대한 외교정책 태도에서도 극명한 인식 차이를 보여준다. 리얼미터가 2016년 10월 '불법조업 중국 어선'에 대한 정부 대응 관련 여론조사를 실시한 결과, '외교적 마찰이 있더라도 무력 사용 등 강력 대응해야 한다'는 의견이 61.3%로, '한중 갈등을 최소화하면서 외교적 해법을 찾아야 한다'는 의견(33.7%)보다 높게 나타났다. 이념 성향별로는 보수층이 무력 대응(72.1%)을 외교적 대응(23.7%)보다 큰 격차로 지지하였고, 중도층도 무력 대응(63.3%)을 외교적 대응(34.1%)보다 지지하였고, 진보층은

---

3 본 조사결과에 홍준표, 유승민 후보 지지자의 중국 중시 응답률이 공개된 데이터에 포함되어 있지 않아 부득이 두 후보자 지지층의 중국 중시 응답률이 그래프에 포함되지 못했음.

무력 대응(57.8%)을 외교적 대응(42.2%)보다 지지하였으나 그 격차는 가장 작은 것으로 나타났다(리얼미터 2015.10.13.).

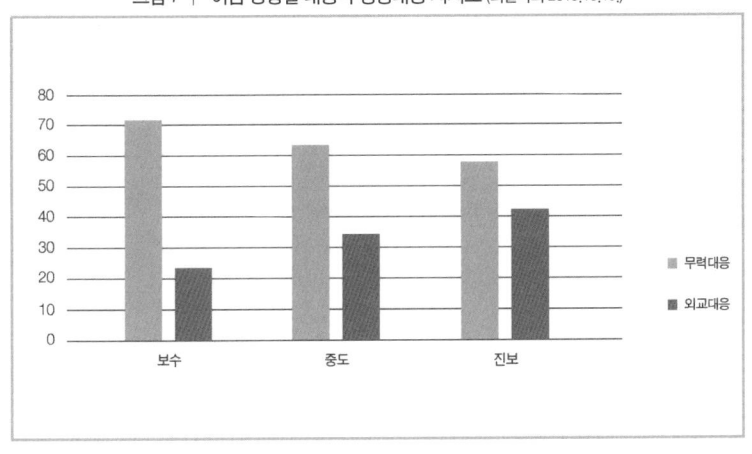

그림 7 | 이념 성향별 대중국 강경대응 지지도 (리얼미터 2015.10.13.)

그림 8에서 보여지듯 지지정당별로도 대중국 외교 대응에 차이가 나타난다. 새누리당 지지층이 무력 대응 68.0%, 외교적 대응 23.6%, 더불어민주당 지지층은 무력 대응 60.5%, 외교적 대응 37.5%, 국민의당 지지층은 무력 대응 59.5%, 외교적 대응 37.9%, 정의당 지지층은 무력 대응 54.1%, 외교적 대응 45.9%으로 나타나 보수정당 지지층의 대중국 강경대응 선호가 진보정당 지지층에 비해 높음을 볼 수 있다.

본 조사결과는 이념 성향별 정파별 대중국 인식의 차이가 대중국 외교정책 선호도 차이에도 일관되게 반영되고 있음을 보여주는 것이다. 즉 이념과 대중국 인식·외교정책 선호도 간의 일관된 상관관계가 존재한다는 점을 볼 수 있다.

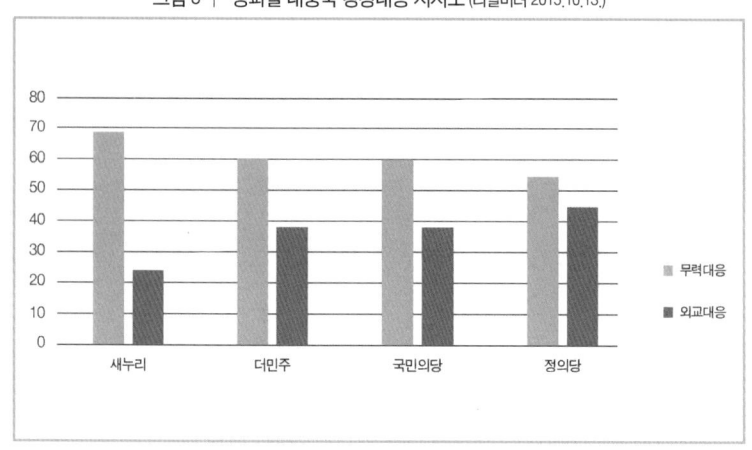

그림 8 | 정파별 대중국 강경대응 지지도 (리얼미터 2015.10.13.)

다양한 여론조사 결과를 토대로 분석할 때 조사별로 정도의 차이는 있으나 일관되게 이념 성향별로 대중국 인식의 차이를 드러내고 있다는 점에서 한국인의 이념은 대중국 인식과 외교 태도에 영향을 미치는 유의미한 영향변수라고 할 수 있다. 상기의 여론조사 결과들을 토대로 이념과 관련하여 본 연구가 제시하고 있는 가설들을 설명할 수 있다.

우선 첫째, 이념이 대중국 인식에 일정한 영향변수임을 발견할 수 있다. 진보와 보수층, 보수정당과 진보정당의 지지층별로 분석할 때 조사기관과 시기별로 상관성의 정도 차이는 존재하나 일관된 상관관계를 보이고 있음을 알 수 있다. 즉, 이념 성향에 따라 대중국 인식의 차이가 존재한다는 것이고, 이념이 대중국 인식에 유의미한 역할을 하는 영향변수라는 것이다.

둘째, 스스로 진보라고 규정한 응답자들이 스스로 보수라고 규정한 응답자들보다 중국과의 외교관계를 더 중요시하고 있는 것으로 드러났다. 스스로 보수라고 규정한 응답자들이 진보보다 중국에 대해 강경한 외교정책 태도를 보이고 있음을 발견할 수 있다.

셋째, 보수층의 대미 중시와 사드 등 외교정책에 대한 결집도가 상대적으로 높게 나타나고 진보층의 대중국 중시와 외교정책에 대한 결집도는 상대적으로 약하게 나타나는 것을 볼 수 있다. 중요한 외교 대상국에 대한 설문에서 보수층, 보수정당 지지층의 미국 응답률은 70%대를 넘는 반면, 진보층, 진보정당 지지층의 중국 응답률은 50%대로 상대적으로 낮게 나타났다(리얼미터 2015). 중국 불법어선에 대한 대응에서도 보수층의 '무력 대응' 응답이 70%가까이 높게 나온 반면, 진보층의 '외교적 대응' 응답은 30~40%대의 상대적으로 낮은 지지율 보였다. 결과적으로 이념이 대중국 인식에 일정한 영향력을 가지는 것으로 나타났지만 보수와 진보의 영향력에는 일정한 격차가 존재함을 알 수 있다.

대중국 인식의 이념화 과정과 요인

한국인의 대중국 인식에 대한 이념의 영향이 정도의 변화는 존재하나 유의미한 영향변수라는 점을 여러 조사결과를 통해 확인하였다. 중국에 대한 인식이나 외교 태도가 어떠한 원인과 배경에 의하여 이념화 되었는지, 그러한 이념화의 배경과 원인을 분석함으로써 향후 한국인의 대중국 인식에 대한 이념의 역할이 지속될 것인지, 그리고 이념이 어떻게 한국의 대중국 인식과 외교 태도에 영향을 미칠 것인지 등을 전망하는 데 주요한 근거가 될 수 있다. 본 연구는 대중국 인식에 대한 이념화가 한국 외교 이념의 전통적인 균열이라고 할 수 있는 '반공(반북) vs. 친북', '한미동맹 vs. 반미자주'와 중첩되면서 강화되는 과정을 설명한다.

한중 수교 초기의 탈이념화 단계

　외부자들을 내부자보다 더 위협적으로 본다는 기존의 국제관계 이론과 사회정체성 이론 등에서 볼 때 1990년대 초 탈냉전과 함께 중국을 보는 이념적 프레임도 완화되었다고 할 수 있다. 1992년 한중 수교기는 중국이 과거 냉전 시기 적대국, '다른 그룹out-group'이라는 인식에서 탈피하여 우리와 협력 가능한 협력국, '자기 그룹in-group'으로 전환될 수 있다는 기대가 존재했다. 미소 냉전 시기 중국에 대한 인식은 공산국가라는 이념적 차이와 '한미동맹 vs. 북중동맹'의 편 가르기 식 인식 구조가 지배적이었다면, 1970년대 국제적인 데탕트와 미중 관계개선, 그리고 1991년 소련의 해체로 인한 탈냉전의 시대를 맞이하여 급격히 적대인식이 해체되기 시작한다. 1980년 미국을 방문한 전두환 대통령은 "중국이 미국의 친구이고, 친구의 친구는 적이 아니다"라고 하면서 중국과 한국이 교역관계를 수립하고 중국이 한국의 유엔 가입을 도와주도록 할 것을 미국 측에 요청하였다고 전해지고 있다(김세웅 1999, 144). 냉전 시기 미소 양극체제라는 그룹화에 의해 중국을 외부자로 보던 인식에 변화가 일어나고, 대중국 인식의 탈이념화가 태동하고 있음을 보여주는 것이다. 또한 1986년 서울아시안게임, 1988년 서울올림픽, 그리고 1990년 북경아시안게임 등 수교 이전 이미 양국 간의 활발한 체육교류를 통해 제고된 유대의식은 한중 수교 전후의 대중국 인식 우호화에 긍정적 영향을 미쳤다.
　이 시기의 중국과의 교류협력 강화는 또 한편으로 전통적인 한미동맹 인식과 크게 충돌하지 않았던 시기라고 할 수 있다. 데탕트와 함께

'친중'이 '반미'라는 구조 속에서 해석되기 어려웠을 뿐만 아니라 미국 일극체제 시기 미중 양국 관계는 경쟁구조가 강하게 작용하지 않았다는 점에서 전통적인 한미 동맹주의와 친중화가 충돌하던 시기는 아니었다고 할 수 있다. 1994년 3월 29일 김영삼 대통령의 중국 국빈 방문 중에 황병태 당시 주중대사가 언론브리핑에서 "북핵 문제에 관한 한중 간의 논의는 과거 한미 간에 협의를 끝낸 뒤 중국 측에 이를 통보하는 방식에서 벗어나 한국이 중국과 처음부터 논의하고 같이 행동해 나가야 한다. 이제 한국의 외교는 대미, 대일 일변도에서 탈피해야 한다"고 발언한 것에 대해 청와대 외교안보수석의 요구로 황 대사가 두 시간도 채 지나지 않아 기자들을 다시 불러 자신의 발언이 개인적 의견이라고 발언을 취소하였고, 당시 언론은 이 사건을 단순한 '외교적 실수'로 접근했다(정재호 2011, 245-246). 이것은 당시 한국에 있어 한미동맹 우선주의가 경쟁할 수 없는 외교 이념이었음을 보여주는 대표적 사례라고 할 수 있다.

한중 수교 초기는 이렇듯 대중국 접근 외교, 우호 외교가 전통적인 외교 이념과 중첩되거나 충돌하지 않으면서 이념의 분화가 적극적으로 부각되지 않았던 시기이다. 한국의 대중국 관여 외교가 전통적 외교 이념 균열인 '동맹 vs. 자주', '반북 vs 친북' 구조에 크게 구속되지 않았던 시기라고 할 수 있다.

대중국 인식 이념화의 초기 단계
: '반북(반공) vs. 포용(친북)' 이념 균열의 반영

외교 이념의 형성에 영향을 미치는 요인들로 기존 연구들은 개인의 핵심가치와 신념체계에 주목한다. 개인의 핵심적 가치와 신념체계가 외

교정책 이념에 영향을 준다는 것이다. 그러한 차원에서 보면 사회주의 체제인 중국에 대한 부정적 인식은 자유민주주의와 시장경제라는 신념 체계가 강할수록 더 중대된다고 할 수 있다. 특히 한국은 남북한이 분단되어 있고 여전히 냉전 시기의 이념 대립이 그대로 지속되고 있다는 점에서 국내적으로는 냉전 시기와 민주화 과정을 거치면서 공고화된 '반공주의(반북)'와 '대북 포용주의(친북)'라는 이념 균열이 강하게 작동하고 있다고 할 수 있다.

한국인의 대중국 인식 이념화의 초기 과정은 6·25전쟁이라는 역사와 남북분단이라는 현실이 강화시킨 전통적 외교 이념 균열인 '반공(반북) vs. 대북포용(친북)'과 중첩되고 연계되어 나타났다. 6·25전쟁이라는 과거 역사 문제에 대한 이견과 충돌은 1992년 한중 수교 이후 한국인의 대중국 인식에 대한 이념의 역할을 강화하는 중요한 요소였다고 할 수 있다. 한중 수교 과정과 수교 이후 가장 민감한 문제로 자리 잡았던 것이 6·25 참전에 대한 중국 측의 사과와 입장 재정립의 문제였다. 한국 정부는 6·25에 대한 인식 전환과 교육내용 수정이 진정한 한중관계 발전에 중요한 현안이라는 입장이었다. 한국 정부는 한중 수교 관련 보도참고자료에서 6·25 문제와 관련 "중국 측은 한국전쟁 시 중국의 국경지대가 위협을 받는 상황에서 불가피하게 의용군을 파견할 수밖에 없었음을 설명하고 이는 과거에 있었던 불행하고 유감스러운 일이었다는 입장 표명"을 했다고 밝혔다(외교부 1992, 53). 그러나 오건민 중국 외교부 대변인은 8월 24일 수교 서명식 직후 내외신 기자회견에서 "과거사에 대해 한국에 사과했느냐"는 질문에 "전혀 근거 없는 말"이라고 일축했다. 그리고 이후 노재원 당시 주중국 한국대사와 장정연 주한 중국대사가 인터뷰와 기자회견 등을 통해 중국의 유감 표명이 없었음이 확인된다.[4]

이후에도 중국의 한국전쟁 개입 등 역사 문제에 대한 상호 입장의 재정립 요구가 지속되었고, 이러한 6·25 문제는 수교협상에 대한 언론의 비판대상이 되었다. 중국이 1993년 7월 휴전협정 체결 40주년을 계기로 대규모 '항미원조기념관抗美援朝紀念館'과 기념탑을 건립하고, 차세대 유력주자인 후진타오 중앙정치국 상무위원을 비롯한 당정 고위대표단이 평양에서 개최된 '조국해방전쟁승리 40주년 기념행사'에 파견되는 등 변함없는 북중관계가 국내 언론의 집중적인 조명을 받았고 냉전 시기의 역사적 대립 구조가 수교 이후에도 공고함이 부각되었다.[5]

한국을 주적 개념으로 한 '조중 우호협력 및 상호원조 조약' 또한 한국 내에서 수정 요구가 제기되었다. 유사시 자동 군사개입을 규정한 관련 조항의 삭제와 수정 요구이다. 또한 중국 내 중학교 교과서를 포함한 한국 관련 출판물에 "6·25전쟁이 북침으로 시작됐다"는 왜곡 기술이 많다는 보도가 제기되고,[6] 1994년 이붕 중국 총리의 방한 시에도 중국군

---

4 노재원 주중대사 내정자는 1992년 9월 3일 기자간담회에서 "한중 수교 교섭과정에서 중국은 인민의용군의 6·25 참전에 대해 사과할 뜻이 없음을 분명히 했다"고 밝혔다(동아일보, 한겨레 1992.9.4., 2); 장정연 주한 중국대사는 1992년 10월 9일 부임 후 첫 기자회견에서 "한중 수교 과정에서 6·25 참전과 관련해 어떠한 유감표명도 한 적이 없으며 앞으로도 그럴 필요가 전혀 없다는 입장을 갖고 있다"고 말했다(동아일보 1992.10.10., 2). 차정미(2012)에서 재인용.
5 동아일보, "중국, 6·25 참전 미화,"(1993.7.27., 2); "중국, 항미원조기념관 등 건립, 대북 편향자세 적극 대처를,"(1993.8.6., 15); 경향신문, "한중 수교 1주년 - 중국 양다리 외교,"(1993.8.24., 3) 등 참조. 차정미(2012)에서 재인용.
6 중국 역사교과서 대부분이 "한국의 제1공화국을 미(美)제국주의 괴뢰정부로, 한국전쟁 발발놓기들 미국과 한국이 결탁한 '북침 기습공격'으로 왜곡 기술"하고 있음이 밝혀져 정부는 중국에 시정요구를 전달하고 관련부처와 역사학회 등 학술단체가 공동 참가하는 종합적인 역사왜곡 시정대책도 마련키로 했다(동아일보 1993.6.19., 2). 차정미(2012)에서 재인용.

> **조중 우호협력 및 상호원조 조약**朝中友好合作互助条約
>
> 원래 명칭은 '중화인민공화국과 조선민주주의인민공화국의 우호협력과 상호원조에 대한 조약中华人民共和国和朝鲜民主主义人民共和国友好合作互助条约'으로 1961년 7월 11일 북경에서 양국 간 합의로 체결함으로서 성립된 북중 간 군사협력조약이다. 본 조약은 체약 일방이 무력 침공을 당하거나 개전상태에 놓이게 되면 상대방도 지체 없이 군사 및 기타 원조를 제공하도록 규정되어 있다. 조약의 유효기한은 20년이나, 체약 쌍방이 수정 또는 폐기할 것에 합의하지 않는 한 계속 유효하도록 되어 있어 1981년, 2001년 이미 두 차례 자동 연장된 바 있고, 다음 갱신주기는 2021년이다. 최근 중국의 관영신문인 환치우스바오環球時報가 사설을 통해 "북한의 핵보유는 조중 우호협력 조약에 대한 위반"이라고 비판하면서 조약의 수정 혹은 갱신여부에 대한 논란이 관심을 받은 바 있다.

의 한국전 참전 사과 문제가 현안으로 대두되면서 역사 문제 재정립에 대한 중국의 소극적 대처는 한중 간의 인식차이를 넘어 한중관계의 불평등성으로까지 인식되었다.[7] 중국에 대한 한국인의 인식은 초기부터 북한 변수로 인해 이념의 강력한 영향을 받아왔다고 할 수 있다. 결국 6·25전쟁을 둘러싼 한중 양국 간 인식의 대립은 이념 균열의 중요한 부분으로 자리 잡아 왔다고 할 수 있다.

1993년 북핵위기가 발발한 이후 20여 년간 중국의 북핵 문제 대응을 둘러싼 국내적 논란은 대중국 인식의 이념화를 강화시킨 또 다른 중요한 원인 중 하나라고 할 수 있다. 북핵 문제, 북한의 무력 도발에 대한 중국의 소극적 혹은 대북 옹호적 태도는 지속적으로 국내 보수층의 비판과 반감을 강화시켜 왔다. 1997년 한국 최초의 정권교체 이후 대북 정책을 둘러싼 국내적 이념 균열이 강화되면서 대중국 인식의 이념화에 중요한 영향을 초래하게 된다. 대북 정책과 비핵화 해법에 대한 정책적

---

7 동아일보, "중국의 대한(對韓) 고자세"(1994.9.6., 4); "한중 현안 실마리 풀까 - 6·25 참전 사과 중국 소극적 태도"(1994.11.1., 3) 참조. 차정미(2012)에서 재인용.

공유 정도에 따라 중국에 대한 우호 인식이 달라지면서 결과적으로 한국인의 대중국 인식은 전통적인 외교 이념 균열인 '반공(반북)' '포용(친북)'으로 상징되는 대북 정책 이념과 중첩되어 형성된다. 즉 중국의 주요한 대북 정책 기조라고 할 수 있는 대화를 통한 비핵화, 북한체제 안정이라는 정책 기조에 대한 공감과 이해의 정도에 따라 대중국 인식의 내용이 달라질 수 있다는 것이다.

한중 수교 이후 한국은 지속적으로 중국이 '북한 편'이냐 '아니냐'에 대한 논란을 지속하여 왔다고 할 수 있다. 1992년 한중 수교와 함께 국내적으로 중국에 대해 가장 큰 기대를 가졌던 부분이 바로 중국의 대북 태도의 변화였다. 이러한 기반 위에서 북핵 문제와 대북 정책에 대한 국내적 균열은 중국의 대북 정책을 바라보는 프리즘으로 작용하였고 이후 북한의 2, 3차 핵 실험과 2010년 천안함 사건, 연평도 포격 사건 등에서 보여준 중국의 대북 옹호 혹은 소극적 태도는 국내 보수층의 대중 인식을 악화시키는 요인으로 작용하였다.

최근 한국이 북핵 방어를 내세워 배치를 결정한 사드 문제가 중국의 경제보복과 철회 압박에 부딪히면서 나타나는 국내적 여론 균열은 한국의 이념적 균열이 대중국 인식에 미치는 영향이 앞으로도 북핵 문제와 북한 문제를 둘러싸고 지속적으로 유의미한 영향변수로 작용할 수 있음을 보여주는 것이라 할 수 있다.

대중국 인식 이념화 강화 단계
: '한미동맹(친미) vs. 반미자주' ≠ '반중 vs. 친중'

한국인의 대중국 인식에 이념의 역할이 강화되는 두 번째 단계는 한국인의 대중국 인식이 또 하나의 전통적 외교 이념 균열인 '친미동맹 vs. 반미자주'와 중첩되어 나타나는 2000년대 전후라고 할 수 있다. 1970년대 유신시대 이후 90년대 초기까지만 해도 미국에 대한 인식은 '반미=용공=친북'이라는 냉전논리에 의해 상당한 제약을 받아왔다(이내영·정한울 2005, 84). 그러나 1980년대 민주화의 과정 속에서 반미 인식이 급속히 확산된다. 또한 탈냉전과 데탕트의 국제환경 변화 속에서 한미동맹 지상주의 또한 도전을 받게 된다. 전통적인 한미 동맹주의와 새로운 반미자주 인식의 대립이 분화되면서, 대미 인식과 태도에 대한 이념화가 본격적으로 형성되기 시작하는 시기라고 할 수 있다. 이후 2000년대 초반까지 반미자주와 한미 동맹주의는 지속적인 경쟁과 대립 속에서 한국의 외교 이념 균열을 형성하는 주요한 축이 되어왔다.

표 1 | 바람직한 한미관계에 대한 이념 성향별 선호평균 시계열 변화 (이내영·정한울 2005)

이념	2002.12	2003.0	2004.02	2004.07
진보	4.32(303)	4.97(222)	4.85(209)	4.42(354)
중도	4.74(415)	5.54(411)	5.21(478)	4.67(355)
보수	5.32(1018)	5.94(384)	6.33(277)	5.56(391)

주: 각 셀의 수치는 0(자주외교)-5(중도)-10(한미동맹강화)까지의 척도에 대한 응답평균. 괄호안은 빈도수

표 1에서 보여지듯 한국 국민들의 대미 인식은 이념 성향별로 유의미한 차이가 나타난다. 즉 진보적일수록 미국에 대해 비판적이며, 보수적일수록 미국에 대해 우호적인 인식을 갖고 있다는 것이다.

한국인들이 중국을 인식하는 데에 이념의 영향이 강하게 작동하기 시작한 2000년대 초는 국제적으로 중국이 급속히 부상하고 국내적으로

는 반미 인식의 강화와 한미동맹의 조정이라는 정책기조가 부각되던 시기이다. 1998년 김대중 정부 시기를 지나 2003년 노무현 정부 출범 이후 급격하게 우호화된 대중국 인식은 중국의 경제적 성장, 그리고 대한반도 영향력 강화라는 변화된 인식에 기반한 것이라 할 수 있다. 이 시기는 진보층의 반미친중 여론이 강화되면서 보수언론과 야당, 보수층에서 '한미동맹 균열 우려'를 제기하며 대응 노선을 구축했던 시기로 '반미 vs. 친미' 구도가 대중국 인식과 정책의 이념화와 국내적 균열을 강화시킨 시기였다고 볼 수 있다. 노무현 정부에서는 '한미관계의 미래지향적 조정'과 '자주국방, 자주외교'에 역점을 두면서 북한 문제에 대한 인식과 대응책을 둘러싸고 한미동맹 균열이 거론될 만큼 한미 간의 이견이 존재했다.[8] 이러한 한미 간 이견 차는 보수층의 위기 인식과 대중국 위협론의 부상으로 나타난다. 2006년 한나라당 여의도연구원이 실시한 정책 전문가 설문조사에서 노무현 정부의 통일외교안보 분야 최악의 실패는 '한미동맹 위기'가 선택되었다. 언론과 보수인사들은 한국의 친중화에 대해 강한 우려와 함께 한미동맹의 위기를 강조하고 있었다.[9]

---

8 이종석 통일부 장관은 2006년 7월 북한 미사일 문제와 관련 "한미 간에는 한미동맹이라는 전략적 이해관계를 갖고 있기에 많은 부분에서 차이가 없지만, 차이가 나는 것은 북한 문제이다. 한국 정부가 미국에 맞춰달라고 하지만 몇 가지 북한 문제에 미국과 의견이 다른 게 있는 것도 사실이다"고 언급했다(SBS TV '한수진의 선데이클릭', 2006.7.23.). 차정미(2012)에서 재인용.

9 당시 친중국 흐름을 경계하는 언론보도는 조선일보, "미국대신 중국을 동맹으로 선택할 수 있다는 발상은 한미관계뿐만 아니라 한중관계의 미래를 위해서도 위험,"(2004.6.15.); 문화일보, "신중국 열풍, 시대조의 경계를,"(2004.6.22.) 등 참조. 중국 위협론과 관련한 이 시기 연구는 서진영(2002); 한석희 (2003); 김재철 (2002); 김희교 (2002); 곽덕환 (2004) 등 참조. 차정미(2012)에서 재인용.

노무현 정부의 '균형외교' '한미동맹 조정' '동북아 균형자론' 등 다양한 대외 비전 담론은 보수층의 반발에 부딪히고 정부의 중국에 대한 중시 태도는 '한미동맹 균열'이라는 경계와 비판을 초래했다. 2004년 17대 총선 당선자 중 열린우리당 의원의 63%가 중국을 가장 중요한 외교 상대국으로 꼽고, 한나라당의 62%가 미국을 중요한 외교 상대국으로 꼽았다는 상반된 여론조사 결과는 당시 이념 간 정파 간의 극명한 외교 인식 차이를 보여주고 있다.

이렇듯 '친미동맹 vs. 반미자주'의 외교 이념 균열과 중첩된 한국인의 대중국 인식 이념화는 현재에도 여전히 중요한 정파적 균열 이슈로 작동하고 있다. 2015년 7월 김무성 새누리당 대표가 방미 과정에서 '우리에게는 역시 중국보다는 미국' '미국은 대체 불가능한 독보적 동맹'이라는 발언을 한 데 대해 새정치연합이 중국의 경제적 중요성과 균형외교의 필요성을 들어 비판한 것은 이념 성향별 대중국 인식의 격차가 반복적으로 정파적 논쟁의 주제가 되고 있음을 보여주는 대표적 사례라 하겠다(연합뉴스 2015.7.31.).

대중국 인식에 대한 진보 이념의 영향과 한계
: '자주'인식의 충돌

한국에서 진보층이 보수층보다 중국에 대한 인식이 우호적인 것은 '반공주의'와 '한미 동맹주의'와 다른 '대북 포용 정책'과 '자주외교'의 기조 속에 존재하기 때문이다. 그러나 2004년 4월말 조사에서 열린우리당 국회의원 당선자의 63%가 중국을 가장 중요한 외교통상국으로 인식했던 것이 불과 4개월여 지난 9월 중순에 실시된 조사에서는 85.4%가

'미국에 주목해야 한다'고 응답하여 대중국 인식의 급격한 전환을 보여 준 바 있다(매일경제 2004.9.20.). 이러한 인식의 급변은 2004년 여름에 집중적으로 부각된 중국의 '동북공정' 이슈로 인한 한국의 대중국 여론 악화와 연계되어 있다. 동북공정이 역사주권의 문제와 중국의 중화패권주의를 부각시키는 이슈로 등장하면서 '반미자주'의 진보적 외교 이념과 충돌하기 시작한 것으로 볼 수 있다. 동북공정 이후 열린우리당 의원들의 발언들은 친중국 인식의 흐름에 급격한 변화가 일어나고 있음을 보여준다.[10] 열린우리당 의원들의 급격한 대중국 인식의 변화는 대중국 인식의 우호화를 견인했던 핵심적인 이념 균열축인 '반미친중=자주' 구도가 중국의 고구려 역사왜곡과 중화패권주의라는 인식의 부상과 함께 흔들리기 시작했음을 알 수 있다.

동북공정 이후에도 여전히 이념 성향별 정파별 대중국 인식의 차이가 유지되고는 있으나 2000년대 초 반미자주 여론이 높았던 시기와 비교할 때 진보층의 대중국 우호 인식은 상대적으로 낮아졌다고 볼 수 있다. 최근 중국의 사드 보복과 철회 압박으로 인해 중국에 대한 진보층의 대중국 우호 인식이 약화되는 것 또한 양국 간에 '자주'의 문제와 연계된 이슈가 등장할 때 이념 간 격차가 줄어든다는 것을 보여주는 것이라 할

---

10 동북공정을 계기로 열린우리당 내 친중국 인식 성향이 뚜렷했던 386세대 의원들의 시각 변화가 두드러지게 나타나는데 이는 미국에 대해 가졌던 반패권 인식과 유사한 인식양상을 보인다. 이인영 의원, "중국의 팽창주의, 패권주의적 행태들이 영향을 주고 있다. 중국에 대해서도 할 말을 해야 한다"; 정봉주 의원, "의원들 사이에 중국에 대한 지나친 환상이 있었던 것은 사실. 이번사건을 계기로 친중이니 친미니 하는 어느 일방국가에 편중된 시각을 고쳐야 한다"; 조경태 의원, "개인적으로는 일본보다 더 나쁘다는 생각마저 든다"; 윤호중 의원, "우리 외교의 중심국은 미국" 등(동아일보 2004.8.16.).

수 있다. 2000년대 초 '반미자주 = 친중'의 구도가 동북공정, 이어도 문제, 사드 문제 등 한국의 자주와 자존을 침해하는 중국이라는 이미지를 부각시키는 이슈의 반복적 등장으로 '자주 vs. 친중'의 구도로 전환되면서 진보층의 대중국 인식에 일정한 변화가 초래된다는 것이다.

2007년 중국 창춘 동계 아시안게임에서 우리나라 쇼트트랙 여자 선수단이 '백두산은 우리땅'이라는 피켓 세러머니를 들어 논란이 되었던 사건은 진보 이념과 대중국 인식의 상관관계에 있어서 '자주'의 문제가 갖는 영향력을 보여주는 것이다.

리얼미터가 이 문제에 대해 실시한 설문조사에서 응답자의 64.0%가 '잘한 행동'이라고 답했으며, 20.2%가 '적절치 못한 행동'이라고 응답했는데, 지지정당별로는 민주노동당 지지층이 85.9%로 가장 높은 지지율을 보였으며, 민주당 지지층 73.4%, 국민중심당 지지층 59.8%의 순으로 나타나 진보층이 상대적으로 높은 지지를 보이고 있음을 보여주었다(리얼미터 2007.2.5.).

2016년 불법조업 중국 어선에 대한 정부의 대응에 대해 무력 대응해야 한다는 응답이 새누리당 지지층 68.0%, 더불어민주당 지지층 60.5%로 상대적으로 낮은 격차를 드러낸 것에서도 '자주'의 문제와 연관된 이슈의 등장은 진보층의 대중국 우호 인식의 경향성을 떨어뜨리는 것을 볼 수 있다.

중국의 경제적 부상과 미중 패권경쟁이라는 국제질서의 변화 속에서 자주, 주권과 연관된 이슈가 부상할 경우 중국에 대한 인식도 '반미자주'의 연장선이 아닌 '자주 vs. 친중'의 구도로 전환되어 진보층의 대중국 인식이 변화될 수 있다. 한중관계에서 한국의 '자주' 외교 이념과 충돌하는 사건이 발생할 경우 진보 이념이 대중국 인식에 미치는 역할에 변동성이 나타날 수 있다는 것이다. 즉, 진보층의 '반미자주' 구도가 '친중'과 '자주'가 충돌하는 외교 현안들이 발생하면 다수의 진보층이 '반중'으로 돌아설 수 있다는 점에서 진보 이념이 대중국 인식에 미치는 영향은 보수 이념보다 상대적으로 결집도가 떨어질 수 있음을 발견할 수 있다.

대중국 인식의 이념화와 한중관계에의 함의

다양한 여론조사에서 일본에 대한 인식은 미국이나 중국에 대한 인식과 달리 이념의 역할이나 영향이 두드러지게 나타나지 않았다. 이념이 모든 국가에 대한 인식에 동일하게 유의미한 영향력을 발휘하는 것은 아니라는 점을 알 수 있다. 한국의 중국에 대한 인식은 여론조사에서 일관되게 나타나듯 이념 성향별로 차이를 보이고 있어 대중국 인식과 태도를 형성하는 데 있어 이념의 역할이 존재한다는 점을 알 수 있다. 물론 대외환경이나 한중관계, 그리고 한중 현안에 따라 이념 성향별 격차에 정도의 차이가 존재하기는 하나 여전히 진보층이 보수층보다 상대적으로 중국과의 관계를 더 중시하고 중국에 대해 더 우호적 인식을 갖는다는 상관관계는 일관되게 나타난다.

본 연구는 중국에 대한 인식의 이념화, 이념 성향별 인식의 차이가 중국과의 이데올로기 차이, 남북한 분단체제와 냉전 시기 형성된 동맹체제에 기반한 대북 태도와 정책의 국내적 이념 균열, 대미 태도와 정책의 국내적 이념 균열 등이 반영되어 나타난 것이라고 해석하였다. 그리고 대중국 인식에 대한 이념을 형성한 주요한 두 가지 핵심변수를 '6·25

전쟁과 남북분단' 그리고 '반미자주'라는 큰 틀에서 접근하고자 하였다. 6·25전쟁은 한국인들이 냉전과 전쟁이라는 대외환경과 역사적 경험 속에서 한국의 외교정책 이념을 형성하게 한 대표적인 역사적 사건이라고 할 수 있다. 결국 건국 이후 현재까지 남북분단의 구조 속에서 한국의 외교 이념은 반공이냐 친북이냐의 문제가 대표적인 이념 균열축으로 역할하고 있다고 보아야 할 것이다. 한국의 외교 이념을 형성하는 중요한 또 하나의 균열축은 '한미동맹'에 대한 인식의 격차라고 할 수 있다. 한미동맹에 대한 이념적 균열이 근본적으로는 '반공 vs. 친북'이라는 균열축의 연장이라고 할 수 있으나 지난 반세기 동안 한국인의 대외정책 태도를 결정하는 중요한 변수로 역할하여 왔다는 점에서 '반공'과 함께 중요한 외교 이념 균열축으로 볼 수 있다.

신념체계의 격차와 남북분단이라는 현실에 따른 '반공주의'와 6·25전쟁과 냉전의 경험이 제공하는 '한미 동맹주의'는 중국에 대한 외교 이념을 형성하는 데 주요한 틀로 작용하여 왔다. 대중국 인식의 이념화가 반세기 역사 속에서 형성된 한미동맹, 대북 정책을 둘러싼 국내적 이념 균열과 중첩되어 나타났다는 점에서 중국에 대한 인식의 이념화 또한 지속될 가능성이 존재한다.

대중국 인식에 미치는 이념의 영향은 단순히 한국만의 문제가 아니라 미국, 호주 등 다른 국가들의 경우에도 존재하는 것임을 기존의 연구들에서 볼 수 있다. 대중국 인식에 미치는 이념의 영향을 옳고 그름으로 평가하기보다는 이념의 영향, 이념화의 정치화가 엄연히 존재하는 현실 속에서 자칫 대중국 외교전략, 양국 현안에 대한 논의와 토론이 이념의 경직성에 구속되거나 정쟁화의 틀 속에 갇힐 수 있음을 경계해야 한다는 점을 강조하는 것에서 본 연구의 의의를 찾고자 한다. 중국을 과거의 이념 균열 구속에서 벗어나 조금은 독립적으로 바라보려는 노력이 성공적인 대중국 전략과 한중관계 발전을 만들어가는 데 주요한 기반이 되지 않을까 한다. 본 연구가 이념의 역할을 분석하면서 통계분석이라는 양적 방법이 아닌 이미 발표된 언론사와 여론조사기관의 결과들을 종합하는 정도에서라도 이념의 영향을 소개하고자 한 것 또한 기존의 관련 연구가 부재한 상황에서 문제제기와 지속적인 연구의 필요성을 환기시키기 위함이라고 할 수 있다. 이념과 외교정책의 상관성을 분석하는 연구는 학문적 가치뿐만 아니라 대외관계와 외교정책에 중요한 정책적 시사점을 제공한다는 측면에서 중요한 연구 분야이기 때문이다.

참고문헌

김세웅. 1999. 『중국의 대외정책과 한국』. 서울: 시문학사.
정재호. 2011. 『중국의 부상과 한반도의 미래』. 서울: 서울대학교 출판문화원.
차정미. 2012. 『한국인의 대중국 인식변화와 그 요인』. 연세대학교 정치학과 박사학위논문.
이상신. 2014. "북한 이미지 결정요인 연구: 북한에 대한 인식과 남남갈등. 『21세기정치학회보』 제24권 3호, pp. 187-215.
이내영·정한울. 2005. "동맹의 변환(Transformation)과 한국인의 대미인식 - 한미동맹 위기론과 대미인식 다원화 현상을 중심으로. 『國際政治論叢』 제45집 3호, pp. 81-104.
박현숙·남궁곤. 2003. "의회와 외교정책: 국회의원의 정치적 이념구조와 표결 행태 분석.『시민정치학회보』 6권, pp. 167-183.
김태현·남궁곤·양유석. 2003. "외교정책 신념체계와 국가 이미지에 관한 실증 사례 연구 - 한국인들의 북한 이미지를 중심으로." 『한국정치학회보』 제37집 3호, pp. 151-174.
아산정책연구원. 2016. "South Korean and Their Neighbors. 『Asan Poll』.

Chong, Chae-ho. 2007. Between ally and partner : Korea-China relations and the United States. Columbia University Press.
Gries, H. Peter. 2014. *The Politics of American Foreign Policy : How Ideology Divides Liberals and Conservatives over Foreign Affairs*. Palo Alto, CA: Stanford University Press.
Page, Benjamin and Marshal, Bouton. 2006. *The Foreign Policy Disconnect : What Americans Want from Our Leaders but Don't Get*. Chicago: University of Chicago Press.
Page, Benjamin and Xie, Tao. 2010. *Living with the Dragon: How the American Public Views the Rise of China*. New York: Columbia University Press.
Berinsky, Adam J. 2007. "Assuming the Costs of War: Events, Elites, and American Public Support for Military Conflict. *The Journal of Politics*, 69 (4), pp. 975-997.
Converse, Philip E. 1964. "The nature of belief systems in mass publics." in Apter, David. E.(ed.) Ideology and Discontent. New York: Free Press.
Gries, H. Peter. 2014. ""Red China" and the "Yellow Peril" : How Ideology Divides Americans Over China." *Journal of East Asian Studies* 14. pp. 317-346.

Griesn H. Peter and Crowson, H. Michael and Cai, Huajian. 2012. "God, Guns, and ··· China? How Ideology Impacts American Attitudes and Policy Preferences toward China." *International Relations of the Asia-Pacific* 12 (1), pp. 1-40.

Hunt, H Michael. 2009. *Ideology and U.S. Foreign Policy.* New Haven, CT: Yale.

Murray, S. K. & Cowden, J. A. 1999. "The Role of "Enemy Images" and Ideology in Elite Belief System." *International Studies Quarterly.* 43 (3).

Hurwitz, John and Peffley, Mark. 1990. "Public Images of the Soviet Union: The Impact on Foreign Policy Attitudes." *The Journal of Politics.* 52(1). pp. 3-28.

Javaid, Umbreen, Naz, Usma, Watoo Muhamad Arshad and Rashid, Azhar. 2016. "Role of Ideology in Foreign Policy : A Case Study of Iran. *Journal of Political Studies* 23 (1).

Jost, T. John. 2006. "The End of the End of Ideology. *The American Psychologist* 61(7), pp. 651-670.

Knight, Kathleen. 2006. "Transformations of the Concept of Ideology in the Twentieth Century. *American Political Science Review* 100 (4), pp. 619-626.

Mirilovic, Nikola and Kim, Myunghee. 2017. "Ideology and Threat Perceptions: American Public Opinion toward China and Iran." *Political Studies* 65 (1). pp.179-198.

Nincic, Miroslav. 2010. "Ideological Structure and Foreign Policy Preferences. *Journal of Political Ideology* 15(2). pp. 119-141.

매일경제. 2004/4/29. http://news.naver.com/main/read.nhn?mode=LSD&mid=sec &sid1=100&oid=009&aid=0000363412

조선일보. 2004/4/30. http://news.naver.com/main/read.nhn?mode=LSD&mid=sec &sid1= 100 &oid=047&aid=0000045272

동아일보. 2013/1/1. http://news.donga.com/3/all/20130101/51974303/

한겨레. 2015/1/1. http://news.donga.com/3/all/20130101/51974303/

_____. 2017/4/7. http://www.hani.co.kr/arti/politics/diplomacy/789836.html

연합뉴스. 2015/7/31. http://www.yonhapnews.co.kr/bulletin/2015/07/31/

리얼미터. 2007/02/05 http://www.realmeter.net/2007/02/

_____. 2015/7/30. http://www.realmeter.net/2015/07/

_____. 2016/10/13. http://www.realmeter.net/2016/10/

_____. 2017/3/13 http://www.realmeter.net/2017/03/

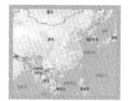

3장

미중 경쟁시대에 한국의 중국 인식과 정책

이정남

　시진핑 주석의 등장 이후 중국은 강대국 외교를 본격적으로 전개하면서 미국과 규칙 다시 쓰기를 통한 세계질서를 둘러싼 경쟁에 돌입했다. 미국과 이른바 신형대국관계를 수립함과 동시에, 주변국 외교를 최우선 순위에 놓으면서 일대일로一帶一路 전략을 통해 주변국과의 공동발전 추진방식에 기초한 새로운 국제질서의 규칙을 씀으로써(郑永年 2017), 아시아로부터 출발하여 세계적 강대국이 되고자 하고 있다. 왕이저우王逸舟 베이징대 교수는 시진핑 정부가 이처럼 주변외교에 조점을 두는 것은 미국의 아시아 재균형 전략이 중국과 주변국에게 초래한 피동적인 국면을 전환시키고, 중국이 이끌면서 건립하고자 하는 아시아 지역의 무역과 안보 구도를 위한 적절한 분위기를 만들며, 중국을 중심으로 하는 동아시아 지역이 상대적인 번영과 안정에 기초하여 더 큰 글로벌 영향력을 쟁취하기 위한 것이고 주장한다(王逸舟 2015, 78-79).

이처럼 빠르게 부상하는 중국으로 인해 이 지역에서 중미 간 세력관계에 변화가 초래되고, 이에 대응하기 위한 미국의 대외정책의 조정이 이어지면서 중미 간에는 전략적 경쟁이 두드러지고 있다(朱锋·黃仁伟,胡波 2017). 미국은 오바마 대통령 시기에는 이른바 동아시아 재균형 정책을 통하여 중국의 영향력 확장을 막고자 해왔고, 트럼프 대통령의 등장 이후에도 '힘의 우위를 통한 평화peace through strength'를 강조하면서 중국의 영향력 확장을 견제하는 동시에 동아시아에서 자신의 영향력을 유지하고 지속해 나가고자 하는 의도를 보이고 있다(이수형 2017). 이런 상황에 대해 중국 내의 전문가들은 중국과 미국이 100여 년이래 처음으로 아태지역에서[1] 이익이 직접 충돌하는 상황이 출현하였고, 만약 양국의 갈등과 마찰이 적정하게 관리되지 않는다면, 조만간 아태지역은 미국의 동맹세력과 중국의 전략적 협력 동반자 세력 사이의 세력권 간 대립 태세가 형성되어 무장 충돌이 발생할 수도 있음을 경고한다(王缉思·袁鹏·赵明昊 2017).

이처럼 중국이 동아시아 지역에서 거대한 영향력을 지닌 강대국으로 부상하고, 미국 역시 이 지역에서 여전히 강력한 영향력을 지닌 상황에서, 부상국인 중국과 기존 강대국인 미국 간의 세력경쟁이 다른 지역

---

[1] 중국에서 말하는 아태지역은 동아시아와 서태평양 지역을 말하지만, 미국은 이 개념을 종종 '범아태' 개념으로 사용하거나 태평양 동서 연안과 아시아 및 인도양을 포괄하는 '인태지역(Indo-Pacific)'으로 말하기도 한다(朱锋·黃仁伟·胡波 2017). 필자는 본 논문에서 동아시아를 중국에서 말하는 '아태'와 동일한 의미로 사용하고 있다.

보다 동아시아 지역에서 돌출적으로 표현되고 있다. 특히 중국이 동북아 지역을 자국의 전통적인 세력권으로 간주하는 경향이 매우 강하고, 중국과 미국 모두가 경제적으로 가장 역동적인 이 지역으로부터의 이익을 놓치고 싶어 하지 않고 있어, 이 지역에서의 양국 간 세력경쟁은 다른 지역보다 훨씬 더 빠른 속도로 일어나고 있다. 이로 인하여 한반도는 바로 미국과 중국의 영향력 경쟁이 교차하는 공간으로 자리하면서 동북아 강대국 정치의 구조적인 공간으로 편입되었다. 이런 상황에서 한국은 미중으로부터 각종 외교적인 쟁점에 대하여 지속적으로 편들기를 강요받고 있는 상황이며, 주기적으로 한중관계와 한미관계가 불편한 상황에 직면하고 있다.

사드 문제는 바로 이러한 한중관계가 놓인 상황을 반영하는 대표적인 사례이다. 중국은 한반도의 사드 배치를 미국이 추진하는 동아시아 미사일 방어체계로 한국이 편입되어 한미동맹이 중국에 대한 견제나 균형의 한 수단으로 활용될 수 있다는 의구심을 가지고 있으며, 그 결과 한국의 사드 배치에 대해 강력한 반대와 제재 조치를 취함에 따라 한중관계는 1992년 수교 이래 최악의 상황에 처해 있다. 반면에 미국은 북핵 프레임을 최대한 활용하여 동맹의 결속력 강화와 한미동맹의 미사일 방어체계로의 구조적인 편입을 추진하려 하고 있다(이수형 2017). 이런 의도는 최근 해리 해리스 미군 태평양사령관이 사드가 사실상 미국의 동북아 미사일 방어체계 'MD'의 일환이라고 밝힌 진술서의 공개로 드러나고 있다. 그는 2017년 4월 27일에 열린 미 상원 군사위원회 청문회 서면 진술서에서 "일본, 한국, 호주와 완전한 통합 BMD, 즉 미국의 미사일 방어체계인 MD체계를 구축하는 목표 등을 위해 노력 중"이라고 언급했다(연합뉴스 2017.5.3.).

이런 상황은 사드 문제만이 아니다. 시진핑 등장 이후 중국이 본격적으로 강대국화 정책을 취하고 국제사회에서 공세적인 목소리를 내면서, 각종 정책적인 현안을 둘러싼 중미 간 힘겨루기가 빈번해지고, 이로 인해 한국이 선택을 강요받는 상황은 이미 현실로 나타나고 있다.[2] 이런 상황은 중국 사회과학원의 한 전문가가 2017년 5월 10일 필자와 나눈 대화에서도 잘 나타나고 있다. 그는, "중국이 사드 문제를 바라보는 주된 시각은 중미 경쟁이라는 전략적인 관점이고, 중국은 한국이 이 경쟁에서 균형적 태도를 취해 주길 바랐으나 미국 편에 섰으며, 만약 한국의 이런 태도에 대하여 중국이 명확한 태도를 취하지 않으면 이후에도 이런 문제가 반복될 소지가 있어 강력한 태도를 취한 것"이라고 언급했다.

이처럼 한반도에서 본격화된 미중 간의 세력경쟁은 한중관계가 놓인 전략적인 환경을 변화시켰다. 한중관계는 지난 25년 동안 경제와 문화적 교류를 중심으로 빠른 속도로 발전된 반면, 안보영역에서 협력은 상대적으로 진전되지 못하였다. 그러나 미중 간의 세력경쟁이 본격화되면서 한중관계가 처한 전략적인 환경이 근본적으로 변화하면서 한중관계는 이제 외교안보적인 의제가 경제와 문화적인 교류에 영향을 미치는 결정적인 요인으로 작용하는 상황으로 전환되었다. 따라서 한중관계의 발전은 중미 간의 구조화된 영향력 경쟁에서 한국이 어떠한 전략적인 스탠스를 취할 것인가에 대한 정확한 대책의 모색과 함께 탐색되어져야

---

2 지금까지 미중 사이에서 한국이 선택의 딜레마에 직면한 대표적인 사례는 사드 문제 외에도 환태평양 경제 동반자 협정(TPP)과 역내 포괄적 경제 동반자 협정(RCEP) 사이의 선택, 아시아 인프라 투자은행(AIIB)에 대한 한국의 선택, 아시아 교류 및 신뢰구축 회의(CICA), 중국 전승절 외교, 그리고 남중국해 갈등에서의 태도 등 다양한 사례에서 나타나고 있다(서울대 아시아연구소 미중관계 연구센터 편 2017) 참조.

만 하는 상황이다. 이런 맥락에서 중국 푸단復旦대 정지융鄭繼永 한국학센터 소장은 2017년 3월 21일 필자와의 대화에서 "향후 사드 문제가 해결된다고 하더라도 한중관계가 과거로 그대로 돌아가는 것은 현실적으로 어려울 것"이라고 말했다.

이런 추세가 반영되면서 그 동안 한국 내의 많은 학자들도 미중 경쟁관계 속에서 한국이 중국에 대하여 어떠한 입장을 취해야 하는가에 대하여 지속적으로 관심을 가져왔다. 김흥수, 나종만은 2012년 말 시진핑 당 총서기의 등장 이후부터 2014년 말까지 한국의 중미관계에 대한 연구논문 28편에 대한 분석을 통해, 한국 내의 중미관계 전문가들이 "한미동맹에 중점을 두고 중미 간 균형외교를 해야 한다고 인식하는 시각이 다수지만, 이들 학자들 중 어떤 이는 한미동맹에 방점을 두고 있고, 어떤 이는 중미 간 균형외교에 방점을 두는 것으로 시각차가 나타난다"고 분석했다. 결론적으로 그들은 "다수의 전문가들이 '한미동맹에 중점을 두면서 중미 간 균형외교'를 취하되, '중국과의 균형'에 방점을 두면서 적극적인 대응을 해나가야 한다는 시각을 견지하고 있다"고 주장했다(김흥수·나종만 2015, 213-244). 또한 이정남, 하도형은 여론조사를 통해서 "한국의 대중들이 중국의 빠른 부상을 우려 속에서 바라보면서도, 미국과 동맹 강화를 통하여 중국을 견제하기보다 미중 사이에서 균형외교를 통하여 실리를 취해야 한다는 인식을 하고 있다"고 주장하고 있다(이정남·하도형 2016, 235-258). 김흥수, 나종만의 연구는 사드 문제, 남중국해 문제, 톈안먼 열병식 참여 등으로 중미 사이에서 한국의 선택의 딜레마가 본격화되기 전에 이루어진 연구들이라는 점에서, 이정남, 하도형의 연구 역시 사드 문제의 발생으로 한중관계가 경색되기 전에 이루어진 여론조사에 기초하고 있다는 점에서, 한국에게 있어 중국이 지닌 전략적인 중요성과 미일 사이에서 한국의 전략적인 스탠스에 대한 보다 전면적인 인식을 반영하는 데는 한계가 있다.

따라서 본 논문은 한국 내의 중국연구 관련 전문가 중 외교안보 관련 연구를 수행하는 전문가 집단을 대상으로 동아시아에서 미중 간의 세력경쟁 속에서 한국이 어떤 입장을 취해야 하는가에 대한 설문조사를 진행하였다. 그리고 이러한 조사결과를 분석하면서 중미 경쟁시대의 동아시아에서 한국은 어떻게 대중국 정책을 전개하면서 한중관계를 발전시켜가야 하는가를 분석하고 있다.

연구방법

조사방법

본 논문은 한국 내 중국 전문가들의 인식 조사를 통하여 동아시아 지역에서 미중 경쟁이 구조화되어 가고 있는 시기에, 한국이 중국에 대하여 어떠한 스탠스를 취하면서 대중국 정책을 전개해야 하는가를 탐색하는 것을 목적으로 한다. 따라서 본 연구는 인간이라는 개별 행위자가 갖고 있는 신념이나 인식 등 행위자들의 개별적이고 관념적인 요인들을 중요한 설명변수로 다룬다. 제럴 로사티(Jerel A Rosati)의 주장대로 국가나 국제기구는 결국 인간들에 의해서 구성되며 그들에 의해서 운영되는 것이기 때문에 인간 행위자들이 무엇을 믿고 어떻게 상황을 인식하며, 어떤 성격을 소유하고 있는지 등등은 국제정치에 매우 큰 영향력을 행사한다고 보기 때문이다(Rosati 2000, 47). 이런 맥락에서 이루어진 외교에 있어서 인식에 대한 연구는 그 동안 주로 정책결정자의 '오해'와 '오인'이 외교관계에 미치는 영향을 분석한 연구와 엘리트와 대중의 인식이 외교관계와 외교정책에 미치는 영향에 대한 분석 등이 중심을 이루어 왔다(차정미 2012, 18-19). 본 논문은 바로 후자에 해당하는 것으로, 한국 지식인의 대중국 인식을 독립변수로 놓고 한국의 대중국 정책의 내용과 방향을 분석하고자 한다.

특히 본 논문은 한국 내의 중국연구 전문가 집단, 그 중에서도 중국의 대외관계를 다루는 학자들에 대한 인식을 조사대상으로 하였다. 그 이유는 전문가 집단은 외교정책 결정과정에서 다양한 영향력을 행사할 수 있을 뿐만 아니라, 여론에도 중요한 영향력을 미치는 그룹으로서 정책 엘리트와 대중의 인식을 상호 연결함은 물론, 전문적인 지식과 정보를 활용하여 정책 엘리트와 대중에게 영향을 미치기도 하고, 또한 논문, 언론보도 등 다양한 채널을 통해 인식의 현황을 조작하기도 할 수 있기 때문이다. 또한 전문가 집단의 인식 조사는 지도자나 정책 엘리트 집단의 인식 조사에 비해 자료의 접근에 상대적으로 용이하다는 점에서 인식 분석에 중요한 주체가 될 수 있기 때문이다(차정미 2012, 35). 특히 본 논문에서 조사대상으로 하는 한국 내 중국의 대외정책 관련 전문가들은 한국과 중국의 대외전략과 정책에 대하여 비교적 정확한 이해를 기반으로 하여 각종 논문이나 정책 보고서, 학회 발표 등을 통하여 한국의 대중국 정책이 결정되고 이행되는 데 큰 영향을 미치는 집단이다. 동시에 이들은 중국이나 한국에서 개처되는 각종 국제학술회의에 참여하여 한중관계와 관련된 학계의 담론을 실질적으로 주도하고 있어서, 중국의 학계나 정치 지도자층에게도 간접적인 영향을 미칠 수 집단이라는 점에서 조사대상으로 충분한 의미가 있다.

따라서 본 논문은 한국 내의 65세 이하(대학교 기준 현직 근무연령으로만 제한했음)의 박사학위를 소지한 중국 관련 전문가(현직 군인이나 정부의 관료는 제외) 중 중국의 대외관계에 대해 1편 이상의 논문을 썼거나 학술회의에서 발표를 한 46명에 대한 설문조사 결과를 분석하였다. 필자가 파악한 바에 기초하면 상술한 기준에 부합하는 한국 내 중국 전문가는 55명(정확한 정보 파악이 어려워 학위 취득 후 귀국한지 1년 이내는 포함시키지 않았음)이며, 이들 55명 중 조사를 수용할 의사가 없음을 비추거나 연구년 등으로 해외에 체류하고 있어 연락이 어려운 3명을 제외한 52명에게 이메일로 설문지를 보내서 총 46명으로부터 설문지를 회수하였다. 그리고 조사는 2017년 5월 1일부터 5월 15일 사이에 진행되었다. 조사에 응답한 전문가들은 한국 내의 각종 민간 혹은 국책 연구기관과 대학에서 교육과 연구를 하면서 중국의 대외관계와 관련 담론을 주도하고 있는 전문가들이다. 연령대별로 보면 30대가 3명으로 7%, 40대가 23명으로 50%, 50대가 17명으로 37%, 60대가 3명으로 7%이다. 또한 학위 취득 국가별로 살펴보면 미국이 8명 17%, 유럽이 2명 4%, 중국이 28명 61%, 타이완이 1명 2%, 한국이 7명 15%를 각각 점하고 있다.

조사 범위와 내용

미중 경쟁시대에 한국 내 중국 전문가들의 대중국 인식을 분석하기 위하여 크게 5가지 항목을 조사하였다. 첫 번째로 현재 동아시아에서 중미 간 세력관계에 대한 전문가들의 인식을 조사하였다. 그 이유는 인식에 대한 연구에서 '힘power'을 바라보는 가장 중요한 점은 객관적으로 실재하는 힘보다는 '인식된 힘perceived power'으로, 경쟁국가의 상대적인 힘을 어떻게 인식하는가는 외교정책의 결정과정에서 각종 선택에 영향을 미치는 주요한 변수이기 때문이다. 다시 말하면 파워가 국가 간 관계에 영향을 미친다면 그것은 국가의 대외정책 결정과 집행에 주요한 영향을 미치는 행위자들의 '인식'을 통해서 나타난다(Holsti 1972, 158). 이런 관점에서 볼 때 한국의 전문가 집단이 중미 간 세력관계를 어떻게 보는가는 대중 정책의 태도를 결정하는 데 중요한 변수가 될 수 있다. 현재의 중국과 미국은 냉전 시기 미소관계보다는 상호의존성이 훨씬 높을 뿐만 아니라, 양국 사이에서 아직까지는 공포의 균형이 유지되는 차가운 평화가 유지되고 있다. 이런 상황에서 미중 간의 전략적인 경쟁은 한국을 포함한 이 지역 국가들에게 자기편인지 아닌지를 끊임없이 묻고 확인하는 대리경쟁으로 나타날 가능성이 높다. 그리고 미중 간 국력차가 줄어들수록 이러한 딜레마가 빈발할 가능성이 높아질 수밖에 없다(서울대 아시아연구소 미중관계연구센터 편 2017, 95). 따라서 이 지역에서 한국의 전문가 집단이 중미 간 세력관계를 어떻게 평가하는가에 따라 대중국 정책에 대한 인식도 달라질 수 있다.

두 번째로 중미 사이에서 한국이 어떠한 스탠스를 취해야 하는가에 대해 조사했다. 이를 위해서 다음 3가지 변수를 조사했다: 첫째 '한국이 다양한 외교 현안을 둘러싸고 중미 사이에서 어떠한 입장을 취해야 한다고 생각합니까'라는 질문에 대한 조사를 진행했다. 구체적으로 한미동맹 우선의 외교정책을 추진해야 하는가 아니면 중미 간 균형외교를 취해야 하는가, 아니면 중미 사이에서 자기주도적self directed diplomacy인 외교를 해야 하는가를 조사했다; 둘째로는 중미 사이에서 한국의 입장을 결정하는 데 있어서 한국의 국익과 관련하여 중국이 어떤 점에서 중요한가를 밝히고자 하였다. 그 이유는 한국의 핵심적인 국가 이익의 실현을 위해서 중국과의 협력이 불가피하다고 생각할수록 미국과의 관계에서 중국의 중요성이 더 부각될 수 있다고 판단하기 때문이다. 이 변수에 대한 조사를 위해서 통일의 추진과정에서의 중국의 협조, 북한 핵문제 해결과정에서 중국의 협조, 한국 경제에서 중국 경제가 차지하고 있는 비중, 비전통 안보 현안을 둘러싼 중국과의 협조, 미국과 일본에 대한 견제, 그리고 주변 강대국이라는 지정학적인 요인 등 총 7가지 항목을 제시하고 이것에 대한 전문가들의 인식을 조사했다; 셋째 대중국 정책과 한미일 안보체제에 대한 인식을 연계시켜서 조사했다. 최근 한국의 사드 배치에 대한 중국의 주된 반발은 사드 배치로 한국이 미국의 동아시아 미사일 방어체계로 편제될 뿐만 아니라 한미일 3각 안보체제의 강화로 나아갈 것이라는 우려 때문이다. 따라서 한국이 중국과 미국 사이에서 어떠한 스탠스를 취할 것인가는 중국뿐만 아니라 미일동맹 혹은 일본과의 관계 설정과도 연계되어 있음을 알 수 있다. 이것을 조사하기 위해 '중국의 부상과 관련하여 발생하고 있는 한미일 안보협력 강화 추세에 대해 어떻게 생각하십니까'에 대한 질문을 던졌다.

세 번째, 중미 사이에서 한국이 어떠한 태도를 취할 것인가에 대한 중요한 시험대였을 뿐만 아니라, 한중관계 악화를 가져온 중요한 요소인 사드 문제에 대한 기본적인 태도와 처리과정에 대한 전문가들의 평가를 조사했다. 이 조사를 통하여 중미 사이에서 한국이 어떠한 태도를 취해야 하는가에 대한 구체적인 사례를 살펴보고자 했다. 특히 이 변수에 대한 조사에서는 사드 배치가 한국에게 필요한가와 사드 배치가 이미 상당히 이루어졌다는 점에서 사드 배치 과정이 외교정책적 측면에서 충분히 적절히 이루어졌는가를 조사했다.

조사결과 분석

동아시아 지역에서 중미 간 세력관계에 대한 인식

중국과 미국이 동아시아를 놓고 전략적인 경쟁을 전개하는 상황이 구조화되는 상황에서 지역 내 국가들은 양자 사이에 적절한 합의나 협력이 이루어지지 않는 사항에 대하여 자신의 입장을 밝히거나 때로는 지원을 해야 하는 전략적인 딜레마에 일상적으로 빠져들고 있다. 이런 상황은 중미 간의 힘의 격차가 줄어들수록 그 빈도가 높을 수 있기 때문에, 지역 내에서의 중미 간의 권력관계는 이 지역 국가들의 대외정책의 결정에서 매우 중요한 변수이다. 이에 '당신은 동아시아에서 중미관계를 어떻게 진단하고 계십니까'라는 질문을 던지고 중미관계가 지역 주도권 경쟁단계에 진입했는가, 중미 간 주도권 경쟁에서 경쟁과 갈등 우위인가 협력관계가 우위로 인식하는가를 조사했다.

조사결과에 따르면, 89%의 한국 내 중국 전문가들은 중국과 미국이 동아시아에서 주도권 경쟁이 본격화된 것으로 인식하고 있으며, 9%만이 중미 간에는 여전히 국력 격차가 존재하며 중국은 미국과의 협력 속에서 지역 평화와 자국의 경제성장에 주력할 것이라고 응답했고, 기타가 2%로 나타났다.[3] 그리고 중미 간 주도권 다툼이 본격화된 것으로 응답한 89%의 학자 중 35%는 경쟁보다는 협력에 중심을 둔 주도권 다툼이 일어날 것이라 응답했고, 24%는 협력보다는 경쟁과 갈등 위주의 관

---

3 기타 2%는 경쟁과 협력을 일괄적으로 평가하기 힘들고, 정세에 따라 상황별로 경쟁과 협력이 교차된다고 언급했다.

계를 형성할 것이라 응답했다. 또한 30%는 안보영역에서는 제로섬적인 관계를 형성하고 있지만, 경제나 비전통 영역에서는 협력적인 관계를 형성하고 있다고 대답했다(그림 1).

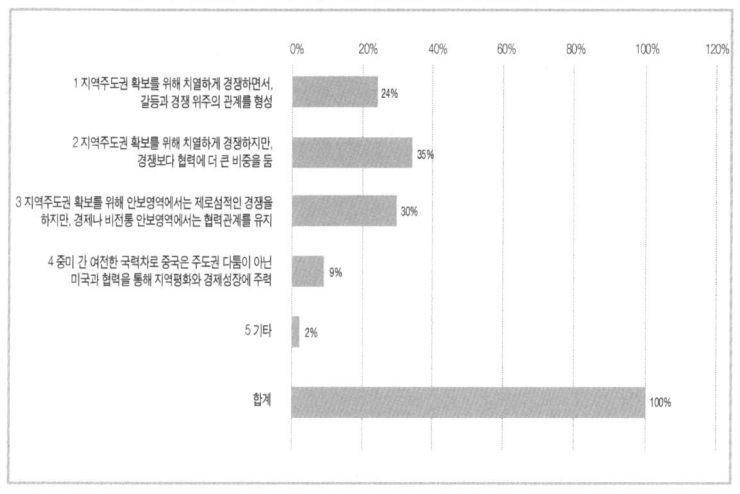

그림 1 | 당신은 동아시아에서 중미관계를 어떻게 진단하고 있습니까?

조사결과를 종합하면, 한국 내 중국 전문가들은 중미 간에 동아시아 지역에서 주도권 경쟁은 이미 시작되었다고 인식하고 있으며, 주도권 싸움에서 전체적으로는 중미가 경쟁보다는 협력관계를 유지할 것이라고 보고 있는 것으로 나타났다. 그러나 안보영역만 떼어 놓고 보면 적어도 54%가 경쟁과 갈등 우위의 제로섬적인 경쟁을 하고 있다고 인식하고 있는 것으로 나타나, 중미 간의 이 지역에서 안보영역에서의 갈등에 대한 우려가 높은 것으로 보인다. 이것은 경쟁과 갈등 위주의 관계를 형성하고 있다는 대답이 24%, 안보영역에서는 제로섬적인 경쟁관계이나 경제와 비전통 안보 영역에서는 협력관계를 유지하고 있다는 응답 비율(30%)을 합친 결과를 통해서 확인할 수 있다.

이러한 조사결과는 필자가 2017년 1~2월에 상하이上海와 베이징北京의 국제정치학자 45명을 대상으로 하여 진행한 설문조사 결과와도 크게 다르지 않다. 조사대상이 된 상하이, 베이징의 국제정치학자 50%는 예측 가능한 미래에 미국과 중국이 동아시아 지역질서를 주도할 것이라고 보았고, 중국이 주도할 것이라는 응답은 9.1%, 미국이 주도할 것이라는 응답은 13.6%, 한중일과 아세안이 주도할 것이라는 응답이 각각 13.6%와 2.3%를 나타냈다(그림 2). 또한 이들 전문가들은 동아시아 질서가 재편되어 가는 과정에서 51%가 중미 간에 갈등과 협력관계가 지속될 것이라고 보았고, 30.2%는 갈등이 더욱 더 격화될 것이라고 보았으며, 11.6%가 협력이 지속될 것이라고 보았다(그림 3).

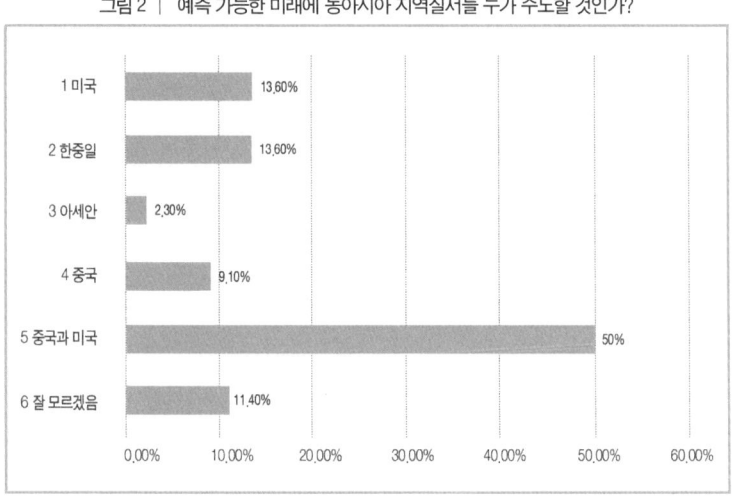

그림 2 | 예측 가능한 미래에 동아시아 지역질서를 누가 주도할 것인가?

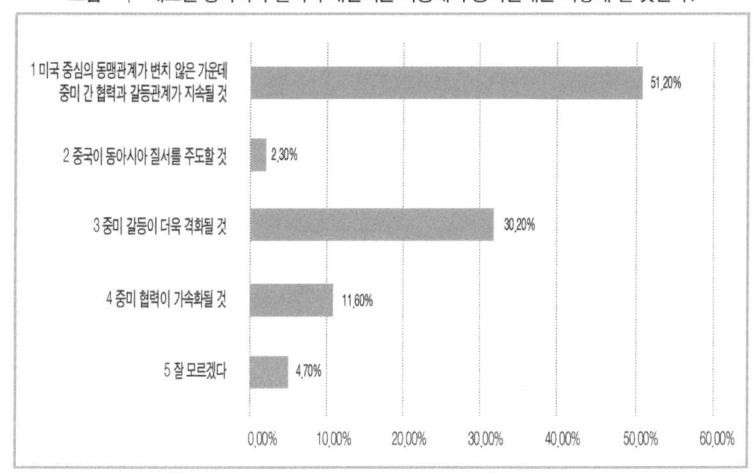

그림 3 | 새로운 동아시아 질서가 재편되는 과정에서 중미관계는 어떻게 될 것인가?

비록 한국 내 중국 전문가 집단에 대한 조사에서처럼 안보영역과 경제영역을 구분하여 조사하지는 않았지만, 중국의 국제정치학자들도 동아시아 질서는 중국과 미국이 주도할 것이며, 지역질서 재편과정에서 중미 간 주도권 경쟁이 협력보다 갈등에 더 무게를 두고 전개될 것으로 인식하고 있음을 알 수 있다. 이것은 중국과 미국 간의 지역질서 재편 과정에서 51%가 갈등과 협력이 지속될 것이라고 응답하고, 30.2%가 갈등이 더 격화될 것이며, 비교적 낮은 11.6% 만이 협력이 지속될 것이라고 응답한 점을 통해서 알 수 있다.

중미 사이에서 한국은 어떠한 입장을 취해야 하는가?

중미 사이에서 한국의 태도에 대한 인식을 살펴보기 위해, 첫째 '한국이 다양한 외교 현안을 둘러싸고 중미 사이에서 어떠한 입장을 취해야 한다고 생각합니까'에 대해 조사하였다. 조사결과, 한미동맹을 우위에 두고 중국과의 균형외교를 해야 한다는 응답이 36%이고, 한미동맹 우선의 외교정책을 추진해야 한다는 응답이 2%, 한중관계를 우위에 두고 미국과의 균형외교를 해야 한다는 응답은 아무도 없었고, 기타 직접 기술한 비율이 7%를 나타냈다.[4] 이에 반하여 어느 국가에 우위를 둘 것인가를 산술적으로 계산하기 어렵기 때문에, 한국이 사안별로 정책이나 입장을 먼저 표명하고 중국과 미국을 주도적으로 설득하도록 해야 한다는 응답이 56%로 가장 높은 응답을 나타냈다(그림 4).

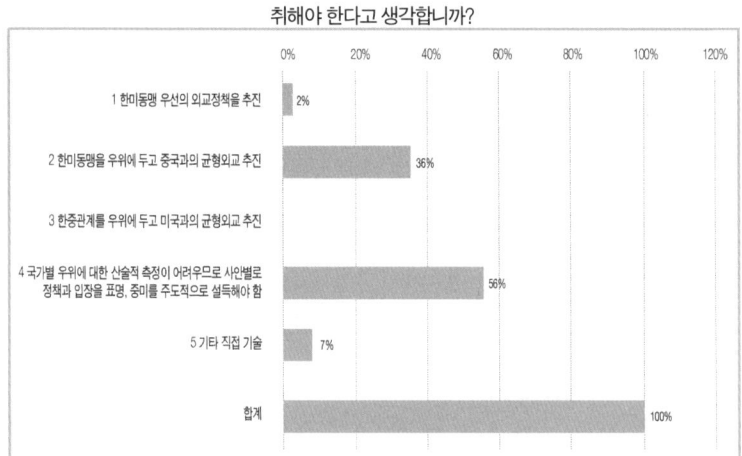

그림 4 | 당신은 한국이 다양한 외교 현안을 둘러싸고 중미 사이에서 어떠한 입장을 취해야 한다고 생각합니까?

---

4 기타 직접 응답은 다음 3가지이다: 1. 한미관계와 한중관계의 균형 추구; 2. 안보가 경제보다 중요하며 한미동맹과 한중관계에 차별성이 존재함을 양측에게 분명히 전달하고 카드로 이용되는 것을 방지해야 함; 3. 한미동맹과 한중 전략적 협력관계의 조화로운 발전을 추구한다는 전략적인 원칙에 충실해야 함.

이런 조사결과는 김홍수, 나종만의 한국 내 28편의 논문 분석결과에서 나타난 결과, 즉 분석대상이 된 모든 학자들이 '미국을 중심으로 한 중국과의 균형'이라는 입장을 취하고 있는 것과 비교된다(김홍수·나종만 2015, 234). 왜냐하면 중국 전문가에 대한 조사에서는, 국내의 중국 전문가 56%가 미국 우위인가 중국 우위인가 등의 산술적인 계산이 현실적으로 어려운 상황에서, 한국이 먼저 한국의 국익에 기초하여 정책이나 입장을 제시하고 중국과 미국으로 설득하도록 해야 한다는 인식을 나타내고 있기 때문이다. 이 점은 한국의 중국 전문가들이 최근 중미 간의 외교적인 갈등이 반복적으로 나타나면서 양자 사이에 어떠한 입장을 취할 것인가 대하여 실제 경험을 통하여 인식이 보다 구체화된 것으로 평가할 수 있다.

두 번째로 한국의 중국 전문가들은 통일문제, 경제적인 이익, 북한 핵 등의 문제를 해결하기 위해서 중국과의 협력이 불가피하다고 인식하는 것으로 나타나고 있으며, 이에 반해 비전통 안보 문제나 미국이나 일본에 대한 견제 등을 이유로 중국과의 관계를 강화해야 한다는 인식은 덜 부각되고 있다. 즉 경제적 요인이 7.65점, 북한 핵 7.28, 통일 7.22점, 지정학적인 주변 강대국에 대한 관계 관리 6.83점, 보통국가화하는 일본을 견제하기 위해 4.09점, 미국견제와 대미 협상력 제고를 위하여 4.46점, 비전통 안보영역에서의 협력을 위해서 5.67점으로 나타났다(그림 5).

이런 조사결과를 통해서 보면 한국의 중국과의 협력의 필요성은 경제적인 요인만이 아니라 북한 핵과 통일 등 국가의 안보와 통일이라는 핵심적인 국가 이익과 연결되어 있다는 점이다. 지정학적으로 주변 강대국 관리도 결국은 국가 생존과 불가피한 관련성이 있다는 점에서 안보적 요인으로 분류할 수 있다.

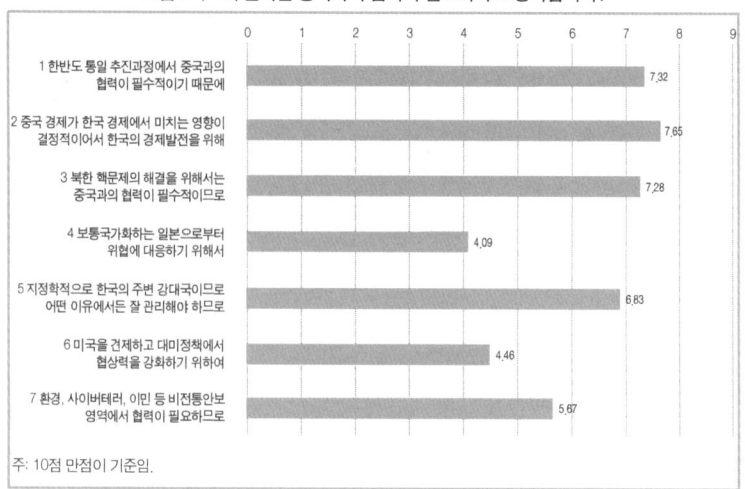

그림 5 | 왜 한국은 중국과의 협력이 필요하다고 생각합니까?

주: 10점 만점이 기준임.

　　세 번째로 그렇다면 한국의 중국 전문가들은 한미일 안보협력과의 관계에서 중국을 어떻게 인식하고 있는가? 조사결과에 따르면 최근 중국의 부상과 관련하여 발생하고 있는 한미일 안보협력 강화 추세에 대해 약 85%의 응답자가 부정적인 의견을 나타냈다. 구체적으로 중국의 강대국화에 따른 부정적 영향을 방지하기 위해 한미일 안보협력을 적극 추진해야 한다는 응답이 7%, 냉전구도 및 한중관계 악화를 가져오게 될 것이므로 한미일 안보협력체제 구축을 추구해서는 안 된다는 응답이 26%, 중국에 대한 견제는 한미동맹으로 충분하며 한미일 삼각동맹체제 수립에는 반대하나 중국 견제를 위한 레버리지로서 한일 간 안보협력은 필요하다는 응답이 48%를 나타냈다. 그리고 기타 직접 기술이 약 20% 이다(그림 6).

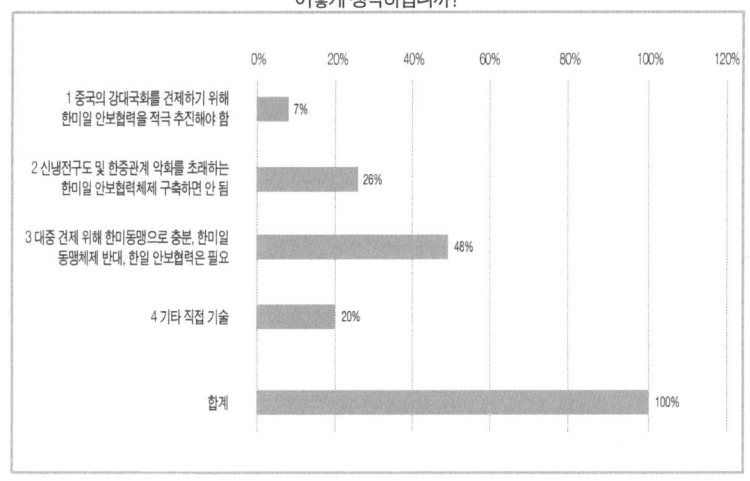

그림 6 | 최근 중국의 부강과 관련하여 발생하고 있는 한미일 안보협력 강화 추세에 대해 어떻게 생각하십니까?

또한 직접 기술한 20%의 기타 응답을 살펴보면, 북한 핵문제에 대응하기 위해서 한미일 안보협력이 필요하나 대중국 견제용으로 인식되지 않도록 해야 한다고 대답한 사람이 4명이고, 중국의 부상을 견제하기 위해서 한미일 안보협력을 추진할 필요가 있지만 장기적으로 혹은 적극적으로 추진해서는 안 된다고 대답한 사람이 2명, 한미일 안보협력은 확정하지 않은 채 일본, 중국의 변화에 따라 한국의 전략적인 카드로 활용될 수 있도록 가능성을 열어두어야 한다는 응답자가 1명, 한국의 대미, 대일 안보협력 강화가 중국의 봉쇄나 포위라는 모습을 띄면 안 되고 대미협력과 대일협력을 구분해야 한다는 응답이 1명, 그리고 아직 의견을 정하지 못했다는 응답이 1명으로 나타났다. 이런 조사결과를 통해서 볼 때, 기타 응답자들 역시 중국을 견제하기 위해서 한미일 안보동맹을 추진하는 것에 대해서 다수(5명, 10.86%)가 부정적인 인식을 나타내고 있으며, 다소 긍정적인 시각에서 고려할 필요가 있다고 대답한 응답자들(3명 6.52%)도 '전략 카드로 활용'하기 위한 용도로 간주하거나, 또는 장기적이거나 적극적으로 추진해서는 안 된다는 인식을 나타내고 있다.[5]

이처럼 조사대상이 된 전문가 약 85%가 한미동맹이 한미일 3각 안보체계로 발전하는 데에는 부정적이다. 설사 찬성한다고 하더라도 이것이 중국 견제용으로 비치거나 중국과의 대립관계로 발전하지 않도록 조심해야 한다는 인식을 나타내고 있다. 한미동맹에 기초하여 북한을 억제해야 하며, 다만 대중 견제를 위한 레버리지 차원에서 일본과의 양자 간 안보협력을 강화해야 한다는 인식을 하고 있다. 이런 결과는 한국의 중국 전문가들은 미중 사이에서 한국의 전략적 위치를 잘 파악하고 있으며, 미중의 전략적인 경쟁으로 인하여 초래된 대립구도 속으로 한국으로 빨려 들어가면 안 된다는 인식을 하고 있음을 알 수 있다.

---

5 구체적으로 다음 9가지 응답임: 1. 한미일 안보협력은 확정하지 않은 채 일본, 중국의 변화에 따라 한국의 전략적인 카드로 활용될 수 있도록 가능성을 열어두어야 함; 2.북한 핵에 대한 대응으로 한미일 안보동맹을 추진하는 것이 바람직하며, 대중국 견제용으로 인식되지 않도록 노력해야 함; 3. 북한의 위협에 대응하기 위해 한미일 안보협력이 필요하나 중국 견제용이라는 이미지를 희석하기 위해서 한일 간 역사 문제에 원칙적인 입장을 견지해야 함; 4. 중국의 강대국화로 한미일 안보협력을 고려할 수 있지만 적극적으로 추진하지 말아야 함; 5. 한국의 대미, 대일 안보협력 강화가 중국의 봉쇄나 포위라는 모습을 띠면 안 되고 대미협력과는 달리 일본은 우리에게 안보자산이자 역사 문제임; 6. 북핵 문제가 해결되지 않으면 한미일 3각 안보협력의 추진으로 나아가야 함; 7. 중국의 부상을 견제하기 위해서는 한미일 안보협력의 필요성이 인정되나, 동북아 대립구조를 심화시키므로 장기적으로 안보공동체 설립으로 가야함; 8. 한미일 안보협력 강화는 북한 문제에 있어서 전술적, 기술적으로 일정정도 필요하지만 중, 러와 군사적인 대립을 심화시켜서 한국의 안보환경을 악화시킬 수 있음; 9.의견 미정.

사드 배치와 중미 사이에서의 한국의 태도에 대한 인식

사드 배치를 둘러싼 한중 간의 갈등은 중미 사이에서 한국이 어떠한 입장을 취해야 하는가에 대한 적절한 대응책의 부재로 나타난 가장 심각한 사례가 되고 있다. 따라서 '당신은 사드 배치와 관련하여 한국이 미국 사이에서 어떠한 태도를 취해야 한다고 혹은 했다고 생각하십니까'를 질문했다. 조사에 따르면, 사드는 배치를 통해서 얻는 것보다 잃는 것이 더 많을 뿐만 아니라, 추진 과정에서 한국이 입장을 분명히 정하여 제시하고 미국과 중국을 설득하는 작업을 적정한 시점에 적정하게 진행하지 못함으로써 한중관계의 악화를 이끌어 내었다는 응답이 41%, 사드는 북한 핵문제의 해결과 한미동맹의 강화를 위해서 반드시 배치해야 하나, 사드 배치를 추진하는 과정에서 한국의 입장을 분명하게 제시하고 적극적으로 중국을 설득하는 작업을 하면서 외교적인 노회함을 보이지 못해서 문제를 더욱 더 심각하게 만들었다는 응답이 37%, 사드 문제는 북한 핵에 대한 억제능력 강화와 한미동맹의 강화를 위한 것이며, 주권 영역이므로 중국의 눈치를 볼 필요 없이 강행해야 한다가 4%, 사드 문제는 중국으로 하여금 지역 안보 불균형을 야기하는 심각한 문제로 받아들이도록 하여 한중관계와 미중관계의 긴장을 초래함으로 배치하지 말아야 한다가 4%로, 기타가 13%[6]로 나타났다(그림 7).

---

6 구체적으로 다음 6가지임: 1. 사드 배치를 추진하는 과정에서 한국의 입장을 분명하게 제시하고 적극적으로 중국을 설득하는 작업을 하면서 외교적인 노회함을 보이지 못해 문제를 더욱 더 심각하게 만들었음; 2. 북한의 핵능력과 연계하여 사드시스템의 효용성을 검토하고, 외교 등의 저비용의 다른 수단의 활용 가능성에 대한 검토를 우선해야 함; 3. 사드 배치는 북한 핵에 대한 대응으로 한미동맹을 강화하는 차원에서 진행된 것으로 사드 배치

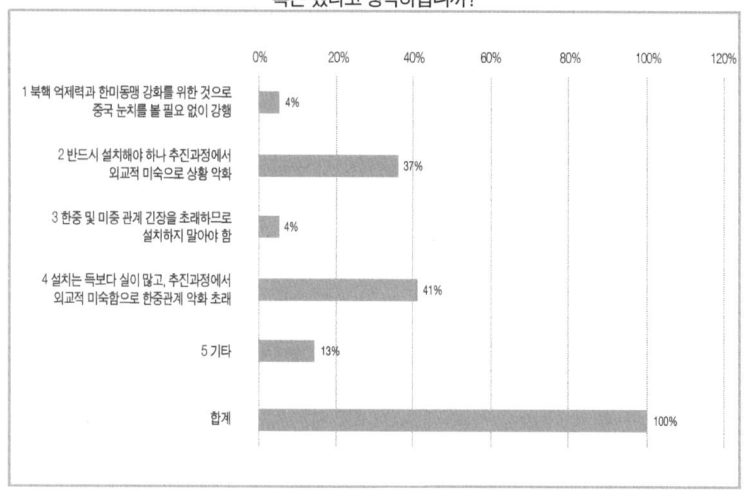

그림 7 | 사드 배치와 관련해 한국은 미중 사이에서 어떠한 태도를 취해야 한다고 혹은 했다고 생각하십니까?

조사결과는 사드 배치 자체에 대해서는 찬반 의견이 비교적 비슷한 비율로 나타나지만, 대응 방법의 미숙함에 대해서는 대다수가 동의하는 것으로 종합할 수 있다. 우선 41%의 사드 배치에 찬성하는 전문가 중 37%는 추진과정에서 나타난 외교적인 미숙함을 지적하고 있다. 또한 사드 배치에 반대하는 45%의 전문가 중 41%도 사드의 배치는 득보다 실이 많은 것으로 반대할 뿐만 아니라 외교적인 미숙함으로 인해 한중

가 최선이라 할 수는 없으나 주어진 안보상황에서는 불가피한 선택요로 '1료님, 4. 군사석인 효용성을 대내외에 설득하지 못했고, 이로 인한 중국과의 갈등도 정확히 인식하지 못하였으며, 한미동맹 차원의 긴밀한 공조도 문제를 드러내었음; 5. 사드는 북핵 위협으로부터 한국을 지키기 위한 것임을 분명히 하면서 중미를 설득하고 이해시켜야 함; 6. 북핵과 한반도 통일문제와 관련해 미중에 대한 한국의 주도적인 역할을 강화하기 위한 카드로 사용해야 함.

관계를 악화시켰다고 지적했다. 그리고 사드 배치에 대한 의견이 찬성 41%와 반대 45%로 반대가 다소 많은 듯이 보이지만, 13%(6명)의 직접 기술한 답변을 살펴보면 사드 배치에 대한 찬성과 반대 의견이 유사한 수준임을 알 수 있다. 즉 직접 기술방식을 통해서 응답한 13%(6명) 중 1명의 전문가가 사드 배치에 대해 비교적 분명한 반대의사를 표시하고, 2명이 찬성의사를 표시하였으며, 3명은 외교적인 대응방식에서 미숙함을 지적했다. 결국 이런 조사결과를 통해 사드 배치에 대한 전문가들의 견해가 찬반으로 나뉘어져 있지만, 대다수 전문가들이 정부의 외교적 대응방식의 미숙함에 대해 비판적으로 인식하고 있음을 알 수 있다.

평가와 대중국 정책에 대한 함의

상술한 조사결과에 대한 분석을 통하여 미중 간 동아시아 역내 주도권 경쟁이 가속화되고 있는 전략적 환경에서 한국의 대중 정책에 대한 전문가들의 인식과 그것이 지닌 함의는 다음과 같이 정리할 수 있다.

첫째, 전문가들은 동아시아 지역에서 중미 간 주도권 경쟁이 이미 본격화되었으며, 이들 양 강대국의 경쟁은 협력이 주요한 추세로 나타날 것이지만, 만약 안보영역만 본다면 협력보다 갈등이 더 강한 추세로 나타날 것으로 인식하고 있다. 이것은 한국의 중국 전문가들이 향후 안보영역에서 한국이 더욱 더 미중 사이에서 편들기를 강요당할 가능성이 높은 것으로 인식하고 있음을 의미한다. 이런 전문가들의 인식에 기초해서 볼 때, 지난 25년 동안 한중 관계의 중심이 되어 온 경제와 문화 교류가 이후에는 더 이상 한중 간의 안보 아젠다를 둘러싼 갈등을 완화시키는 요소로 작용하기 어려울 것임을 전망할 수 있다. 즉 중국의 부상과 함께 동아시아 지역에서 미국과의 주도권 경쟁이 본격화되면서 출현한 새로운 전략적 환경은, 한중관계에서 그 동안 부각되지 않았던 안보문제가 한중관계의 발전에 영향을 미치는 중요한 변수로 등장하면서 한중관계 성격이 이전과 다르게 전환되고 있음을 의미한다. 따라서 향후 한중관계의 발전은 중미 간의 구조화된 영향력 경쟁에서 한국이 어떠한 전략적인 스탠스를 취할 것인가에 대한 정확한 대책의 모색과 함께 탐색되어야만 하는 상황에 처해 있음을 말해 준다.

둘째, 중미 간 주도권 경쟁과정에서 어떠한 입장을 취해야 하는가에 대하여, 다수의 중국 전문가(56%)는 미국 우위인가 중국 우위인가 등의 산술적인 계산이 현실적으로 어려운 상황에서, 한국이 먼저 한국의 국익에 기초하여 정책이나 입장을 제시하고 중국과 미국을 설득하도록 해야 한다는 인식을 나타내고 있다. 이 점은 김흥수와 나종만의 연구결과에서 대다수의 한국 학자가 '미국을 중심으로 한 중국과의 균형'이라는 다소 모호한 태도를 취하고 있는 것과 비교된다. 이것은 최근 중미 간의 외교적인 분쟁이 반복적으로 나타나면서 양자 사이에 어떠한 입장을 취할 것인가 대하여 실제 경험과 시행착오를 통하여, 한국의 대응방법에 대한 전문가들의 인식이 더욱 더 구체화되고 발전되어 가고 있는 것으로 평가할 수 있다.

셋째, 전문가들은 경제성장, 북한 핵문제, 한반도 통일의 실현, 지정학적인 주변 강대국 관리 등 국가의 안보와 통일이라는 핵심적인 국가이익과 연관시켜 중국과 협력이 필수적이라고 인식하고 있다. 이런 조사 결과를 통해서 동남아나 인도 등으로의 경제적인 다변화를 꾀해 경제적인 활로를 찾고,[7] 미일동맹 강화를 통해 중국에 대한 견제를 강화함으로써 국가안보를 지키고자 하는 일본과 비교하여, 한국에게 중국과의 협력은 국가의 안보와 통일 실현 등 국가의 핵심적인 이익의 실현과 직접적으로 관련이 있어, 훨씬 더 중요한 의미가 있는 것으로 해석할 수 있다. 중국의 다수의 전문가들은 중국이 부상하면서, 특히 2010년 중국이 GDP 규모에서 일본을 초월하면서 일본이 중국과 동아시아 지역에서 협력을 도모하기보다는 보통국가화와 군사대국화 및 이를 위한 미일동맹의 강화로 중국과 대립하는 상황으로 가고 있다고 보고 있다(薛力 2016, 97-104; 武星 2016, 27-29). 그러나 한국의 전문가들은 한국이 중국에 대해 일본과는 다른 전략적 이해관계를 가지고 있어, 대중국 정책에 있어서 일본과 같은 정책을 구사해서는 안 된다는 인식을 가지고 있다. 이것은 한미일 안보협력 강화에 대한 설문조사 결과에서 확인되고 있다.

넷째, 다수의 한국의 중국 전문가(72% 이상)는 한미일 3각 안보동맹 체계의 강화를 반대하고 한미동맹이 한미일 3각 안보체계로 발전하는 데에는 부정적이다. 또한 찬성하는 전문가들조차도 이것이 중국 견제용으로 비치거나 중국과의 대립관계로 발전하지 않도록 조심해야 한다는 인식을 나타내고 있다. 이런 결과는 전문가들이 미중 사이에 놓인 한국의 전략적인 딜레마를 잘 파악하고 있을 뿐만 아니라, 일본과는 다른 한국의 중국에 대한 전략적인 이해관계를 파악하고 있어, 미중의 전략적인 경쟁으로 인하여 초래된 대립구도 속으로 한국이 빨려 들어가면 안

---

7 중국 사회과학원 세계경제와 정치연구소의 세리(薛力) 박사는 미국과 동맹 강화를 통하여 중국을 견제하고자 하는 일본의 정책으로 인해 중국의 주변국 외교에서 일본의 비중이 하락하고 있다고 지적하면서, 그 근거로 2015년 상반기 중일 무역액이 한중 무역액에 못 미친 점을 들고 있다(薛力 2016, 97-104).

된다는 인식을 명확히 하고 있음을 의미한다.

다섯째, 최근 한중관계 악화의 주요한 요인인 사드 문제에 대해 중국 전문가들은 사드 배치에 대한 찬반 문제에서는 비교적 비슷한 비율의 찬반 인식을 나타내지만, 한국 정부의 대응 미숙으로 인한 한중관계의 악화에 대한 비판적 지적에서는 80% 이상의 높은 비율을 나타내고 있어, 정부의 외교적인 미숙함에 대한 강한 질타를 하고 있음을 확인할 수 있다. 즉 사드 배치 결정 그 자체보다, 사드 배치를 추진하는 과정에서 한국의 입장을 분명하게 제시하고 적극적으로 중국을 설득하는 작업을 하면서 외교적인 노회함을 보이지 못해 한중관계를 더 악화시켰다고 인식하고 있다.

내용을 종합하면, 결국 한국의 중국 전문가들은 동아시아 지역에서 중미 경쟁이 구조화되고 있는 상황에서 한미동맹에 기초한 대북 견제도 중요하지만, 동시에 통일과 경제성장, 북한 핵문제의 해결을 위해서 필수적인 협력대상인 중국과도 긴밀하게 협력해야 한다고 인식하고 있다. 따라서 한미동맹은 북한 견제에 초점을 둬야하며 한미일 3각 안보동맹으로 확대 발전시켜 중국으로부터 한국이 미국 편에 서서 중국을 견제할 것이라는 전략적인 의심을 사는 것을 경계해야 한다는 점을 분명히 하고 있다. 이런 점에서 학자들은 사드 배치의 필요성에 대해서는 양분된 태도를 보이지만, 배치를 찬성하는 학자들도 사드가 북핵 견제용임을 분명히 함으로써 사드 배치가 미국의 글로벌 MD체계로 편재되거나 한미일 안보동맹으로 발전하여 동아시아 지역에서 궁비 산 안보 갈등이 구조화되는 것을 극도로 경계하고 있다.

새로운 외교 방식의 모색과 대중국 정책

지난 25년 동안 한중관계의 중심이 되어 온 경제와 문화 교류가 이후에는 더 이상 한중 간의 안보 아젠다를 둘러싼 갈등을 완화시키는 요소로 작용하기 어려운 상황으로 가고 있다. 즉 중국의 부상과 함께 동아시아 지역에서 미국과의 주도권 경쟁이 본격화되면서 출현한 새로운 전략적 환경은, 한중관계에서 그 동안 부각되지 않았던 안보문제가 한중관계의 발전에 영향을 미치는 중요한 변수로 등장하면서 한중관계 성격이 이전과 다르게 전환되었다. 따라서 한중관계의 발전은 중미 간의 구조화된 영향력 경쟁에서 한국이 어떠한 전략적인 스탠스를 취할 것인가에 대한 정확한 대책의 탐색과 함께 모색되어야만 하는 상황이다.

이런 상황에서 한국의 중국 전문가들은 중미 간 격화되고 있는 주도권 경쟁 속에서 한미동맹에 기초한 대북 견제도 중요하지만, 동시에 통일과 경제성장, 북한 핵의 해결을 위해서 필수적인 협력대상인 중국과도 긴밀하게 협력해야 한다고 인식하고 있다. 따라서 한미동맹은 북한 견제에 초점을 둬야 하며 한미일 3각 안보동맹으로 확대 발전시켜 중국으로부터 한국이 미국 편에 서서 중국을 견제할 것이라는 전략적인 의심을 사는 것을 경계해야 한다는 점을 분명히 하고 있다. 이런 점에서 학자들은 한국의 사드 배치가 미국의 글로벌 MD체계로 편재되거나 한미일 안보동맹으로 발전하여 동아시아 지역에서 중미 간 안보 갈등의 구조화로 가지 않도록 해야 한다고 인식하고 있다.

시진핑의 등장 이후 중국의 대한국 정책은 한국을 중국으로 견인하여 미일동맹으로부터 중립화시켜 한미일 삼각동맹체계를 형성하지 않도록 한다는 것이었다(이정남 2015, 152-154). 실제로 재미 중국학자 좌오찬성은 "중국이 지난 20여 년 동안의 대한국 정책을 통하여 한국을 중립화하는 데 일정한 성과를 거두었다"고 지적하고 있다(赵全胜 2016, 88). 이런 맥락에서 중국은 한국의 사드 배치를 한국이 한미일 안보동맹을 강화하여 미국의 편에 서서 중국을 견제하려는 것이 아닌가라는 강한 의구심을 드러냈다. 중국은 동북아에서 미중 경쟁에서 한국이 일본과 다른 입장을 취해 주길 바라고 있으며, 그렇게 하지 않을 시 강력한 제재도 불사한다는 점을 이미 행동으로 나타내고 있다. 미국의 트럼프 정부 역시 미국 이익 제일주의를 표방하면서 기왕에 체결된 자유무역협정 FTA을 재협상해 철저히 미국에 유리한 방향으로 수정하고자 하고, 동맹국들에 대해서도 이익과 부담을 공평하게 나눌 것을 주장하고 있지만, 아시아 지역에서 미국의 군사력을 증강하고 한반도, 동중국해, 남중국해 문제 등에 대해 적극적으로 대처하겠다는 입장을 확실히 하고 있다. 이것은 아시아가 21세기에 경제적인 부가가치를 창출하는 곳이기도 하지만, 미국의 패권을 위협할 수 있는 유일한 나라인 중국에 대응하기 위해서이다(김성한 2017).

이처럼 동아시아 지역에서 점증하는 중미 간 경쟁구도 속에서 한국의 중국 전문가들은 한국이 미일동맹을 강화하고 군사대국화를 통하여 중국의 부상을 견제하고자 하는 일본과는 다른 스탠스(자세)를 취해야 한다고 인식하고 있다. 동시에 미중 사이에서 일상적으로 편들기를 강요받는 상황에서, 한국이 국가 이익에 기초하여 사안별로 정책이나 입장을 먼저 표명하고 중국과 미국을 주도적으로 설득하는 외교를 할 것을 주문하고 있다. 이것은 미국과 중국 사이에 '균형' 혹은 '한미동맹을 우위로 두면서 중미 사이 균형' 등 모호한 균형외교 논리가 아닌 새로운 외교 방식을 모색할 필요성을 제기한 것이다. 그리고 전문가들이 제기한 새로운 외교 방식에 대한 인식은 최근 주목받고 있는 '자기주도 외교 self-directed diplomacy'와 같은 맥락에서 이해할 수 있다. 이것은 그 동안 한국이 중미 사이에서 수차례 반복된 선택이 강요당하는 상황에서 시행착오를 통하여 얻은 값진 교훈으로 보인다.

최근 중견국 외교의 한 형태로 제시되고 있는 자기주도적 외교는 정부가 외부 정세에 휘둘림 없이 스스로 국가목표를 정하고 국가 이익의 우선순위에 따라 단계별로 외교전략을 수립해 적절한 외교수단을 동원하며 외교활동의 전 과정을 자율적으로 관리하는 방식을 의미한다(조성렬 2016 29). 이것은 동맹관계를 부정하고 자기 스스로의 힘에만 의존하는 자주외교 self-reliance와 특정 강대국과의 동맹에만 일방적으로 의탁하여 한반도 문제를 해결하려는 동맹 의존적인 외교라는 양 극단을 탈피하려는 새로운 개념으로 등장한 것이다(『평화재단 평화연구원 '현안진단'』 (2014.6.25.)).

이런 자기주도적 외교의 관점에서 한국은 각종 외교적인 현안에 대하여 한국의 고유한 국익과 공동의 이익을 정확하게 구별하여, 한국의 국익에 기초한 정책적인 방향을 제시하고 중국을 설득시키고 공동이익에 대해서는 타협을 이끌어내는 적극적인 자세가 필요한 때이다. 사드 문제에 대해서도 북한 핵에 대한 견제라는 한국의 국가 이익의 관점에서 배치의 불가피성을 설득하면서, 동시에 미국의 동아시아 미사일 방어체계로의 편입을 우려하는 중국의 이익을 고려하여 한국의 사드 배치가 미국의 글로벌 MD체제로 확대하지 않을 것임을 명확히 하면서 적극적인 해결책을 모색해야 할 것이다.

참고문헌

김성한. 2017. "한미동맹을 중심으로 대북정책 주도하라." 『한국경제신문』 2017.05.11.
김흥규. 2017. "미중 관계 변화와 사드, 그리고 한국 외교의 방향." 『IFES 현안진단』 No. 61, 2017-11(2017.05.26.).
김흥수, 나종만. 2015. "미중관계에 대한 한국의 연구 동향과 평가: 시진핑 체제 등장 이후를 중심으로." 『CHINA 연구』 제18집(부산대중국연구소).
서울대 아시아연구소 미중관계 연구센터 편. 2017. 『미중 사이 한국의 딜레마: 사례와 평가』. 서울대 아세아연구소 미중관계연구센터 연구보고서.
이수형. 2017. "한반도 사드 배치와 동맹관리의 중요성." 『이슈브리핑』 No.8(서울대국제문제연구소, 2017.04.14.).
이정남. 2015. "중국의 대한반도정책의 딜레마: 전환과 지속의 갈림길에서." 『한국과 국제정치』 제31권 제3호 2015년(가을) 통권 90호.
이정남, 하도형. 2016. "동아시아지역 미중경쟁구도 강화에 따른 한국이의 대미, 대중 인식의 변화." 이내영, 윤인진 편. 『한국인의 정체성』. 서울: EAI.
조성렬. 2016. "평화중건국가 한국의 자기주도 외교전략." 『동북아 질서 재편기 한국의 외교안보전략』(2016.12.20).
차정미. 2012. "한국인의 대중 인식변화와 그 요인." 연세대 정외과 박사논문(2012.06).
"사드 배치로 한국도 MD 편입⋯드러나는 미국 계획." 『JTBC』 2017.05.04.
"사드비용 운운하던 美, 한국 포함 아·태지역 통합MD 거론. 『연합뉴스』 2017.05.03.
"'자기주도외교' 통해 한국외교를 재설계하자." 『평화재단 평화연구원 '현안진단'』 (2014.06.25.).

赵全胜. 2016. "日本外交政策辩论和大国博弈中的中日关系." 『日本学刊』 第1期.
郑永年. 2017. ""一带一路"与国际经济规则的"书写"." 『联合早报』 2017.05.16.
王逸舟. 2015. 『创造性介入 - 中国外交的转型』. 北京: 北京大学出版社.
朱锋, 黄仁伟. 2017. 胡波,"中美的亚太共存之道: 超越现存安全架构. 『澎湃新闻』 2017.05.27.
王缉思, 袁鹏, 赵明昊. 2017. "中美智库研究报告①ㅣ两国应根据新现实制订新的共同准则." 『澎湃新闻』 2017.05.25.
薛力. 2016. "一带一路与中国周邊外交方略." 『一带一路与亚欧世纪的到来』. 北京: 中国社会科学出版社.
武星. 2016. "中国经济总量超越日本后中日关系的新变化." 『学术探索』 2月.

Holsti, K. J. 1972. *International Politics: A Framework for Analysis*, 2nd ed. Englewood Cliffs, N.J.: Prentice - Hall.

Rosati, Jerel A. 2000. "The Power of Human Cognition in the Study of World Politics. *International Studies Review* Vol. 2, No. 3.

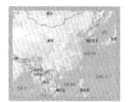

4장

박근혜 정부 시기
한국의 대중국 전략적 사고

북한/한반도 환원주의, 중견국 외교, 반도숙명론

서승원

박근혜 정부 시기(2013.2.~2017.3.)의 한중관계는 2015년 말까지 유례가 없을 정도로 긴밀한 모습을 보이다가 2016년 초부터는 수교 이래 최악으로 일컬어질 정도로 급속히 악화되었다. 먼저 박근혜 대통령은 대통령 선거 공약에서 한중관계를 명실상부한 전략적 협력 동반자 관계로 격상시키겠다고 선언한 데 이어 당선 직후에는 어느 나라보다도 먼저 중국에 특사단을 파견하는 등 중국 중시 자세를 선명히 했다. 취임 이후엔 시진핑習近平 주석과 활발한 정상 간 교류기 이뤄지고 대북 정책 협의, 한중 FTA자유무역협정 체결 등 다양한 분야에서의 협력이 진전되었다. 특히 2015년에는 무려 7차례에 걸쳐 정상회담이 이루어졌고 미국, 일본 등의 견제에도 불구하고 박근혜 대통령 자신이 중국 전승절에 참석함으로써 양국의 밀월관계를 대내외에 과시했다. 이는 국내외에서 한국의 '중국경사론'이 널리 회자되는 배경이 되기도 했다.

그러나 한중관계는 2016년 1월 이후 급속히 악화되기 시작했다. 그 직접적인 계기는 북한의 핵·미사일 개발에 대한 입장차, 그리고 무엇보다도 주한미군 사드 배치에 대한 중국 측의 반발이었다. 양자 간 갈등보다는 북핵·미사일, 일본, 한미동맹, 사드THAAD 같은 제3의 변수가 영향을 미치는 한중관계의 전형적 특징을 보여주는 것이라 하겠다(이희옥 2016, 23). 한편, 이러한 롤러코스터와 같은 상황을 반영하듯 박근혜 정부의 대중 정책에 대한 평가도 부정적인 것이 대부분이다. 대표적인 것이 '전략부재론'이다. 이들은 사드 도입과 AIIB아시아인프라투장은행 가입 문제와 관련한 미중 간 줄타기·눈치 외교(김우상 2016, 57, 64), 시진핑 지도부에 대한 지나친 기대와 낙관, 한미동맹 활용 미숙, 의지와 전략의 결여(정재호 2016), 중국의 제안에 대한 수동적 반응(Arase 2016, 13), 사드 문제는 미중 양국을 지나치게 고려한 사고 정지의 외교(이기완 2016) 등을 지적한다.

하지만 '전략'의 부재가 곧 '전략적 사고'의 부재를 의미하는 것은 아니다.[1] 박근혜 정부가 대중 정책의 최우선 과제로 설정한 것은 다름 아닌 북한 문제였다. 김대중-노무현 정부의 햇볕정책과 이명박 정부의

---

[1] 전략의 일반적인 정의는 구체적인 국익, 목적, 우선순위의 설정, 이를 추진·보장하기 위한 종합적인 계획, 그리고 그러한 계획을 실천하기 위한 일관된 의지를 말한다. 한편, 전략적 사고란 통상 의도하는 목적을 달성하기 위해 여러 요소를 분석하여 해결안을 모색하는 사고능력을 의미하는데, 본 논문에서는 정책결정자들이 정세를 이해하고 행동하는 방식에 영향을 미치는 기본적인 인식의 틀(basic interpretive framework) 내지 지정학적 상상력(geopolitical imaginary)이란 의미로 사용하고자 한다(Latham 2001, 138).

압력·제재를 조합하여 3대 외교정책 기조로 삼았다(Moon·Boo 2015).[2] 구체적으로는 중국에 접근하여 중국의 영향력을 활용하여 북한의 행동을 변화시키자는 발상이었다. 그리고 박근혜 정부는 한미동맹과 한중 전략적 동반자 관계를 원만하게 조화시킬 수 있을 것으로 보았다. 이 과정에 드러난 전략적 사고는 외교·안보 정책의 북한/한반도 문제 환원주의와 원교근공 어프로치의 지속성, 중견국 외교와 약소국 외교(반도숙명론) 사이의 급격한 유동성, 그리고 강대국 정치 및 강대국 간 지정학 게임을 극복(균형외교)하거나 회피(전략적 모호성)하려는 강력한 관성 등을 특징으로 한 것이었다.

본문에서는 네 가지 사례 - ①한중 양국의 대일 과거사 연대, ②한중 FTA, TPP(환태평양경제동반자협정), AIIB 등 경제협력 문제, ③북한/한반도 문제를 둘러싼 한중관계, ④주한미군 사드 배치 문제 - 를 중심으로 박근혜 정부의 대중 정책이 어떠한 인식론에 근거한 것이었는지를 살펴본다. 분석에 있어서는 사례별로 세밀하게 들여다보기보다는 사례들을 통해 볼 수 있는 대중 인식, 특히 전략적 사고의 경향성에 주목한다. 부연하여 한국의 중국 인식 또는 한중 간 상호인식에 관한 연구는 적지 않으나(정재호 2008; 이상신·장희경 2011; 민귀식 2012; 차정미 2012; Chung 2016), 대중 전략적 사고에 초점을 맞춘 연구는 거의 없었다. 전략적 사고에 관한 그 밖의 사례 연구도 많지 않다(Bae JY 2010; 김흥규 2015). 본 논문은 정치 리

---

2 3대 기조란 한반도 신뢰프로세스, 동맹외교, 동북아 평화협력 구상을 말한다. 이명박 정부는 대북 압박 일변도 기조 하에 한미동맹을 전면적으로 강화하고(전략동맹, 가치동맹, 평화구축동맹), 한미일 3국 간 안보협력을 추진했으며, 중국에 대해서는 대북 제재에서 공동 보조를 취할 것을 요청했다.

더십과 이데올로기, 자국의 상대적 힘 및 그 변화, 자국과 초대국 또는 지역 강대국과의 관계, 타국들의 자국에 대한 편승 또는 견제의 정도에 주목하면서 중국의 전략적 사고를 다룬 로즈만(Rozman 2010; 2011)에게서 많은 시사를 얻었다.

한중 양국의 대일 과거사 연대

아베의 역사수정주의, 그리고 한중 연대

한중일 3국 간 관계는 21세기 초반에 이어 또 다시 내셔널리즘이 추동하는 소용돌이에 휘말리기 시작했다. 한일관계는 이명박 정부 시기 일본군 위안부 관련 헌법재판소 위헌 판결, 대통령의 독도 방문으로 악화일로를 걸었다. 2011년 1월 한일 군사정보보호협정이 체결 직전에 중단된 것은 비등하는 반일정서를 반영한 결과였다. 중일관계도 2010~12년 센카쿠 열도(중국명 댜오위다오) 영유권 문제를 둘러싸고 정상회담이 중지된 상태였다. 여기에 일본 아베 신조安倍晋三 자민당 정권이 또 다시 기름을 부었다. 2012년 12월 총선 공약에서 영토·영유권 문제에 대해 강경대응 방침을 밝히고 고노 담화 및 무라야마 담화를 수정할 의향을 표명함은 물론 집권 후에도 자극적인 행보를 멈추지 않았다. 이는 한중 간 대일 연대의 촉매제로 작용했다.[3]

---

3 대일 과거사 연대는 몇 차례 형성된 바 있었다. 1990년대 중반 일본의 역사수정주의 움직임에 대한 김영삼─장쩌민(江澤民) 간의 대일 공동 비판, 21세기 초 고이즈미 준이치로

박근혜 대통령 또한 취임 전부터 대일 강경기조를 천명하고 있었다. 이명박 정부에 이어 독도 영유권 문제는 교섭대상이 아니며 일본군 위안부 문제는 어떠한 상황에서도 결코 정당화될 수 없다는 입장이었다(조세영 2017). 특히 위안부 문제는 대일 정책의 최상위 아젠다로 설정되었다. 정상회담을 비롯한 고위급 대화를 거부하고 국제사회에서 강력한 대일 비판을 전개했다. 독도, 위안부 문제 해결에 진전이 없는 한 "정상회담을 위한 정상회담은 하지 않겠다"는 입장이었다. 시진핑 지도부도 센카쿠 인근 해역 정찰행동 등 일본에 대해 물리적 압박을 더욱 강화함과 아울러 대일 비판 국제여론전을 강력하게 전개했다.

박근혜-시진핑 간 정상회담을 통한 대일 연대 움직임도 활발해 졌다. 우선 항일 투쟁 역사의 유대감이 강조되었다. 박근혜 대통령의 하얼빈 안중근의사 기념비 건립 요청에 시진핑 주석은 기념관 건립으로 화답했다(2014.1.). 중국 측은 한 발 더 나아가 아베 정권의 역사수정주의, 집단적 자위권 행사, 중일 영유권 문제에 대한 공동대응을 요청했다. 2014년 7월 방한 시에는 서울대 강연에서 정유재란 당시 이순신-진린陳璘 조명朝明연합군 사례까지 들면서 일본의 과거사 인식 문제를 함께 해결하자고 제안했다. 이듬해인 2015년 9월은 박근혜 대통령의 전승절 참석으로 대일 연대의 절정을 장식했다.

하지만 한중 연대는 사실 퍼포먼스적인 성격이 강한 것이었다. 시진핑 주석의 대일 연대 제안에 대해 박근혜 정부가 신중한 태도를 취했기 때문이다. 우선, 일본의 집단적 자위권 행사에 대해 한국 정부는 적극적

(小泉純一郎) 정권의 유엔 안보리 상임이사국 진출 시도에 대한 노무현-후진타오(胡錦濤) 간의 반대 운동 등이다.

인 반대가 아닌 우려 표명 수준에 머물렀다. 국내의 반일 여론을 의식하여 과거사를 반성하지 않는 일본이 집단적 자위권을 비롯해 방위력을 강화하는 것은 지역

2015년 9월 3일 박근혜 대통령 중국 전승절 열병식 관람(사진: 방송화면)

의 안정이 아닌 불안을 초래할 소지가 있다는 설명이었다(윤병세 외교장관 국회 대정부질문에 대한 답변, 2013.11.24.).[4] 참고로 미국, 영국, 호주, 유럽연합 등 서방 각국은 일본의 집단적 자위권 행사를 적극 지지했다. 센카쿠/댜오위다오, 독도 영유권 문제에 관한 공동대응 움직임은 없었다. 아베 정권의 과거사 인식 문제에 있어서도 한중 간에 미묘한 차이점이 존재했다. 예를 들어 박근혜 정부는 무엇보다 위안부 문제 해결이 마지노선이었던데 비해 중국 측의 마지노선은 야스쿠니 신사 참배 저지였다.[5]

---

4 한국 정부는 한반도에 대한 일본의 집단적 자위권 행사는 극히 제한적인 범위 내에서만 용인한다는 '3대 원칙'을 일본 측에 전달했다: ①일본의 집단적 자위권 행사 논의는 한반도를 비롯한 지역 안정과 평화에 기여해야 한다; ②한반도 문제는 어디까지나 한미동맹에 입각한다; ③일본의 집단적 자위권 행사는 한국 헌법과 정합성을 갖춰야 한다(경향신문 2013.10.27.).

5 아베 총리의 야스쿠니 신사 공식 참배(2013.12.) 직후 중국 왕이(王毅) 외교부장은 "만약 일본 측이 중일관계에서 지켜야 할 선을 계속 도전하고 양국 간의 긴장과 대립을 격화시켜 간다면 중국도 반드시 이에 끝까지 상대해 줄 것"이라고 비판했다(人民網 2013.12. 27.). 야스쿠니 참배는 과거 전쟁이 일본의 군국주의자들이 빚은 것이라는 수교 논리에 정면 배치되기 때문이기도 하다.

중국 중시는 반일친중反日親中 노선?

　대일 과거사 연대를 주도한 것은 시진핑 지도부였다. 과거사 문제를 매개로 한국을 중국 쪽으로 끌어당김으로써 한일 간 균열을 꾀하고 더 나아가 중국을 상정한 한미일 3국 동맹 형성을 저지하려 했다는 견해가 적지 않은데 이는 특히 미국과 일본, 그리고 한국의 대중 강경파들에 의한 것이 많았다. 개중에는 박근혜 정부의 중국 중시 자세를 '친중반일親中反日'이나 '친중반미親中反美'라는 낙인을 찍는 경우도 있었다. 하지만 이러한 비판은 타당한 것으로 보기 힘들다.

　첫째, 박근혜 대통령의 마지노선 설정과 국내 여론을 고려할 때 위안부 문제는 한미일의 대북 공조보다 우선시할 수밖에 없는 상황이었다. 후술하겠지만 박근혜 정부는 중국의 대북 정책에서의 역할을 극히 중요하게 판단했다. 위안부 문제 해결을 대일 정책의 배수진으로 설정한 데에는 강경론에 대한 국내적 합의가 존재했기 때문이었다. 아베 정권의 역사수정주의 행보로 반일정서는 극도로 악화된 상태였다. 게다가 시민단체의 국내활동은 물론 일본 시민단체와의 연대, 유엔 등 국제기구에서의 초국적 시민연대는 무시할 수 없을 정도였다. 미국 내에서도 지역 커뮤니티, 주의회, 연방의회를 대상으로 의회결의안을 청원하거나 평화소녀상 건립 등이 적극 전개되었다.

　둘째, 박근혜 정부가 주전장으로 삼은 것은 미국이었다. 한중일 틀이 아닌 한미일 틀을 활용한 셈이다. 박근혜 대통령은 오바마 정권의 거듭된 한일관계 개선 요구를 일축하면서 거꾸로 아베 정권의 '폭주'를 견제해야 한다고 역설했다. 일본의 잘못된 역사인식이 동북아 평화를 저해하는 요인이며, 퇴행적 발언이 계속되고 위안부에 대해 사과는커녕

모욕을 계속하는 상황에서 대화는 불가능하다는 주장이었다(미 상하 양원 합동회의 연설 2014.5.8.).[6]

이에 오바마 정권은 한일 간 과거사 문제에 개입하지 않는다는 기존의 관례를 깨고 일본 측에게 자제와 성의 있는 대응을 촉구했다.[7] 그 결과가 2015년 8월의 '전후 70주년 아베 담화'[8], 그리고 12월 말 한일 일본군 위안부 합의(2015.12.28.)에서 보이는 아베 정권의 일정 정도의 양보라고 할 수 있었다. 이 합의에서 아베 정권은 '군의 관여'와 '정부 책임'을 인정하며 총리대신 명의로 사죄와 반성의 뜻을 표명했다. 덧붙여 아베 정권이 주전장으로 설정한 것도 미국이었다. 일본 측은 한중의 대일 연대에 대응하여 '한중(과거사) vs. 미일(안보)' 구도를 강조·홍보했다.

여기서 주목해야 할 점은 한중 간 대일 연대가 결과적으로 미일 양국과 중국 사이의 지정학적 경쟁을 일정부분 지연시키는 의도하지 않은 결과를 낳았다는 점이다. 데이비드 어레이즈(D. Arase 2016, 13)는 시진핑 주석이 박근혜 대통령에게 한중 FTA 체결, 대북 비핵화 압박, 한반도 통일 논의를 제안하고 그 대신 주한미군 사드 배치 반대, 미국의 요청에 따른 일본의 동맹 협력 노력 저지, 과거사 및 영토 문제에 관한 대일 비

---

6 아베 총리의 야스쿠니 참배 직후 한국 국방부와 일본 방위성 간의 양해각서(MOU) 논의 계획도 전면 취소되었다. 적극적 평화주의에 대해서도 잘못된 역사관을 갖고 평화증진에 기여할 수 있을지 의문이라며 비판했다.
7 한일관계 악화로 아시아 재균형 전략에 심각한 차질이 생긴 것은 물론 북한 로켓 발사(2012.12.) 및 핵 실험(2013.2.)에 대응한 한미일 공조체제 균열에 위기감이 그 배경이었다. 조지 바이든 부통령, 척 헤이글 국방장관, 커트 캠벨 국무차관보 등 핵심 인사들도 일본 측의 성의 있는 내응을 촉구했다.
8 과거 일본이 국제질서에 도전했으며 중국을 '침략'을 공개적으로 인정했다. 이후 총리의 야스쿠니 참배도 자제했다.

판에 함께 나설 것을 요청했다고 분석한다. 이가 사실이라면 한국을 끌어당김으로써 한미일 안보협력을 저지하려는 중국 측의 시도는 성공하지 못했다고 할 수 있다. 이명박 정부가 동조한 한미일 가치동맹의 대중 억지는 박근혜 정부를 제외한 미일 중심으로만 추진할 수밖에 없었고, 한미일 공조는 여전히 대북 문제에 한정되었다. 참고로 이 과정에 한국 외교 당국과 전문가들 사이에선 위안부 문제로 한미일의 대북 공조에 차질이 생기는 점에 대한 우려가 커지고 있었다. 한반도 유사시 한미동맹의 후방기지 역할을 하는 일본과의 안보협력을 중시할 수밖에 없다는 견해다(박철희 2016b; 2016a). 지나친 반일 자세는 한미일 공조에서 한국이 저해요인이라는 인식을 미국 측에 심어줄 수도 있다는 부담감도 작용했다.

한중 경제협력의 지경학

한중 FTA, TPP, 그리고 AIIB

한중 간 경제협력은 양국 정상의 적극적 의지를 뒷받침으로 하여 적지 않은 성과를 거두었다. 하지만 2016년 초 사드 문제를 계기로 한 중국의 보복 조치로 경제협력은 정체 국면을 맞이했다. 주된 현안은 한중 FTA 체결, 그리고 한국의 AIIB 참여 문제였다. 전자는 2012년 5월 협상이 개시된 이래 2014년 11월의 정상회담에서 협상 타결이 선언되었다(2015년 12월 발효). 박근혜 정부는 경쟁국(일본 및 대만)에 앞서 중국 내수시장을 선점하여 한국 경제의 미래 성장동력을 확보하고, 전략적 협력 동반자 관계 심화를 통한 북한 개혁·개방을 유도하며, 궁극적으로 한반도 안정·통일 기여하는 것을 그 의의로 제시했다(산업통상자원부 한중 FTA 홈페이지).

문제는 미 오바마 정권이 재균형 전략 차원에서 박근혜 정부의 '과도한' 대중 접근을 제어하려 한 점이었다. 첫째는 한국에 대한 TPP 가입 요청이었다. TPP는 미일동맹과 더불어 중국 견제를 위한 양대 축이었다. 아베 정권은 대중 억지라는 전략적 판단 하에 TPP에 적극 나서고 있었다(서승원 2014b; 2015). 대조적으로 박근혜 정부가 대중 억지 차원에서 TPP 가입을 본격적으로 검토한 흔적은 없었다. 한미동맹의 중요성을 감안하여 참여해야 한다는 여론도 있었으나 그다지 반향은 없었다. TPP에 대한 박근혜 정부의 주된 고려 사항은 안보가 아닌 경제적인 측면에 중점을 둔 것이었다. 전 세계 GDP의 37%를 점하는 메가 FTA에서 배제될 경우 경쟁국, 특히 일본에 비해 불리해질 것이라든지, 높은 수준의 국제통상 규범을 활용하여 국내 개혁과 성장을 촉진하는 효과를 상실할 것이라는 주장 등이 제기되었다.

2013년 11월 TPP 참여 의사 표명, 2015년 10월 정식 가입 의사 표명에 이르기까지 한국 측이 소극적인 반응을 보인 이유에 대해 김시중(2016, 6~10)은 다음 세 가지를 든다. 하나는 미국을 비롯한 대부분의 TPP 참여국들과 양자 간 FTA를 체결했거나 협상 중인 관계로 TPP 참여로 인한 추가 이득이 적을 것으로 평가했다. 다른 하나는 TPP 참여 과정에 추가적인 시장개방(특히 농업분야) 압력이 있을 수 있고 이것이 국내적으로 또 다시 혼란을 야기할 가능성이 있었다. 마지막으로 당시 통상정책상 최우선 순위는 최대 교역국인 중국과의 FTA 체결이었는데 TPP를 함께 추진할 여력 또한 없었다. 덧붙여 박근혜 정부가 TPP보다는 중국 주도의 RCEP(역내포괄적경제동반자협정)를 선호한다는 비판도 제기되었으나 이도 타당하지 않은 것으로 보인다. RCEP는 중국뿐 아니라 아세안, 일본, 인도 등의 입장에 따라 그 진전 여부가 결정되는 구도이며 한국은 복수의 양자 간 FTA 체결로 RCEP에 대해서도 큰 관심을 두지 않았기 때문이다(전게 논문).[9]

둘째, 오바마 정부의 압력은 통화·금융 분야, 즉 AIIB 참여 문제로도 확대되었다. 미일 양국은 표면적으로는 AIIB가 기존 국제기구(IMF, 세계은행 등)의 거버넌스(지배구조, 관행 및 절차, 세이프가드 등)와 모순된다는 등의 이유를 들면서 동맹국 및 우방국의 참여에 반대를 표명했다. 하지만 실제로는 중국이 AIIB 설립을 통해 통화·금융 분야에 있어서도 지역질서 주도권을 장악하려는 지경학적 의도를 반영한 전략적 사안으로 간주했다. 손열(2016, 23)은 이러한 경향을 '과잉안보화'라고 명명하는데 미국은 특히 ADB(아시아개발은행)를 실질적으로 운영해 온 일본과 중추적 중견국이자 동맹국인 한국·호주에게 강력한 연대를 요구했다.

박근혜 정부는 시진핑 주석의 창립회원국(비상임이사국)으로 참여해 달라는 요청(2014년 7월 정상회담)과 미국, 일본 등의 가입 유보 압력 사이에서 갈등했다. 2014년 상반기 참여를 본격적으로 검토하기 시작했지만 동년 10월 창립회원국 양해각서 서명식에 불참했다. 미국의 우방으로서의 신인도에 영향을 미칠 수 있다는 경고를 의식한 궁여지책이었다. 그 후 박근혜 정부가 정식 가입을 결정한 것은 2015년 3월로 2월에 영국, 프랑스, 독일 등이 가입을 선언한 직후였다. 한국 정부가 AIIB 대주주 지위 확보에 실패하고 또한 미중 양국으로부터 신뢰감도 얻지 못한 것은 이러한 일관성 없는 대응의 결과라고도 볼 수 있었다.

---

9 RCEP는 본래 일본이 제창한 것으로 그 의도는 중국이 선호하는 ASEAN+3에 인도, 호주, 뉴질랜드를 추가하여 중국의 영향력을 견제하는 것이었다.

정경분리와 대륙 지향성

하지만 그렇다고는 해도 전략적 고려가 없었던 셈은 아니었다. 박근혜 정부가 고려한 것은 지정학이 아닌 지경학이었다. 즉, 한국의 AIIB 가입 논리로 제시된 것은 개발은행 지분 확보에 의한 한국 경제의 취약성 보완, 세계적 수준의 건설 노하우 보유에 의한 경제적 실리, 대북 인프라 건설을 통한 북한과 주변국의 경제교류 활성화 및 북한의 국제사회 편입, 그리고 한국의 유라시아 협력 구상과의 연계 등이었다(이희옥 2016, 19-20). 위와 같은 대응에서 읽을 수 있는 것은 다음과 같다. 첫째는 견고한 경제 내셔널리즘, 바꿔 말하면 중상주의적 사고이다. 중국은 한국 경제의 재도약을 위한 '기회'의 땅으로 인식되는 경향이 강하다. 1980~90년대에 걸쳐 일본이 중국을 기회로 인식했던 것과 유사하다. 1992년 한중 수교 이래 한국 측은 중국의 자원과 노동력, 그리고 최근에는 내수시장, 수출시장, 투자의 대상으로 자리매김해 왔다. 중국과의 FTA 체결과 관련해 경제영토 확대라는 논리가 빈번하게 제시되었다. 미국, EU 등에 이어 중국이라고 하는 거대 경제권과의 FTA 체결이 강조된 것은 그 때문이다. 한국 경제의 입지에 대한 고민, 즉 선진국 일본과 개발도상국 중국 사이에서 샌드위치 신세가 되고 있다는 위기의식을 반영하는 것이기도 했다.

둘째, 대중 경제관계에서 정경분리 어프로치에 대한 선호가 두드러졌다. 경제를 외교·안보의 수단으로 사용하는 것에 대해 부정적이라는 의미다. 전술한 미일 양국의 TPP나 AIIB에 관한 대응방식과 유사하게 박근혜 정부의 정경분리 선호는 한중 경제협력에 있어서도 일관되었다. 특히 한중 경제관계의 불균등한 상호의존에 대한 우려가 깊었다. 무역,

투자 등 한국 경제의 중국에 대한 높은 의존도는 한국 경제가 중국 경제에 편입될 가능성에 대한 우려를 낳고 있었다. 이러한 상황에서 중국의 사드와 관련된 보복조치는 한국 측의 취약성을 다시금 깨닫게 했고 동시에 경계감도 비약적으로 증대되었다. 중국의 사드 보복을 대국주의의 발로, 조공체제 부활 시도라면서 반발한 것은 자연스러운 현상이었다.

셋째, 그럼에도 불구하고 대중 경제협력에서 북한 문제를 의식한 전략적 판단이 작동한 점은 주목할 만했다. 대중 경제관계에서도 다음 절에서 논의하는 바와 같이 북한/한반도 환원주의가 일관된 셈이었다. 과거 김대중 정권의 '동아시아 구상', 노무현 정권의 '동북아시대 구상', 그리고 박근혜 정권의 '동북아 평화협력 구상'도 공히 그 궁극적인 지향점은 한반도 평화와 안정, 그리고 통일을 위한 기반 조성에 있었다. 그에 더하여 전통적으로 밀접한 관계를 가졌던 대륙과의 물리적 단절을 극복하고자 하는, 반도 정체성을 반영한 대륙지향성도 엿보였다. 정권이 바뀌면서도 항상 등장하곤 하는 시베리아 철도 연결 구상이라든지 가스 파이프라인 구상 등이 그 대표적인 예라고 할 수 있다. 이는 일본 아베 정권이 해양국가 정체성을 강조하면서 동중국해, 동남아시아 등 남서방면으로 향하는 것과는 상당한 대조를 보이는 것이었다.

북한/한반도 문제와 중국역할론

대북 원교근공 어프로치와 그 좌절

박근혜 정부가 취임 직후 대북 정책 기조로 설정한 것은 한반도 신뢰 프로세스였다. 핵·미사일 개발 및 무력 도발에 대한 강력한 응징, 신뢰를 통한 북한 핵문제 해결, 그리고 그에 상응한 대북 지원 및 통일기반 구축을 내용으로 한 것이었다. 이명박 정부가 한미일 공조 하에서 대북 압박을 가한 데 비해 박근혜 정부는 한미일 공조를 유지하면서도 중국을 대북 압박 전선에 적극 끌어들이는 방식을 택했다.[10] '한·미·일-중국 vs. 북한' 구도를 말한다. 이를 다시 한국·북한·중국 3국 관계 틀에서 보면 한중관계의 긴밀화를 수단으로 중국을 북한에서 떼어내려는 일종의 원교근공 어프로치라고도 할 수 있었다.[11] 이 방식은 국제사회가 북한 비핵화를 위해 아무리 제재를 강화하더라도 북한의 대외교역에서 가장 많은 비중을 차지하는 중국이 참여하지 않으면 의미가 없다는 현실적 판단에 근거했다. 이는 탈냉전기에 출현한 서울-베이징-평양 간 삼각관계(새뮤얼 킴 2006, 147-148)가 한층 밀도가 깊어지고 복잡해지는 양상을 보여주는 것이기도 했다. 하지만 다른 한편으론 주변 4강과의 관계와 동아시아 지역 구상이 북한/한반도 문제로 수렴되는 환원주의의 변주곡으로 볼 수도 있었다.

박근혜 정부는 특히 시진핑 주석과의 정상회담을 통해 유엔을 통한 대북 제재 강화 및 중국의 적극적인 대북 압박을 요청했다. 이와 더불어 한국이 주도하는 통일에 대해서도 중국 측의 지지를 끌어내고자 노력했다. 이에 시진핑 지도부는 박근혜 정부의 북한 비핵화 주장, 한반도 신

---

10 장달중·김갑식(2012, 28)은 노무현 정부가 북한의 변화를 '유인'하는 데 실패했다면 이명박 정부는 북한의 변화를 '강제'하는 데 실패했다고 지적한다.
11 중국역할론은 1980년대 북방정책의 성과를 바탕으로 한 원교근공 어프로치 기조를 반영한 것으로 볼 수 있다. 이 어프로치는 동유럽 사회주의 국가들은 물론 북한의 동맹국 소련(1991), 중국(1992)과의 수교라는 성과를 거두었다(차정미 2012, 98-99).

뢰 프로세스, 그리고 동북아 평화협력 구상에 전에 없는 지지를 보내 화답했다. 중국 측은 또한 한중 정상회담을 미중 정상회담, 중러 정상회담에 버금가는 3대 정상회담이라고 강조하면서 한국 중시 자세를 분명히 했다(Moon·Boo 2015, 287). 서울과 베이징이 공히 북한의 바람직한 변화로 생각한 것은 북한의 비핵화, 그리고 중국식 개혁·개방 노선이었다. 더불어 중국 전승절 참석을 계기로 양국 정상 간에 한반도 통일 문제에 대한 심도 있는 논의가 있었다는 발표도 있었다.

하지만 양측 사이에 대북 정책을 둘러싼 중요한 이견은 좁혀지지 않았다. 중국 측은 북한만의 비핵화가 아닌 한반도 전역의 비핵화, 대북 압박 일변도가 아닌 대화·압력 병행(조건 없는 6자회담 재개), 휴전협정의 평화협정 체제로의 전환 등과 같은 기존의 입장을 견지했다.[12] 중국 측의 이러한 입장은 줄곧 일관되었다. 한편, 이 시기에 박근혜 정부가 중국 시진핑 지도부와 공개적으로 한반도 통일문제에 대해 논의한 것은 중대한 변화였다.

이러한 가운데 한중 간 대북 정책을 둘러싼 평행선에 종지부를 찍은 것이 2016년 1~2월 북한의 4차 핵 실험 및 미사일 발사 실험이었다. 박근혜 정부의 대응 조치는 전격적인 개성공단 가동 중단, 그리고 주한미군 사드 배치 결정이었다. 중국의 대북 압박에 대한 기대가 급속하게 실망으로 바뀌면서 그간의 중국 중시 자세를 전환하여 다시 한미일 대북

---

12 한중 정상회담 후의 '미래 비전 공동성명'(2013.6.27.)은 "핵무기 개발이 한반도를 포함한 동북아 및 세계의 평화와 안정에 대한 심각한 위협이 된다는 점에 인식을 같이 했다. 양측은 한반도 비핵화 실현 및 한반도 평화와 안정 유지가 공동이익에 부합함을 확인했다"고 언급하고 있다. 덧붙여 중국 측은 여러 차례에 걸쳐 중국식으로 북한을 설득·유도하기 위해 노력하고 있다고 설명했다.

공조로 돌아선 셈이다. 이어 중국 식 대북 설득이 작동하지 않았다는 미국 측 주장에 공명하면서 기존의 유엔 안보리 차원의 집단적·포괄적 제재에서 벗어나 중국의 직접적이고 강력한 대북 제재를 촉구하는 방향으로 전환했다. 북한 5차 핵 실험(2016.9.) 직후에는 6년 만에 "북핵과 미사일 도발에 3국 간 긴밀한 공조 유지를 확인하고 지역 및 글로벌 이슈에 대한 3국 간 협력을 확대하기로 했다"는 내용의 한미일 3국 외교장관 공동성명을 발표했다. 2012년 1월 이래 답보상태를 면치 못하던 한일 간 군사협력도 군사정보보호협정GSOMIA 체결(2016.11.)로 본격화되기 시작했다.[13]

중국역할론 논쟁

박근혜 정부가 중국의 역할을 과도하게 기대했다는 평가가 적지 않다. 하지만 과도한 기대를 북핵 문제 미해결의 근본 원인으로 보는 것은 타당치 않다. 주의 깊게 던져야 하는 질문은 박근혜 정부가 그 같은 기대를 품은 이유는 무엇인가라는 점이다. 국내에선 북한 핵·미사일 능력의 고도화에 따른 위협 인식 증대를 배경으로 진보, 보수를 막론하고 북한 비핵화가 불가결하다는 공감대가 확산되고 있었다. 이것이 중국역할론이 부상하게 된 주된 배경이었다. 중국역할론에 대해서는 다음 두 질문으로 나누어서 들여다볼 필요가 있다. 하나는 중국의 대북 영향력을 어떻게 인식했는가, 그리고 다른 하나는 중국이 과연 대북 영향력을 행

---

13 한국의 외교 당국자들은 중국이 이 협정을 중국을 대상으로 한 군사적 제휴로 간주하고 있다는 점을 인지하고 있었다(이선진·신정승·임홍재·양봉렬·조병제 2013, 68).

사할 의지를 갖고 있다고 보았는가, 그렇지 않은가이다.

우선 중국의 대북 영향력에 대해서는 보수, 진보 공히 강력한 영향력을 행사할 수 있는 능력을 보유하고 있다고 판단하는 경향이 강했다. 중국의 대북 영향력 행사 수단으로 항상 거론되는 것이 석유 및 식량 지원과 같은 경제적 수단이다. 그 논리는 매우 단순했다. 즉, 북중 교역이 북한체제를 유지하는 생명줄이고, 따라서 중국이 강력한 경제제재를 실행하기만 한다면 북한 김정은 정권의 핵·미사일 개발을 포기시킬 수 있으며, 더 나아가 체제 붕괴까지도 이끌어 낼 수 있다는 발상이었다. 이는 경제제재의 실제적 효과에 대한 그야말로 지나친 과신過信이라 하지 않을 수 없었다. 경제제재는 대상국의 국내정치적 통합을 조장하는 경우가 많으며, 대상국의 행동 및 신념을 변화시키는 데 있어서 상대적으로 효과적인 것은 경제제재가 아닌 경제지원이라는 것이 기존 연구의 일반적인 결론이다(Baldwin 1969; 1985).

이러한 관점은 자국의 대북 영향력에 적지 않은 한계가 있다는 중국 측의 반론과도 맥을 같이 한다. 북핵 문제에서 중국이 이익을 지키기 위해서는 정책적 지렛대 내지 영향력을 유지해야 하는데 그러한 지렛대는 경제제재가 아닌 대북 우호관계로부터 나온다는 말이다. 이에 따르면 중국은 대북 관계가 악화되면 자국의 레버리지를 상실할 수밖에 없게 된다(왕지쓰 2010, 142). 북한이 1990년대 중·후반 고난의 행군 시기에도 체제를 존속시킬 수 있었던 점을 고려하면 만약 중국이 강력한 제재를 전개한다 하더라도 북한이 핵무기를 과연 포기할 지는 미지수라고 하지 않을 수 없다. 또한 중국은 북한이 중국의 요청을 잘 받아들이지 않는다는 점도 잘 알고 있다(김한권 2016, 109). 덧붙여 북한의 입장에서 보면 중국과 관계가 악화될 경우 러시아와의 관계 개선을 모색할 수도 있다.

다음으로 시진핑 지도부가 영향력을 행사할 의지가 있다는 보는 경우 중국역할 긍정론, 그렇지 않은 경우 중국역할 부정론을 주장한다. 우선 긍정론은 북한을 미중 간 전략적 완충지대로 보는 중국 측의 시각에 변화가 보인다는 견해를 내세운다. 긍정론이 주목하는 것은 한중관계가 북중관계에 비해 질적, 양적으로 우위에 섰다는 점, 제5세대인 시진핑 지도부가 들어서면서 북한을 6·25전쟁 당시와 같은 혈맹으로 보고 있지 않으며 오히려 부담스러운 존재로 보기 시작했다는 점(특수관계의 보통관계화), 그리고 중국 내에 한국 주도의 통일에 대해서도 지지하는 입장이 나타나고 있다는 점 등이다. 여기에는 한국의 전략적 가치가 전에 없이 제고되었으며 미중 사이에서 균형외교가 가능하게 되었다는 정세 판단도 작용한다. 예를 들어 김흥규는 "연미화중聯美和中(한미동맹 기조 하에 한중관계 개선)을 넘어 연미협중聯美協中(한미동맹 기조 하에 한중협력 강화)을 통해 통일과 북한 비핵화에 대해 중국과 공동 목표를 추구하고 이를 과감히 행동에 옮겨야 한다"고 제안하기도 했다(동아일보 2015.2.5.).

한편, 부정론은 주로 역사적 시점에서 중국의 한반도에 대한 일관된 지정학적 사고에 주목한다. 임진왜란, 청일전쟁, 6·25전쟁 등 중국은 역사적으로 한반도를 전략적 완충지대로 간주해 왔으며 이는 앞으로도 변하지 않을 것이라는 말이다(윤영관 2017, 371; 장량 2015, 155). 또한 6·25 이래의 전통적 북중 혈맹관계에 본질적인 변화는 없으며, 주한미군이 존재하는 통일한국보다 현상유지가 낫다고 판단한다는 것이다. 따라서 중국은 북핵 문제를 해결할 능력은 있으나 북한 정권의 안정을 더욱 우선시하기 때문에 강력한 해결 의지를 갖고 있지 않다고 본다(현인택 2017, 206; 조선일보 사설 2016.9.10.; 조선일보 사설 2017.3.4.). 특히, 강성 보수세력은 중국역할론이 환상에 불과하며 과도하게 중국을 중시하면 한미동맹이

훼손될 수도 있다고 비판한다. 중국이 미국을 대체할 수 없으므로 한국 내부에 점증하는 중국대안론은 환상에 불과하다는 것이다.

사드 배치 문제, 미중관계 속 한국

한미동맹과 한중 전략적 동반자 관계의 조화

　박근혜 정부의 또 하나의 정책 기조는 중견국이란 자국 정체성 인식을 바탕으로 큰 틀에서 한미동맹을 강화하면서 한중 간 전략적 동반자 관계를 조화롭게 발전시키는 것이었다. 노무현 정부는 동북아 균형자를 자처하며 대미, 대중 등거리 외교를 전개하여 한미동맹을 악화시켰고, 이명박 정부는 한미관계에 치중하여 한중관계를 상대적으로 소홀히 했다는 평가를 의식한 것이었다. 이러한 조화 추구는 한미동맹에 무게중심을 두었던 노무현 정부의 '균형자balancer' 외교에 비해서도 한 발 더 나아간 것이라 할 수 있었는데, 그 핵심은 한미관계와 한중관계의 동시 발전, 그리고 주요 현안에 대한 선택적 지지를 꾀하는 균형외교였다(이희옥 2016, 14-18). 그러나 주지하는 바와 같이 이러한 조화 노력은 한국이 미중 양국 사이에서 양자택일적 선택을 강요받는 상황이 전개되면서 결국 좌초하고 말았다. 그 직접적 계기는 사드 배치 문제, 그리고 남중국해 문제였다.

　주한미군 사드 배치 문제에 대해 한국 측은 2016년 초까지 '3NOs'(미국이 제의한 바도 없고, 한미 간에 협의한 바도 없으며, 한국 정부가 결정한 바도 없다' 원칙을 제시했다. 이른바 '전략적 모호성'을 말한다. 박근혜 정부가 비결정非決定으로 일관하는 동안 미중 양국의 압력은 갈수록 고조되었다. 2014년 봄 이래 오바마 정권은 아시아 재균형 전략 아래 한일 군사협력 강화, 그리고 한미일 MD체제 구축 – 한국의 MD체계 편입 – 을 추진했다. 미 국방부 및 군 수뇌들의 사드 배치 요청이 이어지는 가운데 오바마 대통령 자신도 직접 촉구하고 나섰다.[14] 그 위에 미 의회까지 나서서 사드 문제를 한미동맹의 척도와 같은 사안이라면서 압박을 가했다. 사드는 주한미군을 보호하기 위한 최소한의 방어체계로 한국은 동맹에 성의를 보여야 한다는 주장이었다. 미국 측은 남중국해 영유권 문제에 대해서도 박근혜 정부에게 미국 입장에 동조하도록 압력을 가했다. 미국은 이 문제를 국제규범·질서의 문제로, 중국은 영유권 문제로 간주하는 상황이었다.[15]

중국 측도 미국의 사드 배치 제안 직후부터 공개적으로 반대를 표명하기 시작했다. 2015년 상반기 창완취안常萬全 국방부장, 쑨젠궈孫建國 부총참모장이 국방 당국 간 회담에서 우려를 표명한 데 이어 한국의 사드 배치 발표 이후에는 왕이王毅 외교부장, 추궈훙邱國洪 주한 중국대사는 물론 시진핑 주석이 직접 나서서 강력한 반대의사를 표명했다. 그 주

---

14 2014년 3월 북한의 미사일 실험(노동미사일 발사각 조절 실험) 후 PAC-3로는 방어에 역부족이라고 강조하면서 동년 6월 주한미군사령관이 공개적으로 사드 배치를 미국 정부에 요청했다. 이어 2014년 미국 정부는 사드 배치를 공식 요청했다(한민구 국방장관의 2016년 7월 국회 대정부 긴급현안 질문에 대한 답변).
15 한국 정부는 2015년 11월 동아시아 정상회의(EAS)에서 3원칙 제시했다: ①항행과 상공비행의 자유, ②분쟁의 평화적 해결, ③남중국해 행동 선언 상의 비군사화 공약 준수). 중국의 반발을 회피하면서도 미국에 호응하고 있음을 보여주기 위한 것이었다(이동률 2017, 79-83).

된 이유는 ①미국의 MD가 중국의 핵 억지 체계를 무력화시켜 미중 간 전략적 안정을 해친다, ②한국의 MD 구축은 북한의 핵무기·미사일 개발을 더욱 자극한다, ③중국의 반접근/지역거부(anti-access, area denial) 전략을 무력화시킬 수 있다, ④미국이 대북 미사일 방어를 구실로 반중 동맹 강화를 꾀하고 있다는 것이었다(우정엽 2016, 50-51; 박광득 2016, 39-74; Swaine 2017).

한편, 박근혜 정부가 사드 배치 결정으로 급선회한 것은 북한이 4차 핵 실험을 강행한 2016년 초반이었다. 사드 배치는 박근혜 대통령의 대국민 담화(1월 13일)를 서두로 그 후 한미 양국 협의 착수(2월), 성주 배치 공식 발표(7월) 식으로 일사천리로 진행되었다.[16] 공식 입장은 ①사드 배치의 원인은 북한의 핵 위협에 있다, ②북한의 핵 공격 의지를 무력화시키기 위한 한미동맹 차원의 결정이다, ③사드는 북한의 핵·미사일 대비용이며 중국·러시아를 대상으로 한 MD와는 무관하다,[17] ④한국 정부의 고유한 군사주권 문제라는 것이었다.

당초 박근혜 정부는 김대중-노무현 정부와 마찬가지로 미국이 추진하는 MD체계에 참여하려는 적극적인 의사는 없었던 것으로 보인다.[18] 북한의 핵 실험으로 기존의 비결정을 더 이상 유지할 수 없다는

---

16 대국민 담화에서는 "한반도는 물론이고 동북아 안보지형에 중대 변화를 초래할 수 있고 북한 핵 문제의 성격을 근본적으로 변화시킬 가능성도 있다. (사드 배치 문제는) 북한의 핵 또는 미사일 위협을 감안해 가면서 우리의 안보와 국익에 따라 검토해 나갈 것이다."라고 언급했다.
17 한국 측은 다음 보고서를 들면서 중국·러시아에 대한 것이 아니라고 강조한다. U.S. Department of Defense, *Ballistic Missile Defense Review*, http://defense.gov/News/Sepcial-Reports/BMDR.
18 김대중-노무현 정부는 한미 MD 공동연구팀 설립(1993), 한미 연합사령관의 주한미군

판단에 따른 배치 결정이었다. 국내 여론도 미사일 방어의 필요성에 대해 합의가 형성되고 있었다. 중국의 반발과 '등가 대응tit-for-tat' 방식의 보복 조치에 대해서는 사드 배치 조건부 철수론을 꺼내들었다. 중국이 강력한 대북 압박을 가해 북핵 문제가 해결되면 사드 배치의 원인이 없어지므로 당연히 철수할 것이라는 논리였다. 이는 중국이 북한 핵 위협을 막았다면 사드 배치는 없었을 것이라는 일종의 중국책임론이라고도 할 수 있었다(중앙일보 2017.3.7.).

사드 배치를 할 것인가, 배치를 거부할 것인가에 대한 결정의 지연이 초래한 결과는 혹독했다. 우선, 이는 한국 측이 무엇보다도 우려하던 미중 간 양자택일의 문제로 비화되었다(우정엽 2016). 미중 간 전략적 경쟁은 역내 국가들에게 끊임없이 줄 세우기를 강요하는 대리 경쟁proxy competition이 구조화하는 추세를 보이고 있었다(정재호 2016, 93-95). 중국 측은 사드 배치를 한미일 3국의 대중 동맹 강화의 일환으로 간주하고 한국의 참여 저지를 목표로 설정했다. 한편, 미국 측은 사드 문제를 향후 한국이 미국과 중국 가운데 어느 편에 서게 될 지를 판단하는 리트머스 시험지로 보았다(김희상 2016, 138-9).

사드 문제는 대통령 선거와 직결된 정치적 쟁점으로도 부상했다. 특히 2016년 7월(성주 배치 결정) 이후 이 문제가 이념화되어 '진보=반대, 보수=찬성'이란 구도가 형성되었다. 야당, 시민단체, 해당 지역주민들을

방어용 다층 TMD체계 배치(2000.3.), 백령도 AN/TPY-2 레이더 배치 등 미국의 제안에 대해 군사적·기술적 효용성(종심 축이 짧은 한반도에서 MD로 북 미사일 방어는 불가능 판단) 및 천문학적 비용 문제를 이유로 참여 불가를 천명한 바 있다. 그 대신 선택한 것이 2016년까지 PAC-3 도입, 2023년까지 한국형 미사일방어체계(KAMD) 개발, 능동형 억지 정책인 '킬 체인'(Kill Chain) 체계 도입이었다.

중심으로 전개된 반대 진영이 거론한 논리는 ①군사적 효용성(북한은 한국 공격 시에 탄도미사일이 아닌 장사정포와 단거리 미사일을 활용할 것), ②한중관계 악화(사드 배치는 미국의 대중 전략의 일환), ③한국의 미국 MD체계 편입, 미중러 핵 보유국 사이의 공포의 핵 균형 무력화(군비경쟁 촉발), 강대국 간 안보 딜레마 심화 등이었다(Cheong 2014; 최종건 2017). 한편, 배치 찬성론은 ①남북한 군사력 균형 유지, 즉 대북 억지력 유지와 위기관리 태세 마련,[19] ②동맹국으로서의 의무 이행 및 한국의 대미 전략적 가치 향상, ③자유주의적 국제질서, 민주주의, 시장경제라는 가치를 공유하는 국가들 사이의 연대 등을 강조했다. 특히 친미 보수진영은 사드 배치를 동맹의 방위공약을 재확인할 수 있는 신념체계이며 '동맹 강화 – 사드 배치 – 대북 억제 – 동맹 강화'라는 논리를 내세웠다(최종건 2017).

더욱 중요한 점은 사드 문제를 계기로 박근혜 정부의 중국 중시를 반대하는 세력의 반격이 본격화한 점이다. 한미동맹 제일주의자들이 그 중심에 있었는데 이들 사이에는 중국에 의존한 대북 압박, 중국과의 통일 문제 논의, 박근혜 대통령의 중국 전승절 참석 등과 관련하여 이미 상당한 불만이 누적되어 있었다. 이들이 미일 양국의 대중 강경파들이 주장하는 '중국경사론'에 공명한 것은 물론이었다.[20] 특히 박근혜 대통

---

19 국방부는 PAC-2/3(15-30km), L-SAM(한국형 초장거리미사일, 40~70km), 사드 (40~150km)로 구성되는 효율적 다중방어체계를 강조한다. 북한의 핵·미사일 실전 사용 억제를 위한 대책으로는 자위적 핵 개발론, 미국 전술핵 재배치론, 미국 핵우산 강화 등이 거론되고 있다(김희상 2016, 133).
20 일본 아베 정권과 미국의 대중 강경파들은 "미일(안보) vs. 한중(과거사 연대)" 프레임을 적극 강조하면서 한중 긴밀화를 견제하고자 했다. 덧붙여 이상신·장희경(2011, 126)은 한국 보수언론들이 한미관계와 한중관계를 길항관계로 취급하는 경향이 많지만 일반인들의 경우 친중 태도를 가진 사람이 반미적이 아닌 친미적일 확률이 높다는 의식조사 결과를 제

령의 전승절 참석에 대해서는 진보세력은 물론 보수세력 일부까지 지지했는데 이는 보수세력 내부의 분열을 의미하는 것이기도 했다. 아래는 중국 중시 반대론자들이 가진 위기의식의 단면을 보여준다.

> 한국의 종북좌파 세력은 박근혜 대통령의 친중반일親中反日 외교노선을 지지한다. 좌파 세력은 친북의 연장선상에서 필연적으로 친중·반일·반미적이다. … 친북좌파 세력은 중국에 관한 한 좌파 정권이 해야 할 일을 박근혜 대통령이 대행해 준다고 생각할지 모른다. … 한국의 보수층 일부, 그리고 좌파의 다수는 통일과정에서 한미동맹을 해체, 통일한국이 중립국가가 되어야 한다는 생각을 한다. … 중립화의 다른 이름인 '미·중 사이의 균형자론'도 먹힌다. 여기에 "미국은 쇠퇴하고 중국은 떠오르니까 중국 편에 서야 한다"는 잘못된 대세론과 뿌리 깊은 친중사대주의 전통이 결합된다면 '중립화 통일론'이 큰 힘을 받을 가능성이 있다(조갑제 2015, 104-105).

반대론자들의 주된 명분은 중국의 미국 대체 불가론, 즉 결국 한국이 기댈 곳은 한미동맹뿐이라는 것, 한국은 해양 선진세력 편에 서야 한다는 것, 그리고 한국의 대전략은 친미자주親美自主 노선이어야 한다는 것 등이었다.[21] 결국 북핵 실험이나 사드 문제와 같은 역풍에 직면하게

시한다.
21 다음 동아일보 사설은 친미냐 아니면 친중이냐 라는 이분법적 사고의 전형적인 사례이다. "시 주석의 체면을 세워주면 보답할 것이란 막연한 기대로 한미에 금이 갈 수도 있는 모험은 바람직하지 않아. 미국과 동맹인 한국이 인도처럼 미중 사이에서 균형외교를 편다면 양쪽에서 전략적 불신을 받을 수도 있다"(2015.8.28.). "북이 남침할 경우 한국을 위해 피를 흘릴 나라는 미국이다. 사드 배치 결정을 번복한다면 한미동맹을 끝내고 중국의 속국이 되겠다는 것"(2016.8.5.).

되자 한미동맹의 자장이 강력하게 작용한 것이라 할 수 있었다. 다만, 이와 같은 한미동맹 원리주의에도 불구하고 한미동맹이 중국을 대상으로 하는 것에 대해서는 보수, 진보 공히 부정적인 입장을 보였다. 대미 동맹은 어디까지나 대북 억지력이라는 안보 수요만 충족시켜야 한다는 것이었다. 하지만 이는 논리모순이었다. 사드 배치는 북한은 물론 중국까지 대상으로 한 미국의 MD체계에 한국이 편입되는 것이라 하지 않을 수 없으며, 이를 차치하더라도 한미동맹의 지역동맹화는 현재진행형이다.

중견국 외교의 욕구

전략적 모호성의 파탄은 곧 중견국 정체성에 바탕을 둔 균형외교의 좌절을 의미했다. 하지만 균형외교의 시도 그 자체를 단지 폄하하고 그칠 일은 아니다. 그 명칭이 변한다 해도 그 같은 발상, 사고, 의욕은 지속되어 왔으며 앞으로도 그럴 것이기 때문이다. 김대중 정부는 동아시아 공동체 구상EAVG, 노무현 정부는 동북아 중심국가론 및 동북아 균형자론, 이명박 정부는 글로벌 코리아, 박근혜 정부도 책임 있는 중견국 외교를 내걸었다(손열 2016, 9-12).[22] 주변으로 시야를 넓히면 미중 간 중개자 역할이나 미중일 정삼각형론을 추구한 일본의 1980년대나 민주당 정권을 들 수 있겠다. 아무튼 전략적 사고의 측면에서 볼 때 균형외교는 다음과 같은 의미와 시사점을 갖는다.

먼저 미중관계 속의 한반도에 대한 인식이다. 한국 내에선 언론, 전

---

22 이수훈(2013, 159)은 동북아시대론이 중국 부상에 따른 미중 간, 중일 간 대립을 예방하고 해양세력과 대륙세력 간 대결을 경계한 결과물이라고 지적한다.

문가를 막론하고 미중 양강구도론 내지 G2론을 당연시하는 풍조가 강하다. 시진핑 지도부가 주장하는 미국과의 신형대국관계에 대해서도 미국이나 일본의 부정적 견해와 달리 그다지 위화감을 느끼지 않는다. 하지만 동시에 중견국이란 자국 이미지/인식도 전에 없이 강해진 상태였다. 특히 전임 이명박 정부 이래 선진 경제국가로 G20나 핵군축 정상회담에 참여하면서 한국은 국제무대의 중심부에 자리하게 되었다. 경제력이 외교력으로 전환되며 강대국 정치가 낳은 폐해를 피할 수 있다는 희망도 커져 갔다. 다른 중간국가들과 마찬가지로 안보를 미국에 의존하면서 무역과 투자를 위해 중국과도 연대할 수 있다는 생각이었다(Ikenberry 2016). 2016년 이전에 정계, 학계, 언론계에서 중견국론, 중견국 외교론 등이 널리 회자된 이유다(손열·김상배·이승주 2016; 김우상 2016). 이러한 중견국 인식은 박근혜 정부가 미중 양국과 공히 좋은 관계를 맺을 수 있을 것으로 '낙관'하고, 북핵·미사일 문제 해결을 위해 한국의 주도권을 다분히 의식한 한미중 틀의 중시로 나타났다.

하지만 미 오바마 정권이 재균형 전략을 본격적으로 추진하면서 미중 간 대립의 면은 동중국해(센카쿠/댜오위다오), 남중국해, 그리고 동북아시아로 확대되기 시작했고 당연히 중견국 외교도 동요하기 시작했다. 특히, 북핵·미사일과 사드 문제는 한반도가 여전히 미중 간 패권경쟁, 세력권 경쟁의 공간이라는 점을 상기시켰다. 이 같은 전개는 미중관계 속에서 한국이 안고 있는 본질적인 딜레마를 또 다시 노정했다. 한반도의 운명이 강대국 정치, 특히 G2체제에 의해 좌우될 개연성이 높다는 것이다. 예를 들면 미중 양국이 대결하거나 충돌할 경우 한국은 미국 편에 서거나 아니면 대미 동맹을 버리고 중국에 편승하거나 히는 양자택일적 상황에 처하게 된다. 반대로 미중 양국이 한국을 무시하고 비밀리에 타협

1905년 7월 가쓰라·태프트 밀약

또는 긴장완화를 꾀하는 상황도 있을 수 있다.[23] 일본과 마찬가지로 1970년대 초 박정희 정부는 전격적인 미중 국교정상화에 큰 충격을 받은 바 있다(이른바 '닉슨 쇼크'). 이러한 피해의식은 역사적 경험을 반영한 것으로 한국인들은 20세기 초의 가쓰라·태프트 밀약이나 해방 직후 미소 양국의 한반도 분할 주둔을 자연스럽게 떠올리곤 한다.[24]

균형외교의 사상적 기반 가운데는 미일과 중국 사이에서 치열해지고 있는 지정학 게임에 대한 뿌리 깊은 거부감도 존재한다. 부상하는 중국의 자기주장이 두드러지는 가운데 미일 양국은 대중 억지 자세를 갈

---

23 백창재(2012, 338-339)의 한미중 전략적 삼각관계 시점을 통한 한미 양자결합(미중관계는 적대적)의 위험성을 다음처럼 지적한다. 첫째는 전형적인 동맹 딜레마로서 미중관계 악화가 한중관계 악화로 이어지고 한국의 대미 의존이 한층 더 심화되는 상황(연루 딜레마), 또는 미중관계의 호전이 한국의 전략적 가치를 감소시키는 상황(방기 딜레마)을 말한다. 두 번째는 중국의 한미동맹(양자 결합) 와해 시도인데 이 경우 중국의 한국 압박이 한국의 대미 의존을 심화시켜 한중관계를 더욱 악화시키는 상황이 벌어질 수 있다.

24 김흥규(2017)는 필리핀과 남중국해는 미국, 한반도는 중국이 영향력 아래에 두는 제2의 가쓰라·태프트 밀약의 가능성을 제시한다. 참고로 가쓰라·태프트 밀약이란 1905년 7월 러일전쟁 종전 직전에 미국 육군장관 윌리엄 태프트(William H. Taft)와 일본 총리 가쓰라 타로(桂太郞)가 밀실에서 구두 양해한 합의를 말한다. 이 밀약에서 미국은 일본의 대한 제국 지배를, 일본은 미국의 필리핀 지배를 확인했다. 약소국의 운명을 마음대로 좌지우지하는 강대국들 사이의 대표적인 외교적 흥정 사례이다.

수록 선명히 하고 있었다. 일종의 '미일 간 지정학적 브로멘스'(뉴스1 2017.3.30.)라고도 할 수 있는데, 미국이 주도하는 신실크로드 계획, 아시아 재균형 전략, TPP를 포함한 미국발 동진東進 전략은 중국-방글라데시-미얀마-인도 경제회랑, AIIB 등을 비롯한 중국의 '일대일로' 전략을 태동시키는 주요한 지정학적 배경이라 할 수 있었다(서정경 2016, 145-148). 시진핑 지도부의 대외전략을 동관東管, 서진西進, 남개南開로 요약할 수 있다는 견해도 있다(김흥규 2015a, 13).

지정학적 경쟁에 대한 박근혜 정부의 대응방식은 아베 정권의 그것과 비교하면 매우 대조적이다. 아베 정부는 미중 간 지정학 경쟁에 적극 가담했다. 미일동맹을 한층 강화함으로써 센카쿠/댜오위다오에 대한 방어태세를 공고히 하고 중국의 해양 진출에 대한 방어선을 구축하며 또한 자국의 전략적 입지의 제고를 도모했다(서승원 2014b; 2015). 그에 비해 한국 측은 일반적으로 미일 양국의 대중 억지 전략이 지나치게 대결적인 것으로 판단하고 있는 듯하다. 센카쿠 영유권 문제를 안고 있는 일본과 달리 중국과의 직접적인 무력 충돌 가능성을 상정하는 경우는 거의 없다. 과거 소련을 봉쇄한 것처럼 중국을 봉쇄하는 것은 중국의 국제경제 질서로의 편입과 서방 각국의 대중 경제관계를 고려할 때 실효성이 거의 없다는 입장이라 할 수 있다. 그보다는 미중 경쟁과 냉전기 미소 진영 간 대결을 오버랩시키면서 한미일과 북중러가 대결하는 신냉전 구도가 출현하지 않을까 우려하는 경향이 강했다.

게다가 한국 내에서는 일반적으로 중국을 적국敵國으로 간주하여 이에 대항對抗해야 한다는 발상을 찾아보기 힘들었다. 아베 정부처럼 미국과 연계하여 중국을 견제한다는 세력균형론을 주장하는 이는 보수세력 가운데에서도 극히 일부에 국한되었다. 중국의 해양 진출 등 영향력 확대 움직임에 대해서도 패권주의나 팽창주의로 간주하기보다는 과거에 상실했던 지위의 자연스러운 회복으로 보는 경향이 강했다. 이는 미일 양국의 대중 강경론자들이 중국의 공산당 일당독재 체제를 대외 팽창, 패권 추구의 근본 원인으로 간주하는 것과는 상이한 것이었다.

덧붙여 미중 대결적 상황에 대비하여 다자협력 간 체제를 지향해야 한다는 논리가 제시된 점은 흥미롭다. 미중 사이에서 양자택일 상황을 피하고 싶어 하는 욕구가 6자회담이나 한중일 회담 등 다자 간 틀에 대한 선호로 이어지는 것으로 보이는데 이러한 사고는 진보와 보수를 막론하고 일반적으로 관찰된다(添谷 2015, 84). 박근혜 정부는 한미동맹과 한중관계를 조화시키기 위한 포석으로 동북아시아 평화협력 구상에 대한 중국의 협력을 요청했다. 대미 군사동맹을 유지하면서도 다국 간 협력의 틀 안에서 중국과도 안전보장 문제(대북 정책)를 논의할 수 있는 관계를 형성하고자 한 것이었다(Moon·Boo 2015, 242). 이와 더불어 6자회담을 동북아 평화체제로 전환해야 한자는 주장도 지속적으로 제기되었다. 하지만 이는 북한이 비핵화를 전제로 6자회담에 복귀해야 가능할 일이었다. 이러한 상황에서 착목한 것이 위에서 말한 한미중 3국에 의한 소다자회담의 틀이라 할 수 있었다. 소다자회담은 6자회담을 보완하고 북핵 문제로 인한 미중 대립 격화를 방지하는 효과도 기대되었다(손병권 2015, 135).

유연한 전략적 사고가 필요하다

한반도의 운명이 대륙세력과 해양세력의 팽창과 수축에 의해 결정되어 왔다는 반도의 숙명론은 우리나라 지정학의 한 축을 차지하고 있다. 한반도의 운명이 외부의 세력에 의해 결정된다는 주장은 한반도의 반도적 위치가 가지는 피할 수 없는 숙명이며, 따라서 한반도의 생존전략은 외부와의 관계설정으로 인해 결정된다는 지정학적 논리는 국가경영의 논리로 자리 잡아 왔다. 또한 이러한 지정학적 주장은 문화 전반에 뿌리내리고 있어, 대륙과 해양에 '끼인' 위치로서의 반도의 위치를 부정적이고 수동적인 방식으로 해석하는 방식이 확대·재생산되고 있다. … 최근의 비판지정학자들은 이러한 고전지정학적 명제는 국가의 외교전략을 보수적인 방향으로 유도하며, 국방에 대한 과도한 투자를 이끌어 낸다고 비판했다. 또한 이러한 고전지정학적 명제가 미디어에 의해 재생산되면서 국제 협력이나 평화보다는 경쟁, 힘의 논리, 힘에 의한 평화가 현실적이라는 그릇된 사고를 주입한다고 비판하였다(지상현 2013, 299).

박근혜 정부의 대중 어프로치가 낳은 최대의 유산은 중견국 외교의 후퇴와 약소국 의식의 재부상이었다. 지리적으로 한반도에 가장 인접하며 게다가 힘의 비대칭성이 여실한 중국의 존재는 그 자체만으로 잠재적 위협이 된다. 그 때문에 자연스럽게 자율성이나 자주를 희구하는 사상적 관성이 강하게 작용한다. 한국의 약소국 의식은 특히 '반도숙명론'이라는 고전지정학적 사고와 깊은 친화성을 갖는다. 한반도는 해양세력과 대륙세력의 충돌 지점이자 세력 간 완충지대로 정의되며 강대국의 패권경쟁의 피해자라고 하는 지리결정론적 사고가 유포되기 쉽다는 말이다.[25] 중국은 한반도를 순망치한脣亡齒寒으로, 미국은 대륙에의 세력

---

[25] 지상현(2013)은 19세기 초부터 최근까지의 통계를 볼 때 반도가 대륙세력의 해양 진출이나 해양세력의 대륙 진출로 인해 침략을 받은 사례가 적은 점을 들면서 반도숙명론은 근거가 약하다고 주장한다.

확장을 위한 교두보로 본다고 인식하는 것이 한국 측의 일반적 경향이다. 여기에 역사적 경험들이 현재로 소환되어 재구성되고 위와 같은 인식론적 경향은 더욱 견고해진다. 최근 미(일)·중 간 경쟁구도가 16세기 임진왜란, 19세기 말 청일전쟁, 20세기 초 러일전쟁, 한국전쟁, 그리고 미소 양대 진영 간 냉전의 연장선상에 있다는 주장들을 쉽게 접할 수 있는데 이들도 예외는 아니다(조영남 2012, 270; 이재석·조성훈 2015; 서정경 2016, 140).

이러한 숙명론은 특히 친미 보수파에 의해 강조, 선전된다. 주된 소재는 북한 문제다. 예를 들어 북한 유사시나 북한 정권이 붕괴할 경우 중국이 군사적으로 개입할 가능성이 크다는 주장을 자주 접할 수 있다(박창희 2015). 중국의 의도에 대한 불신은 이에 머물지 않는다. 시진핑 지도부가 한국에 접근하여 한미동맹이나 한미일 안보협력 체제를 이간하려 한다거나 또는 중국이 "한국에게 핀란드화를 요구하고 있다"(동아일보 사설 2016.8.26.)는 주장도 보인다. 이들의 담론은 인권, 민주주의, 시장경제 등과 같은 보편적 가치를 기준으로 중국 정치체제의 이질성을 부각시키려는 점에서 미일 양국의 대중 강경론자들과 공명한다. 이들의 해법은 단순하다. 중국은 미국의 대안이 될 수 없으며 결국 한국이 믿을 수 있는 것은 한미동맹, 그리고 한일 안보협력뿐이라는 것이다. 한미동맹과 한미일 안보협력이 강화되면 한국의 대중 전략적 가치가 제고되어 한중관계도 발전될 것이라는 미국 측의 주장에도 주저하지 않고 동의한다(빅터 차 2016, 224).

위의 사례를 통해 박근혜 정부의 내공 선략적 사고에서 몇 가지 의미 있는 측면들을 확인할 수 있었다. 첫째, 박근혜 정부는 역대 정부와 마찬가지로 대중 어프로치의 중핵에 북한 문제 / 한반도 통일 문제를 위치시켰다. 이러한 북한/한반도 환원주의는 한중관계를 북핵 등 제3의 변수에 취약하게 하며 더욱 본질적으로 중국 그 자체를 대상으로 하는 전략 구상과 정책 운영을 어렵게 했다. 둘째, 균형외교의 시도는 김대중, 노무현, 이명박 정부를 거치면서 구체화되어 온 중건국 외교의 욕구를 반영했다. 미중 사이의 조화 내지 미중 대립의 탈피를 의도한 것인데, 현실적으로는 북한 문제 해결에 있어서 중국의 역할에 적지 않게 기대했다. 강대국에 의존한 약소국 외교라는 본질을 내재한 중건국 외교라고 할 수 있으며, 이는 보수정권이든 진보정권이든 최근의 공통된 지향성이었다. 하지만 중국과 전략적 인식의 공유를 증진시키지 못하고 특히 북핵 해결의 입구전략 마련에 실패했다는 점은 기본적인 한계였다(이문기 2016). 한편, 중건국가론은 강대국들 사이의 '중간'에 위치하며 패권을 추구하지 않고 협력을 이끌어 낼 수 있다고 하는데 이는 한반도를 대륙세력과 해양세력 사이의 교량 역할로 보는 시점과 친화성을 갖는다(지상현 302-305). 결국, 중건국 외교조차도 큰 틀에서 보면 현실주의적 세력균형론과 '대륙-해양' 이분법적 시각에서 자유롭지 못한 셈이다.

셋째, 박근혜 정부의 대일 위안부 문제 중시는 한중 간 대일 과거사 연대를 위한 촉매제로 작용했으며 한일 안보협력을 정체시켰다. 한중 연대와 한일 안보협력 정체, 그리고 한국의 TPP에 대한 미온적 자세는 오바마 정부의 재균형 전략, 그리고 시진핑 지도부의 지정학적 대응이 정면충돌하여 결과적으로 동북아시아의 지정학적 단층이 심화되는 것을 일시적으로나마 저지시켰다. 이는 한미동맹의 대중 미션 수행에 대한 한국 내의 광범위한 거부감을 배경으로 한 것이었다.[26] 시라이시와

---

26 물론 미국, 일본, 유럽, 동남아 국가들이 중국의 팽창에 대비하여 지정학적 전선을 구축하고 있는데 한국도 이러한 대세에 동참해야 한다는 주장도 일부 존재한다(유민호 2015, 240-241).

가와시마(白石·川島 2015, 41)는 중국·북한을 상정한 일본, 호주, 필리핀으로 이어지는 동맹 네트워크에 대해 한국 연구자들이 자국의 특수한 지정학적 위치와 역사적 경위를 들면서 미온적인 반응을 보이는데 그러한 네트워크 구축 자체가 한국의 안보관을 심각하게 도전하는 것이라고 말한다. 정곡을 찌른 지적이다.

　결국, 유연하고 상상력이 풍부한 전략적 사고가 관건이다. 반도숙명론이나 강대국 결정론 등과 같은 기존의 틀에 박힌 인식이나 고정관념은 건설적인 전략적 사고에 최대의 장애요인이 된다. 한반도 문제를 미중 간에 벌어지는 세계정치 차원의 전략 게임으로부터 분리해 내면서 동시에 미중 갈등을 완화시키거나(윤영관 2015), 한반도 외교의 한반도화라는 발상에서 남북관계를 한미, 한중 관계 위에 놓고 강대국 결정론을 극복하기 위한 방안 등이 고안되어야 할 것이다(문정인 2017). 또한 남북 간 평화공존을 제도화하고 미중 간 긴장을 완화하기 위해 6자회담을 어떻게 활용할 것인지에 대해서도 다각적이고 심도 있는 논의가 이루어져야 할 것으로 보인다.

참고문헌

이동률. 2017. "남중국해 갈등과 한국의 선택." 미중관계연구센터(편)『미·중 사이 한국의 딜레마: 사례와 평가』 서울: 도서출판 코보, pp. 75-91.
김우상. 2016.『중견국 책략: 미·중 사이 한국의 스마트 외교』. 세창출판사.
김한권. 2016. "대북 제재국면을 바라보는 한중의 시각 차이."『한일협력』(가을호), pp. 104-115.
김형주. 2017. "사드 문제와 한중경제관계. 고려대 아세아문제연구소 제1차 ARI 세미나, 사드 문제와 한중 외교 및 경제관계 발표자료(2017.4.4.)
김희상. 2016. "사드의 군사정치학: 중국 압박에 끌려가는 건 국가적 자살행위.『신동아』(3월호), pp. 132-141.
김흥규. 2015. "시진핑 시기 중국의 대한반도 전략사고의 변화와 함의.『신아세아』22권 4호(겨울호), pp. 36-59.
김흥규. 2015a. "시진핑 시기 중국 대외정책 분석."『KDI북한경제리뷰』17호(11월호), pp.3-17.
김흥규. 2017. "[新東亞-미래硏 연중기획 中·國·通] 시진핑-트럼프 '제2의 가쓰라-태프트 밀약' 우려돼."『신동아』(6월호), http://shindonga.donga.com/3/home/13/927367/1 (검색일: 2017.5.27.)
킴, 새뮤얼(김병로 역). 2006.『한반도와 4강 대국』. 서울: 한울.
문정인. 2017. "[중앙시평] 문재인 외교가 성공하는 길."『중앙일보』(5월 20일).
민귀식. 2012. "상호인식." 이희옥·차재복(편)『1992~2012 한중관계 어디까지 왔나: 성과와 전망』 서울: 동북아역사재단, pp. 223-253.
박광득. 2016. "사드 배치 문제와 중국에 대한 외교전략 연구."『통일전략』제16권 제4호, pp. 39-74.
박창희. 2015. "북한급변사태와 중국의 군사개입." 이재석·조성훈(편). 2015.『한반도 분쟁과 미국의 개입』 서울: 선인, pp. 221-252.
박철희. 2016a. "위안부 합의, 한·미·일 북핵 대응 물꼬."『뉴시스』(2월 15일).
박철희. 2016b. "한·일 안보협력은 사치품이 아니다."『조선일보』(6월 26일).
백창재. 2012. "미·중 관계와 한국." 장달중·함택영(편)『21세기 한국외교와 국가이익』. 서울: 사회평론, pp. 319-343.
차, 빅터. 2016. "[단독인터뷰] 사드는 필연적 선택이며 정치적으로 이용하면 안돼, 중국의 보복은 오래갈 수 없어."『월간조선』(9월호), pp. 216-225.
서승원. 2014a. "박근혜 정부와 아베 정권의 한·일 관계, 그리고 야스쿠니 참배의 후폭풍." 김영근·서승원 엮음.『저팬리뷰 2014』. 서울: 인터북스, pp. 19-55.

서승원. 2014b. "시진핑과 아베 신조의 중일관계: 군사·안보적 고려, 지정학적 환원주의, 그리고 민족주의 게임."『일본연구논총』Vol. 39, pp. 153-186.
서승원. 2015. "일본 아베 정권의 집단적 자위권과 중국: 대중 억지 그리고 NO.2의 욕망."『아세아연구』제58권 제4호(통권 162), pp. 72-102.
서정경. 2016. "지정학적 관점에서 본 2015년 한반도 정세: 미중관계를 중심으로." 이희옥·먼홍화(편).『동북아 정세와 한중관계』. 서울: 성균관대학교출판부, pp. 136-154.
손병권. 2015. "미국의 아시아, 대중전략 변화와 한국의 대미전략." 전재성(편).『미중 경쟁 속의 동아시아와 한반도』. 서울: 늘품플러스, pp. 85-144.
손열. 2016. "서론: 한국의 중견국 외교, 개념과 역사." 손열·감상배·이승주(편).『한국의 중견국 외교: 역사, 이론, 실제』. 서울: 명인문화사, pp. 1-25.
왕지쓰. 2010. "중국의 대미 정책: 협력 vs. 대항." 문정인.『중국의 내일을 묻다』. 서울: 삼성경제연구소, pp. 117-144
우정엽. 2017. "대응 미숙으로 정치 문제화된 THAAD 배치." 미중관계연구센터(편).『미·중 사이 한국의 딜레마: 사례와 평가』. 서울: 도서출판 코보, pp. 47-73.
유민호. 2015. "[해외포커스] 지정학적으로 고립되어 가는 한국: 美 의회, '朴權惠의 親中정책보다 反日정책 더 불편'."『월간조선』(9월호), pp. 230-241.
윤영관. 2015.『외교의 시대』. 서울: 미지북스. [송호근. 2016. "중국이냐 한·미·일 동맹이냐…백가쟁명."『신동아』(11월호), pp. 208-211에서 재인용]
윤영관. 2017. "[新東亞-미래硏 연중기획 中·國·通] 中, 탐색전·심리전 능란, 약해 보이면 더 밀어붙여.『신동아』(1월호), pp. 364-373.
이문기. 2016. "박근혜 정부 시기 한중관계 평가와 바람직한 균형외교 전략의 모색."『현대중국연구』제18권 제2호, pp. 111-145.
이상신·장희경. 2011. "친중과 반미의 경계: 중국 국가이미지의 결정요인 연구."『국제정치논총』제51집 4호, pp. 109-124.
이기완. 2016. "북한의 핵·미사일 위협과 동북아 국제관계: THAAD 배치의 정치동학."『국제관계연구』제21권 제2호, pp. 5-29.
이선진·신정승·임홍재·양봉렬·조병제. 2013.『대사들, 아시아 전략을 말하다』. 서울: 늘품플러스.
이수훈. 2013.『동북아 공동의 미래를 생각한다』. 서울: 선인.
이재석·조성훈(편). 2015.『한반도 분쟁과 미국의 개입』. 서울: 선인.
이정남·하도형. "9장. 동아시아 지역 미중 경쟁 구도 강화에 따른 한국인의 대미·대중 인식 변화." 이내영·윤인진(공편).『한국인의 정체성: 변화와 연속, 2005-2015』. 서울: 동아시아연구원, pp. 235-258.
이춘근. 2016.『미중 패권 경쟁과 한국의 전략: 미중 충돌과 한국의 지정학적 위험 그리고 통일』. 서울: 김앤김북스..

이희옥. "정책신뢰를 강화한 한중관계." 이희옥·먼훙화(편)『동북아 정세와 한중관계』. 서울: 성균관대학교출판부, pp. 12-25.
장달중·김갑식. 2012. "서장. 21세기 동아시아 질서와 국가이익의 재구성." 장달중·함택영(편).『21세기 한국외교와 국가이익』. 서울: 사회평론, pp. 15-32.
장량. 2015. "전승절 열병식에 숨은 중국의 속셈: 한국 주도 통일? 베이징은 원치 않는다!."『신동아』(10월호), pp. 152-157.
정재호. 2008.『중국의 '부상'과 한반도: 상호인식과 전략적 선택』. 서울: 대한발전전략연구소.
정재호. 2017. "총체적 평가와 제언." 미중관계연구센터(편).『미·중 사이 한국의 딜레마: 사례와 평가』. 서울: 도서출판 코보, pp. 93-108.
조갑제. 2015. "박근혜의 위험한 도박: 친미자주 노선에서 친중사대로 갈 위험."『월간조선』(10월호), pp. 102-117.
조세영. 2017. "일본군 '위안부' 문제의 재구성.『한일협력』(여름호), pp. 26-39.
조영남. 2012. "한·중 관계의 장래." 장달중·함택영(편)『21세기 한국외교와 국가이익』. 서울: 사회평론, pp. 251-279.
지상현. 2013. "반도의 숙명: 환경결정론적 지정학에 대한 비판적 검증."『국토지리학회지』제46권 3호, pp. 291-301.
지상현. 2016. "갈등과 협력의 지정학: 동향과 과제."『국토지리학회지』제50권 3호, pp. 295-314.
차정미. 2012.『한국인의 대중국 인식변화와 그 요인』. 서울: 연세대학교 대학원 정치학과 박사학위논문.
최종건. 2017. "주한 미군의 THAAD 배치 수용과 한국의 딜레마. 미중관계연구센터(편).『미·중 사이 한국의 딜레마: 사례와 평가』. 서울: 도서출판 코보, pp. 59-73.
현인택. 2017. "[新東亞-미래硏 연중기획 中·國·通] 中 반대로 사드 배치 못하면 국가로서 치명적인 일."『신동아』(1월호), pp. 200-211.

白石隆·川島真. 2015. "習近平は真に強いリーダーか."『中央公論』(10月号), pp. 30-41.
添谷芳秀. 2015.『韓国知識人との対話II: 米中の狭間を生きる』. 東京: 慶應義塾大学出版会.

Arase, David. "The Geopolitics of Xi Jinping's Chinese Dream: Problems and Prospects." *Trends in Southeast Asia*, No. 15 (November 2016). ISEAS Yusop Ishak Institute.
Bae, Jong-Yun. "South Korean Strategic Thinking toward North Korea: The Evolution of the Engagement Policy and Its Impact upon U.S.-ROK Relations." *Asian Survey*, Vol. 50, No. 2 (March/April 2010), pp. 335 355.
Baldwin, David A. 1969. "Foreign Aid, Intervention, and Influence." *World Politics*,

Vol. 21, No. 3 (April), pp. 425-447.
Baldwin, David A. 1985. *Economic Statecraft*. Princeton: Princeton University Press.
Kim, Taeho. "South Korea and a Rising China: Perceptions, Policies and Prospects." Herbert Yee and Ian Storey (eds.). *The China Threat: Perceptions, Myths and Reality* (New York: RoutledgeCurzon, 2002), pp. 166-180.
Chung, Jae Ho and Jiyoon Kim. 2016. "Is South Korea in China's Orbit?: Assessing Seoul's Perceptions and Policies." *Asia Policy*, No. 21 (January), pp. 123-145.
Cheong, Wooksik. "Absolute Anxiety: Steer Clear of US-Led Missile Defense." *Global Asia*, Vol. 9, No. 2 (Summer 2014), pp. 66-69.
Cha, Victor. "Engaging China: The View from Korea." in Alastair Iain Johnsotn and Robert S. Ross (eds.). *Engaging China: The Management of an Emerging Power* (London and New York: Routledge, 1999), pp. 32-56.
Ikenberry, John G. 2016. "Between the Eagle and the Dragon:America, China, and Middle State Strategies in East Asia." *Political Science Quarterly*, Vol. 131, No. 1, pp. 9-43.
Latham, Andrew A. "China in the Contemporary American Geopolitical Imagination." *Asian Affairs: An American Review*, Vol. 28, No. 3 (2001), pp. 138-145.
Moon, Chung-in and Seung-Chan Boo. 2015. "Korean Foreign Policy: Park Geun-hye Looks at China and North Korea." in Takashi Inoguchi (ed.). *Japanese and Korean Politics: Alone and Apart from Each Other*. New York: Palgrave Macmillan, pp. 221-248.
Rozman, Gilbert. 2010. *Chinese Strategic Thought toward Asia*. New York: Palgrave Macmillan.
Rozman, Gilbert. 2011. "Chinese Strategic Thinking on Multilateral Regional Security in Northeast Asia." *Orbis*, Vol. 55, No. 2 (Spring), pp. 298-313.
Swaine, Michael D. 2017. "Chinese Views on South Korea's Deployment of THAAD." *China Leadership Monitor*, Issue 52 (February 14), http://www.hoover.org/research/chinese-views-south-koreas-deployment-thaad (검색일: 2017.4.30.)

제2부

일본의 중국 인식

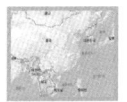

5장

일본의 국제질서관과 중국
탈아시아의 인지적 관성 중심으로

김남은

　냉전체제의 붕괴와 더불어 동아시아 국제체제에서 지난 30여 년의 기간 동안 나타났던 가장 큰 구조적 변화는 지역 강대국으로서의 중국의 부상과 일본의 상대적인 경제적 침체를 들 수 있다. 중국은 1990년대 급속한 경제성장으로 세계정치의 하나의 '극'으로 부상했으며, 구체적인 2010년 통계에 따르면 GDP와 국방비 지출 면에서는 미국에 이어 세계 2위를, 인구(13억 3,800만 명)와 현역병 보유수(220만 명)에서는 세계 1위를 기록하고 있다(남궁일·양일국 2012, 268). 뿐만 아니라 지역적으로도 건국 이후 최초의 아시아 정책이라고 할 수 있는 '선린우호' 노선의 천명과 함께 '책임외교'의 시행을 통해 중국의 지역적 위상을 견고히 하고 있다(정재호 2006, 13).

이와는 대조적으로 일본은 1990년대 버블경제가 붕괴되면서 시작된 경기침체로 인해 사실상 마이너스 성장을 지속해 왔으며, 경기부양을 위한 과도한 재정지출로 인해 정부 부채비율이 OECD 국가 중 가장 높은 국가총생산의 2배를 초과하였다(이갑윤 2013, 72). 게다가 2010년 9월에 발생한 센카쿠 열도 중국 어선 충돌 사건에서 일본 정부가 보여준 일방적 굴욕, 그리고 2011년 3월에 발생한 동일본 대지진 사태를 통해 적나라하게 노정된 일본 사회의 총체적 모순은 중국의 부상과 일본의 퇴조를 각인시키기에 충분한 것이었다(이동준 2012, 185).

'중국 위협론'이 가장 먼저 언급된 것은 1992년 발표된 로스 먼Ross H. Munro의 "깨어나고 있는 용: 아시아의 진정한 위험은 중국에서 나온다Awakening Dragon: The Real Danger in Asia is coming from China"라는 논문으로 알려져 있다. 이 글에서 먼로는 중국의 경제성장, 정치적 영향력 상승, 군사적 팽창으로 인해 중국이 미국에 대한 위협의 대상으로 변화해 가고 있다고 지적하였다(채현위 편 1998, 252-258). 이후 미국에서는 중국을 '호전성을 지녔으며 급속히 발전되고 있는 국가'로서 '새로운 악마의 제국'이라고까지 평가했으며, 특히 가치관, 생활양식, 전통 등의 차이로 인해 미중 양국 간의 충돌 가능성이 높다고 전망하였다(Samuel Huntington 1993, 22-49).

일본은 1990년 중후반으로 들어서면서 서서히 중국을 주목하기 시작하였다. 이는 미국에서 건너 온 '중국 위협론'의 영향도 크지만, 무엇보다 이전과는 달리 중국이 무기의 진을 증시하면서 무기의 현대화를 꾀하기 시작했다고 판단했기 때문이다(防衛省 1998, 28). 특히 1995~96년에 일어난 대만해협 위기는 일본이 중국을 안보와 국제질서에 대한 실재적 위협으로 느끼기에 충분한 것이었다. 2004년 12월에는 『방위백서』를 통해 중국의 군사적 첨단기술은 일본의 안보에 중대한 위협 요인이 될 것이므로 이를 면밀히 관찰해야 한다고 밝히면서, 중국을 북한과 함께 일본에 위협이 되는 국가로 지목하였다(防衛省 2004, 29-31). 또한 2015년 『방위백서』에서는 중국에 대한 내용 기술에 보다 많은 지면을 할애하고 있는데, 그 중에서도 중국이 남사군도 및 센카쿠 열도 등 인근 해양과 관련된 이권을 둘러싸고, 자신들의 일방적인 주장을 타협 없이 그대로 실현하고자 하는 자세를 보이고 있다고 지적하면서, 더욱 노골적으로 경계심을 표출하고 있다(防衛省 2015, 33).

이처럼 중국의 부상에 따른 일본의 적대감은 외교·안보 분야에서 두르러지게 나타나고 있다. 일본은 중국의 부상을 지역 최대의 불안정 요인으로 보고 있으며, 중국의 의도를 지역 세력권 확대, 더 나아가 미국을 배제한 형태의 패권 추구로 보는 경향이 강하다(서승원 2016, 6-8). 그러나 중국의 부상을 '새로운 현상'으로 바라보는 것 자체가 하나의 '인지적 관성'이라는 측면에서 재고해 볼 필요가 있다. 일본의 의식구조에는 '탈아입구脫亞入歐'[1]를 완수한 일본이 중국보다 우월하다는 관념, 즉 '탈아시아'적 서열 의식이 뿌리 깊게 자리 잡고 있으며, 이러한 인식은 2000년대 들어 '위협'이라고까지 불리는 중국 경제의 괄목한 성장에도 불구하고 크게 달라지지 않았다. 일본은 여전히 아시아 국가들보다는

---

[1] 탈아입구란 후진의 아시아 국가들에서 벗어나 일본 자신의 운명을 서구의 선진국가와 함께 해야 한다는 것으로, 일본이 근대 이후의 서구화를 말할 때 떠올리는 말 중 하나이다. 여기에서 '아시아'란 지리적 개념이 아니라 문명 개념, 즉 중화문명권을 의미하는 것이기 때문에 탈아입구는 중화문명권을 벗어나 서구문명권으로 들어간다는 뜻이 된다. 하지만 이는 단순히 A에서 B로 옮긴다는 말이 아니라 후진적인 문명에서부터 선진적인 문명으로 나아간다는 분명히 가치판단을 동반한 말이다(미조구치 유조 2009, 12).

서구를 선호하며, 서구와의 유사성을 강조하는 데 많은 노력을 기울이는 것으로 스스로를 아시아와 구분해 왔다. 1999년 도쿄에서 유럽과 일본을 주제로 한 학술회의에서는 일본이 유럽연합에 가입해야 한다는 제안마저 나오기도 하였다.

그렇다고 하더라도 1997년 OECD의 보고서에 대한 일본의 반응에서는 중국의 부상에 따른 일본의 초조함과 당혹감이 어느 정도인지를 가늠할 수 있다. 이 보고서는 2020년 구매력평가(PPP)를 기준으로 볼 때 중국이 미국과 일본을 능가할 것이라고 판단하고 있으며, 이에 대한 일본 외무성의 반응은 "그런 엉터리 연구를 한 OECD로부터 일본은 탈퇴해야 한다"는 것이었다(谷口誠 2004, 71-72). 뿐만 아니라 1996년 일본 연례 여론조사에서 처음으로 중국에 대한 비우호적 감정을 가지는 사람 수가, 우호적인 감정을 가진 사람 수를 앞서고 있는 것도 중국의 부상에 대한 일본의 충격을 잘 드러내고 있는 사례라고 할 수 있다. 일본 내각부가 2016년 1월에 실시한 '외교에 관한 여론조사'(조사기간: 1월 7일 ~ 1월 17일)에서는 중국에 대해서 '친근감을 느낀다'는 인식이 14.8%, '친근감을 느끼지 않는다'는 인식이 83.2%로 중국에 대한 일본의 적대감이 사상 최악임을 알 수 있다(內閣府 2016년 3월).[2]

---

2 內閣府 "外交に関する世論調査"(2016년 3월). http://survey.gov-online.go.jp/h27/h27-gaiko/gairyaku.pdf (검색일: 2017년 4월 16일).
같은 해 10월과 11월에 걸쳐 실시한 같은 조사에서는 중국에 대한 적대감이 조금은 호전된 듯 보였으나, 2000년대 초 이래 중일 관계가 급격하게 악화된 것에 비하면 그 수치는 매우 미흡한 것으로 일본의 대중 인식이 호전된 것으로는 볼 수 없다. 구체적인 수치는 중국에 대해 "친근감을 느낀다"가 14.8%→16.8%, "친근감을 느끼지 않는다"가 83.2%→80.5%이며, "현재 중일관계"에 대해서 "양호하다고 생각한다"가 9.5%→12.5%, "양호하게 생각하지 않는다"가 85.7%→83.0%이다(內閣府 "外交に関する世論調査" 2016년 12월). http://

그러나 중국은 어느 날 갑자기 나타난 거인이 아니다. 전전, 전후를 막론하고 일본에게 중국은 언제나 부담스럽고 외교정책의 핵심적 상수를 차지하는 존재이다. '중국은 누구이고 어떻게 상대해야 하는가'라는 문제는 과거 일본의 최대 화두였고 현재와 미래에도 피할 수 없는 난제이다(이동준 2012, 185). 그럼에도 불구하고 일본은 중국의 부상에 대한 준비가 덜 되어 있으며, 그것을 믿을 수도 아니 믿으려고도 하지 않는다. 오히려 중국의 부상이 곧 사라지기를 바라거나 이 모든 것이 상상 속에서 꾸며진 허구이기를 바란다(마틴 자크 2010, 405). 즉 일본은 중국을 자국보다 열등한 국가로 간주하면서 중일관계를 종적인 관계로 파악해 오던 인식의 변화를 강요받기 시작한 것이다.

본 연구는 여전히 일본에 팽배해 있는 이러한 서열 의식에 기반을 둔 중일관계에 대한 '인지적 관성'을 문제 삼고 있다. 중국의 부상에 대한 일본의 충격은 '처음으로 중국에 추월당하고 있다'는 느낌과 표리관계를 이루는 것이며, 현재 일본은 이러한 자신들의 '탈아시아' 인식과 중국의 부상이라는 갭으로 인해 생겨난 '인지적 부조화'를 어떻게 극복해야 하는가'라는 문제에 직면해 있다. 이에 본 연구는 일본의 국제질서관에 잠식되어 있는 대중 인식의 역사적 문맥, 특히 그것이 선명하게 드러난 근대 지식체계의 차별구조(근대 문명론적 서열 의식)를 밝혀내는 것으로 일본의 대중 인식 패러다임의 가장 본질적인 문제를 제3자적 시점에서 조망해 보고자 하는 것이다.

---

survey.gov-online.go.jp/h28/h28-gaiko/gairyaku.pdf (검색일: 2017년 4월 16일).

선행 연구 검토 및 분석틀

탈냉전 이후 국제사회에서는 '중국의 부상이 위협인가, 기회인가', 내지는 '중국의 부상은 지역 최대의 불안정 요인인가, 그렇지 않은가'와 같은 비관론과 낙관론으로 구분 짓는 논의와 연구가 주류를 이루어 왔다.[3] 낙관적 시각은 중국도 다른 국가들과 마찬가지로 국제사회에서 국익을 추구하기 위해 기존의 질서를 수용해야 하며, 그 질서를 전복할 수 있는 역량이 있기 전까지는 자세를 낮추고 공존을 모색할 수밖에 없다고 판단하거나(Tylor Patric E. Tylor 1999, 46-40), 자유로운 국제무역과 경제적 상호의존의 확대가 양국 간 패권 다툼보다는 상호협력의 가능성을 높일 것이라고 전망한다(Friedberg Aron L. Friedberg 2005, 12-16; Johnston Alastair Iain Johnston 2003, 38-49).

반면 비관론은 중국의 경제적 성장이 군사적 팽창으로 이어져 중국은 미래에 패권국의 지위를 얻기 위해 필연적으로 도전할 것이며 그 과정에서 다양한 갈등과 분쟁이 있을 것이라는 입장(John Mearsheimer 2001)과, 미국을 위시한 자유진영과 중국과의 상이한 이념과 역사 문화적 배경 등으로 인해 얼마든지 갈등이 심화될 수 있다는 입장으로 소급된다 (Shambaugh David Shambaugh 1996, 180-209).

국내에서도 중국 위협론의 형성과정을 살펴보거나 경제적, 군사적, 안보적 측면에서 분석한 연구가 주류를 이루고 있으며(차창훈 2004; 이종민 2007; 유종선 2009; 정주연 2014), 국제여론조사를 통한 실증석 분석을 시도

---

[3] 중국의 부상을 보는 학계의 논쟁 구도에 대해서는 이내영·정한울 2007 참조

한 연구나(이내영·정한울 2007; 서진영·강수정 2008), 중국 위협론의 사상적 배경을 고찰한 연구도 있다(김종섭 2002). 이외에도 중국 위협론에 대한 비판적으로 접근한 연구도 존재한다(박홍서 2000; 김상길 2016). 기존 연구와 같이 중국의 경제력과 군사력 등 종합국력 측정을 통해 중국의 능력을 객관적으로 평가하는 일은 매우 중요하다. 더불어 중국의 부상이 동아시아와 세계질서에 어떠한 영향을 미칠 것인가를 밝히기 위해서는 중국의 국가전략이나 대외정책 등을 통한 중국의 의도를 분석하는 것이 필수불가결하다는 점에서 기존 연구성과의 중요성은 말할 필요도 없다.

그러나 이러한 연구들은 중국의 부상을 '위협' 혹은 '기회'로 구분하는 것으로 논쟁의 스펙트럼을 단순화시키는 경향이 있다. 특히 '위협'이라는 발상 자체가 '멸시'의 반대 개념으로 역사적인 차별구조의 산물이라는 점을 고려하지 않으면 안 된다(미조구치 유조 2009, 24). 게다가 이해당사국들이 중국의 부상을 어떻게 인식하고 있는가에 대한 측면을 간과함으로써, 중국의 영향력을 어떻게 바라보느냐에 따라 중국의 부상에 대한 인식이 달라질 수 있다는 점을 부각시키지 못하는 문제를 안고 있다.

최근에는 이러한 이분법적 논쟁의 한계를 지적하는 연구가 확산되고 있다. 대표적으로 중국의 부상이 국제사회의 안정과 발전에 기회와 위기를 동시에 제공하고 있다는 점을 강조함으로써, 이 간극을 어떻게 조율할 것인가에 초점을 맞추고 있는 연구가 주목된다(서진영 2006; 정재호 편 2006). 앞서 언급한 국제여론조사를 통한 실증적 분석이나 사상적으로 접근한 연구들도 기존 연구의 이러한 한계를 지적하고 있으며, 중국의 부상에 대한 인식의 다양성과 복합성을 설명하고자 했다는 점에서 기존 연구들과 차별성을 지닌다. 그러나 중국의 부상에 대한 논의를 보다 현실적이고 건설적인 방향으로 이끌기 위해서는 중국의 패권 추구 능력과

의지를 검증하는 것 이외에도, 중국을 바라보는 이해당사국의 인식이라는 또 하나의 변수를 염두에 두어야 할 필요가 있다.

본 연구는 이러한 논의의 연장선에서 '넓은 의미의 인식(이미지, 인식/오인, 관념, 개념 등)은 국가의 전략적 사고를 규정하는 중요한 토대 중 하나'[4]라는 전제에서 출발하였다.[5] 즉 일본과 아시아 국가 간의 분쟁 대부분은 '역사적' 사실의 문제라기보다는 변화하는 정체성과 역내 정치적 관계에서 발생하는 것이며, 이것은 일본과 이해 당사국이 서로와 자기 자신의 역할을 어떻게 생각하는가에 대한 확실한 척도가 된다는 것을 전제로 삼은 것이다(David Kang 2007, 169-174). 이때 국가의 상호작용에 있어서 각각의 행위자가 어떠한 이유에서, 그리고 무엇을 행위의 기준으로 삼고 있는가를 파악하는 것이 중요하며, 또한 이를 위해서는 주체의 관습적 행위나 국제체제의 조직 원리에 대한 역사적 이해와 작업이 요구된다(Friedrich Kratochwill 1995, 14-16).

---

4 서승원에 의하면 외교·안보적 측면에서 중국에 대한 한일 양국의 인식 차이는 무시할 수 없을 정도로 크다. 중국의 부상을 한국 측은 정상적인 아시아로의 회귀로 보지만 일본 측은 지역 최대의 불안정 요인으로 본다. 한국인의 대중 위협 인식은 놀라울 정도로 낮지만, 일본인의 그것은 한국 측의 입장에서 보면 지나치게 높다. 한국인은 중국의 군사력을 잠재적 위협으로 보는 데 비해, 일본인은 안보 및 국제 질서에 대한 실재적 위협으로 본다. 중국의 의도에 대해 한국 측은 G2 시대의 도래로 보지만, 일본 측은 미국을 배제한 형태의 패권 추구로 본다. 이처럼 중국에 관련된 제반 이슈에 대해 각기 다르게 인식하고 해석하는 것은 각자의 이해관계, 국가정체성, 역사적 경험, 정치체제, 국민적 정서 등을 고려하면 결코 부자연스러운 현상이 아니다(서승원 2016, p.1).

5 '신념'(beliefs)이라고 정의하는 '아이디어'(ideas)가 정치적 결과, 특히 외교와 관련된 것들을 설명하는 데 어떻게 도움을 주는지, 또한 이와 같은 시각으로 국제정치를 분석하는 것이 얼마나 다양한 해석을 가능하게 하는지에 대해서는 Judith Goldstein and Robert Keohane 1993; 전재성 1999; 정진영 2000 참조.

일본의 중국 인식 = 일본의 자화상

일본은 아시아인가라는 물음

일본의 대중 인식을 논하기 이전에 먼저 '일본은 아시아인가'라는 물음에 답할 필요가 있다. 일본이 중국을 바라보는 사고에는 일본이 스스로를 어떻게 규정하고 있는가에 대한 시각과 입장이 존재하며, 이러한 틀을 통해 사고하는 관성은 현재까지도 이어지고 있기 때문이다. 일본이 자신들의 좌표를 설정하고자 할 때, 의식적 혹은 무의식적으로 중국을 매개로 하여 사고하는 관성은 메이지 이전이나 이후, 그리고 지금도 변하지 않았다. 예를 들어 최근 일본 매스컴에 범람하는 다분히 선동적인 중국 이미지는 '대국' 중국의 부상에 대한 위기의식의 표출임과 동시에 일본의 상대적 박탈감의 노골적 반영인 것이다. 말하자면 일본의 중국 담론은 중국만이 아니라 일본 자신의 이미지가 투사된 스크린과도 같은 의미 공간이다(이동준 2012, 185).

일본은 지리적으로 아시아에 위치하고 있으며 일본의 사회나 문화에도 아시아적인 요소가 내포되어 있다. 그럼에도 불구하고 서구를 중시하고 아시아를 경시하는 경향은 일본의 의식 깊은 곳까지 물들어 있다. 일본인의 대외 인식에 관한 여론조사에서 서구를 좋아하는 나라, 친밀감을 느끼는 나라, 신뢰할 수 있는 나라로 답한 반면, 아시아를 싫은 나라, 친밀감을 느끼지 않는 나라, 신뢰할 수 없는 나라로 답하고 있는 것에서도 알 수 있듯이(渡辺良智 2006, 35-36), 일본의 눈은 여전히 아시아보다 서구를 향하고 있다. 그리고 그 배경에는 19세기 후반 아시아로의 세력 팽창을 통해 근대화와 서구화의 기반을 마련한 일본의 우월의식이 존재한다. 와카미야 요시부미若宮啓文가 지적하고 있는 것처럼 일본은 "한편으로 '탈아입구'의 전통이 면면히 살아있고, 다른 한편으로 '대동아공영권'의 환영, 혹은 '대大아시아'에의 동경이 살아있는"(와카미야 요시부미 1996, 4-5) 로망을 추구하면서 아시아와 마주 대해 왔으며, 이러한 이유로 일본은 스스로를 아시아라고 단언하는 것에 주저하는 것이다.

그러나 일본의 사회학자 나카네 지에中根千枝가 "일본은 겉으로는 서구화된 것처럼 보여도 속으로는 그대로 일본이다"라고 언급하고 있는 것처럼(마틴 자크 2010, p.71), 애당초 일본이 '탈아입구'했다고 할 수 있는지에 대한 근본적인 문제를 제기해 볼 필요가 있다. 왜냐하면 일본이 문명 차원에서 '서구화'했다고는 할 수 있어도 그것이 곧 '탈아시아'를 의미하는 것은 아니기 때문이다. '탈아시아'라는 것은 일본의 자본주의화가 다른 아시아 여러 국가들에 비해서 빨랐음을 말해 주는 것에 지나지 않는다. 문명권이라는 관념 자체도 추상적인 이미지로서밖에 추출되지 않기 때문에 문명권의 안이나 밖이라고 구분하는 생각 자체가 비현실적이다. 즉 세기 단위의 긴 역사적 시간에서 보면 일본만이 서구화했던 것이 아니라, 속도와 그 정도의 차이는 있지만 식민지화되었던 지역까지 포함해서 중화문명권의 여러 국가들 모두가 서구화한 것이다(미조구치 유조 2009, 13-14).

그럼에도 불구하고 일본이 자신만이 서구화했다는 사고방식에 사로잡혀 있는 이유는 무엇일까. 첫째, 서구화의 시간적 선후관계를 민족성과 역사과정 등에 있어서 우열관계로 보는 사고방식에 갇혀있기 때문이다. 그리고 그러한 사고방식이 자신들의 아시아 맹주로서의 정체성을 만족시키는 데 적합하였다(미조구치 유조 2009, 17). 즉 일본은 민족을 위계질서의 관점으로 바라보면서 스스로를 '문명文明'으로 아시아를 '야만野

蠻'으로 구분하였다. 그리고 열등한 아시아를 문명으로 인도해야 할 권한과 책임이 문명인 일본에게 있다고 믿고 있었다. 특히 청일전쟁에서의 승리는 일본이 아시아에서 유일하게 근대화에 성공한 문명국이라는 인식을 넘어, 서구와 동등한 문명으로서의 우월한 자의식을 확고히 하는 계기가 되었으며 이러한 사고는 오늘날까지 이어지고 있다.

둘째, 다른 아시아 국가들과는 달리 일본은 의도적으로 서구화와 일본화 사이에서 줄타기를 하는 방향으로 근대화를 추진하는 특권을 누렸다. 일본은 국가정체성을 보존하기 위해 계획적으로 서구화를 주도했으며, 이로 인해 서구로부터 영향을 받은 요소와 일본 특유의 것으로 여겨지는 요소가 결합되어 이중적인 일본의 특징을 만들어 내었다. 이 두 가지는 어느 정도 공존하면서 때로는 한쪽이 다른 한쪽에 의해 약간 잠식되기도 하고, 때로는 서구의 영향력에 흡수되거나 재구성되고 혼합되어 편입되기도 한다. 이러한 이중성은 너무나도 견고하게 뿌리내린 나머지 이제는 바로 이것이 자연스럽고 일본 고유의 것으로 여겨지기까지 한다(마틴 자크 2010, 81-83).

셋째, '서구 따라잡기' 의식이 강하게 자리하고 있다. '서구 따라잡기'란 강대국화를 의미하는 것이므로 강대국 지위의 의식적 추구가 성장의 이면에 드리워 있다(손열 2006, 173). 메이지 유신을 통해 국가 주도의 급속한 산업화에 성공한 일본은 청일전쟁과 러일전쟁에서 선도국가들을 패퇴시킨 군사력을 기반으로 강대국의 대열에 합류했으며, 패전 이후에도 '압축적'인 경제부흥에 성공함으로써 강대국의 노정에 재진입하였다(정재호 2006, 15-18). 즉 일본은 서양의 패권적 영역, 즉 영일동맹과 미일동맹이라는 전략적 협력의 맥락 안에서 한 세기에 두 번이나 강대국화에 성공했기 때문에 자국이 비서방국 중 유일하게 강대국의 반열에 올랐다고 인식하고 있는 것이다.

이처럼 일본은 자국에 대한 특별한 시각을 가지고 있으며 우월한 일본과 열등한 아시아라는 구도 속에서 자신들의 정체성을 공유해 왔다. 그러나 이것은 아시아 지역에서의 일본의 정체성과 일본의 궁극적인 위치에 대한 불확실성을 의미하는 것에 지나지 않는다(David Kang 2007, 181-182). 일본은 1868년에서 1945년 패전까지의 77년 동안 주요 전쟁만 열 번 치렀으며 이는 모두 30년에 달하는 세월이다. 그럼에도 불구하고 일본은 여전히 이러한 전쟁을 통해 선진의 일본이 후진의 아시아를 근대로 견인했다고 간주하고 있다. 특히 최근 일본이 미일동맹 강화와 헌법 개정 논의 등 자국의 정책을 '보통국가'화 하는 방법은 아시아 주변국과의 관계를 더욱 악화시키고 있음에도 불구하고, 일본은 그러한 정책을 통해 지역질서의 안정과 평화에 기여하고 있다고 주장하고 있다.

일본의 대중 인식의 기본 구도

소에야 요시히데添谷芳秀에 의하면 한국의 대중 인식에서 메이지 유신 이후 150년간은 역사적인 예외이며, 중국이 대국이 된다는 것은 그 예외적인 시대가 끝나고 중국이 원래의 자리로 돌아가는 정상화이다. 따라서 한국의 입장에서 보면 중국의 재부상은 정상적이고 매우 자연스러운 현상이며, 한국이 안보적인 측면에서 '중국을 가장 위협적이지 않은 국가'로 보는 것도 이러한 인식에서 기인한다(添谷芳秀 2015, 33). 반면 강한 중국이 존재하는 아시아가 '정상적인 아시아'라는 감각이 일본에게는 없다. 청일전쟁에서의 승리는 일본이 중국에 대한 멸시감을 가지는 계기가 되었으며, 이것이 한일 간의 대중 인식의 차이의 근저에 있는 가장 본질적인 요인이다(添谷芳秀 2015, 44).

그렇다면 이러한 대중 인식의 차이는 어디에서 비롯된 것일까. 이를 밝히기 위해서는 근대 일본의 역사를 긴 호흡으로 돌아볼 필요가 있다. 19세기 중엽 이후부터 경험하기 시작한 서양의 충격을 극복하기 위해 일본 외교가 취할 수 있는 선택지는, 아시아 국가들과 연대해서 서구열강의 압력에 저항하거나 그렇지 않으면 일본의 국력을 높여 열강과 같은 국제적 지위를 획득하기 위는 것 이외에는 없었다. 구체적인 일본의 진로로서 아시아 국가와의 연대를 주장한 것이 이른바 '입아론入亞論'이며, 아시아 국가와의 연대보다는 서구열강과의 관계 강화를 주장한 것이 '탈아론脫亞論'이다.[6]

입아론은 시기와 내용에 따라 '연대론'과 '맹주론'으로 구분할 수 있다. 연대론은 아편전쟁에서의 청의 패배, 영·불에 의한 태평천국의 난 진압, 흑선의 내항, 미국의 개항 요구, 그리고 시모노세키전쟁의 발발에 의한 서구열강에 대한 공포 속에서 이를 극복하기 위한 하나의 대안으로 주창되어졌다. 그 핵심은 상호 간의 긴밀한 이해관계를 가진 청일 양국이 협력하여 서구열강에 대한 공동대응책을 마련하자는 것에 있다(마츠모토 산노스케 1980, 136-137). 즉 "같은 인종의 국가들은 어떠한 일이 있어도 열심히 화합하고 깊이 제휴하여, 다른 인종의 국가들을 상대할 수 있는 길을 강구하지 않으면 안 된다"(樽井藤吉 1963, 43)는 논리에 입각한 것이 연대론이다. 이 연대론은 1871년 청일 수호조약을 계기로 구체적인 결실을 맺는 듯 보이기도 하였다. 그러나 조선 문제를 둘러싼 청일 양국

---

[6] 탈아론과 입아론의 본질에 대해서는 김남은 2016에서 자세하게 다루고 있다.

의 주도권 다툼 속에서 발행한 1882년 임오군란을 계기로 청일 양국의 연대는 파국을 맞이하고 말았다(이기완 2010, 194).

반면 맹주론은 연대론과는 달리 당시 일본의 부국강병 정책의 일정의 성공에서 비롯된 자부심과 밀접한 관련이 있다. 맹주론은 "아시아가 협심동력協心同力해서 서양인의 침략을 막기 위하여, 어느 나라가 두목이 되고 맹주가 될 수 있는가. 나는 감히 스스로 자국을 자랑하는 것이 아니고 허심하게 이것을 보건데, 아시아 동방에 있어서 두목, 맹주에 임명될 수 있는 자는 우리 일본이라고 할 수밖에 없다. 아니 우리는 벌써 맹주이다"와 같은 논리에 입각하고 있다(福沢諭吉 1960a, 28-31). 이후 맹주론은 임오군란 직후 조선을 배후에서 조정하고 있는 "동양의 늙고 커다란 고목을 일격에 꺾어 버려야 한다"(福沢諭吉 1960a, 305)는 탈중화적 의식을 극명하게 드러내기도 했으며, 일본 내 중국에 대한 멸시감을 확산시킨 주요 요인이기도 하였다. 나아가 부국강병을 기치로 양무운동을 전개하던 청국이 1884년 베트남 문제를 둘러싸고 프랑스와의 청불전쟁에서 패배한 이후, 맹주론은 마침내 탈아론으로 탈바꿈하게 된다.

후쿠자와 유키치福沢諭吉의 유명한 사설 '탈아론'이 발표된 1885년은 조선에서 갑신정변이 청의 무력간섭으로 실패로 돌아가고, 이에 일본이 청의 무력 앞에 무릎을 꿇어 일본의 위신이 크게 실추된 때였다. 또한 러시아의 남하가 구체화되는 시기이기도 하였다. 그러한 위기의식 속에서 국권 확장의 이론을 보다 공개적이고 정교하게 담은 '탈아론'은 당시 일본에서 크게 공감을 얻고 있었다(下石直昭 1994, 2/1). '탈아론'의 내용은 먼저 문명화를 강력히 추구하여 서구열강에 대해 독립을 달성했다는 일본의 자부심을 담고 있다. 동시에 중국과 조선을 가리켜 문명화를 이룰 수 없는 나라로 비하하고, 이러한 비문명화가 일본 외교에 악영향을 끼친다는 멸시와 실망감을 나타내고 있다. 특히 아시아의 "악우惡友와 친하게 지내는 자는 함께 악명惡名을 피할 수 없다. 우리가 마음으로부터 아시아 동방의 악우를 사절謝絶"하고 "오히려 그 대열에서 벗어나 서양과 진퇴를 같이하여 중국과 조선을 접수해야 한다"(福沢諭吉 1960b, 240)는 내용은 아시아 침략론으로 보아도 무방할 만큼 강경하다(김남은 2016, 108).

즉 탈아론의 핵심은 서구열강의 중국 침탈이 본격화되는 상황에서 일본이 중국과 연대하는 것은 오히려 자국의 안위를 위태롭게 할 수 있는 것이기 때문에, 당시 가장 강력한 국가로 등장한 미영 제국과 협력하여 자국의 국익을 극대화하는 외교정책을 모색하자는 것이다. 청일전쟁은 그것을 위한 첫 번째 실천이었으며, 그 이면에는 근대화에 실패한 중국에 대한 멸시감이 내재되어 있다. 뿐만 아니라 후쿠자와가 청일전쟁을 "문명과 야만 간의 전쟁"으로 규정하고, 이 전쟁에서의 승리로 인해 일본은 "모든 일에 동등한 문명 강국으로서 오랫동안 동방의 맹주로서 존경받게 될 것이다"(福沢諭吉 1960b, 161)라고 주장한 사실에서도 알 수 있듯이, 청일전쟁에서의 일본의 승리는 중화제국을 중심으로 한 '화이질서華夷秩序'로부터 이탈한 일본이 마침내 동아시아 국제질서의 중심적 지위를 차지하게 되었다는 자부심을 가지는 결정적인 계기가 되었다.

그러나 1920년대 중반 일본은 중국의 이권을 둘러싼 미영 제국과의 대립 속에서 탈아론적 외교노선에서 탈피하여 아시아로 회귀하게 된다. 이 과정에서 일본은 19세기 말에 형성된 반중 감정을 대동아공영권을 위해 중국 전역을 지배하는 것이 필요하다는 지중支中 감정으로 변질시키며 1931년 만주사변과 1937년 중일전쟁을 일으켰다(橫山宏章 2005, 113). 당시 고노에 후미마로近衛文麿 총리는 중일전쟁의 궁극적인 목적을

"동아 영원의 안정을 확보하기 위한 신질서 건설"이라고 밝혔다. 그리고 이를 위한 방안으로 "일본·만주·지나 3국이 서로 제휴하여 정치, 경제, 문화 등 각 분야에 걸쳐 서로 돕는 연환連環의 관계를 수립하고, 또한 이를 근간으로 한 동아의 국제정의의 확립, 공동방공共同防共의 달성, 신문화의 창조, 경제결합의 실현" 등을 주장하였다(加藤陽子 2007, 230). 하지만 장제스蔣介石가 "신질서의 건설은 중국 병탄의 또 다른 이름일 뿐"이라고 비난한 것에서도 알 수 있듯이(고야스 노부쿠니 2005, 87), 중국의 입장에서 고노에의 주장은 기만적인 것에 불과한 것이다.

이상에서 살펴본 바와 같이 일본은 선진 서구국가들과 거리를 좁히는 것을 목표로 국가 건설을 추진하는 한편, 아시아에 대해서는 후진성만을 내세워 스스로를 아시아와 차별하는 것으로 서구에 대한 열등감을 극복하고자 하였다. 이러한 과정에서 중국을 매개로 하여 사고하는 관성을 만들어 낸 것이다. 그러나 1945년 패전과 함께 이러한 일본의 좌표 설정도 막을 내리는 듯 보였다. 하지만 일본은 1951년 미일 안전보장조약을 통해 미국의 세력권으로 편입했으며, 동시에 '반중국·친타이완' 정책을 표방하게 되면서 중국을 또 다시 자신들의 좌표 설정의 주역으로 등장시켰다. 특히 미국의 경제원조에 힘입어 경제대국으로 부상한 일본과는 대조적인 중국의 경제적 현실로 인해, 일본은 여전히 중국을 낙후한 것으로 간주하며 전전과 같은 일본의 대중 멸시감을 이어갔다. 경제적 우위성에 기초를 둔 일본의 대중 멸시감이 지속된 것이다.

중국의 부상과 일본의 탈아시아적 서열 의식의 동요

주요 기관들(IMF, 골드만삭스, 일본 정부 등)의 중장기 중국 경제전망 및 의견에 따르면, 빠르면 2020년 대체로 2030년 정도에 이르면 중국의 경제는 미국의 경제수준에 도달할 것이라는 의견이 지배적이다(김상길 2016, 2-3). 또한 그러한 경제성장이 허용하는 범위 내에서 중국은 군사력의 현대화를 이루고 소위 G2에 걸맞은 정치적 영향력을 동아시아는 물론, 아프리카 지역, 유엔과 같은 국제기구 등에 행사할 것이라고 전망하고 있다(이갑윤 2013, 72). 이러한 인식은 경제적 부상이 군사적 영향력 증대를 통한 대외 확장 정책으로 이어질 것이라는 스페인, 영국, 프랑스, 독일, 일본, 미국 등과 같은 국가들의 역사적 경험에서 비롯된 것이다(김상길 2016, 5-6).[7]

사실 2008년 세계 금융위기 발생 이전까지 중국은 '책임 있는 강대국', '평화적 부상' 등의 구호 아래 충돌과 갈등을 회피하고 평화와 협력을 강조하는 온건한 외교정책을 추구해 왔다. 그러나 2010년에 발생한 영해 문제와 한반도 문제에 관한 중국의 정책에서 분명하게 드러난 것처럼, 세계 금융위기 이후 중국은 대외적으로 자국의 이익을 분명하게 표출하기 시작하였다. 또한 이를 구현하기 위해 증강된 국력을 활용하면서 이 과정에서 발생하는 다른 국가와의 갈등조차 불사하는 공세적

---

7 중국의 군사적 부상을 위협으로 인식하는 움직임은 남중국해에서 베트남, 필리핀, 인도네시아 등의 국가와의 영해 갈등과 대만에 대한 군사적 능력 강화 등을 통해 보다 설득력을 발휘하고 있다.

경향을 노정시켰다. 특히 아세안지역안보포럼ARF(ASEAN Regional Forum) 회의 이후 발생한 일본과의 선박 충돌 문제에서는 일본에 사과와 배상을 요구했을 뿐 아니라 희토류 수출을 제한함으로써 경제적 카드도 활용하려 하였다.[8] 그밖에도 중국은 지역 안보적 측면에서 미국이 실시하고 있는 '아시아로의 회귀Return to Asia' 정책에 대해 우려를 표명하고, 센카구 열도/댜오위다오에 대한 미국의 간섭에 대해서 불만을 표출하기도 하였다. 냉전 시대의 산물인 미일 안보조약이 중국을 포함한 다른 국가의 영역을 침범해서는 안 된다는 것이다(설인효·문성태 2012, 220).

이처럼 중국은 자국의 이익을 추구하려는 의지와 능력을 증강시키고 있으며, 필요한 경우 타국과의 갈등이나 대결도 감수하려는 방향으로 외교 전략을 전환시키고 있다. 그리고 이러한 주장을 앞장서서 제기한 것은 중국 내 민족주의 세력이다(김재철 2012, 33). 일본이 주목하고 있는 것도 중국의 경제발전이나 군비 증강 그 자체라기보다는, 중국인들 사이에서 확산되고 있는 이러한 중화 민족주의적 경향이다. 중국의 경제발전과 현대화가 성공적으로 추진되면서 중국은 어느 정도 민족적 자신감을 회복하고 있으며, 이와 더불어 아편전쟁 이후 과거 100년간 중

---

8 우선 2010년 초 대만에 대한 미국의 무기판매에 대해 항의를 제기하고, 군사교류를 중단하던 관례를 넘어 관련 기업을 제재하겠다고 경고함으로써, 증강된 지위를 활용하여 미국과의 관계를 다시 설정하려는 의도를 드러냈다. 아울러 그 해 봄에 발생한 천안함 사태와 관련해서도 북한의 책임을 인정하라는 한국과 미국의 요구를 거부했을 뿐 아니라, 심지어 서해에서의 한미 연합 군사훈련에 대응하는 독자적인 군사훈련을 실시함으로써 갈등이 초래되는 것을 불사하였다. 이러한 중국의 강경한 입장은 영해 문제와 관련해서도 노정되었다. 중국은 2010년 7월 베트남 하노이에서 개최된 아세안지역안보포럼 외교장관회의에서 남중국해 문제를 '국제화'하려는 아세안(ASEAN: Association of Southeast Asian Nations, 동남아시아국가연합) 국가들에 대해 압박을 가하기도 하였다(김재철 2012, 30).

국이 경험했던 굴욕과 치욕의 역사에서 벗어나 중국의 자주적인 지위와 역할을 회복해야 한다는 중화 민족주의적인 정서가 확산되고 있는 것을 일본은 우려하고 있는 것이다(서진영 2002, 12).

실제로 대부분의 중국인들은 청일전쟁과 그 결과로 체결된 시모노세키조약을 굴욕의 세기 중에서도 가장 치욕스러운 역사로 여긴다. 중국을 중심으로 하는 세계질서에서 약소국 일본에게 패했다는 사실은 서구에게 패했다는 사실보다 훨씬 심한 굴욕이었으며, 중국인의 세계관 자체를 뒤흔드는 것이었기 때문이다(미조구치 유조 2009, 15). 반면 중국에게 수치스러운 역사란 일본에게는 영광의 역사에 다름 아니며, 지금도 많은 일본인이 자신의 근대화 성과를 평가함에 있어 진보한 유럽과 비교하는 동시에 낙후한 것으로 간주되는 중국과 비교하여 만족감을 얻고 있다. 일본인들의 뇌리에는 여전히 '탈아시아'적 서열 의식이 뿌리 깊게 자리 잡고 있으며, 일반 국민들까지 이러한 사고에 익숙해져 공통된 중국 멸시관을 공유해 온 것이다.

그럼에도 불구하고 중일관계가 중일 국교정상화 이후 80년대 밀월기를 거쳐 90년대까지 안정적인 추이를 유지할 수 있었던 이유에는 여러 가지 요인이 있겠지만, 중국의 실리적인 개방정책에 대한 일본의 대중 경제협력이 가장 큰 요인이었다고 볼 수 있다. GDP를 4배 올리는 것을 목표로 한 중국의 근대화 계획에 일본이 경제적 지원을 약속하고 나설 수 있었던 것은 '주는 국가, 받는 국가'의 서열 구도, 즉 후진국 중국에 대한 선진국 일본의 지원이라는 서열 구도가 중일관계의 틀을 형성하고 있었기 때문이다. 대일 무역적자 문제나 교과서 문제, 야스쿠니 신사 참배 등을 둘러싼 끊이지 않는 마찰에도 불구하고 '주는 국가, 받는 국가' 구도는 효과적으로 작동하고 있었으며, 이 때문에 일본은 중국에 대한 경제원조를 확대해 나가는데 별다른 불안을 느끼지 않았다(毛利和子 2006, 96-97).

그러나 이러한 서열 구도가 흔들리기 시작한 것은 일본 경제의 침체와 중국 경제의 괄목한 성장이 일본의 피부에 와 닿기 시작한 2000년대를 전후해서이다. 일반적으로 중일관계의 구조적 전환이 시작된 것은 미국의 동아시아 전략보고서 채택과 뒤이은 중국의 대만해협에서의 미사일 발사 및 합동 군사훈련이 시행된 1990년대 중반부터라고 보고 있다. 실제로 일본 매스미디어에 중국 위협론이 등장하기 시작한 것도 1995년을 전후한 시기이다. 하지만 1979년 2,153억 달러에 불과했던 중국의 GDP가 1990년에 3,888억 달러로 증대되고 2000년에는 1조 71억 달러로 1조 달러를 돌파하자, 약진하는 중국 경제의 파장이 일본인들의 피부에 와 닿기 시작하였다. 중국의 부상이 '주는 국가, 받는 국가'로 서열화 되어 있었던 중일관계의 기본 구도에 변화를 몰고 오기 시작한 것이다(장달중 2009, 291).

2001년경 일본 기업의 중국 이전 붐으로 중국 위협론에 시달렸던 일본은, 2003년 불어 닥친 중국 특수를 즐길 겨를도 없이 중국경제권에 빨려 들어가는 일본 경제의 모습에 당황하기 시작하였다(장달중 2009, 285). 2000년 3조 엔이었던 일본의 대중국 수출이 2003년 6조 엔에 이르게 되었고, 생산지표인 조강粗鋼 생산이 2005년 일본의 2배인 3억 톤에 달하는가 하면 소비지표인 자동차의 판매대수가 600만 대를 넘어 일본을 능가하게 되자, 일본의 충격은 지금까지 경험하지 못했던 새로운 현상임에 의심의 여지가 없다(津上俊哉 2004, 35).

그러나 지금까지 여유롭게 중국을 대해 왔던 일본으로서는 중국에게 추월당할지도 모른다는 현실에 어떻게 대응해야 할지에 대한 심리적 준비가 되어있지 않다. 미조구치 유조溝口三雄의 표현을 빌리자면, 일본에 의해 이끌려 왔다고 할 수 있는 '아시아', 즉 뒤에서 쫓아왔던 것으로 보였던 '아시아'에 의해 이제는 일본이 리드당하기 시작한 것이다(미조구치 유조 2009, 12-13).[9] 이러한 상황으로 인해 일본의 '탈아시아' 인식과 현실의 '아시아' 사이에는 미묘한 갭이 발생했으며, 일본은 이러한 '인지적 부조화'를 중국에 대한 노골적인 적대감, 과장, 공포 등과 같은 감정들로 표출하고 있다. 말하자면 중국이 자신을 추월할지도 모른다는 두려움이 아시아 중심적 존재로서의 일본의 자기정체성을 동요시키고 있는 것이다.

중국과 일본의 위상을 둘러싼 신경전

중일관계는 1995년 중국의 지하 핵 실험에 대한 제재조치로서 중국에 대한 일본의 무상자금 협력 동결을 계기로 냉각되기 시작했으며, 타이완 문제와 미일동맹 문제가 중첩되면서 한층 악화되었다(이기완 2010, 202).[10] 게다가 2010년에 일어난 중국 어선의 일본 순시선 충돌 사건,

---

9 미조구치 유조(溝口三雄)는 이러한 인식상의 갭을 19세기 중반의 '서양의 충격'에 비유하여 '중국의 충격'이라고 말한다. '중국의 충격'은 메이지 이후 중국을 후진성을 대표하는 나라로 보는 일본의 인식과 '탈아입구'를 완수한 일본이 중국보다 우월하다는 관념이, 최근 중국의 경제적 대두에 의해 이미 무너졌음에도 불구하고, 대다수의 일본인이 아직 그것을 깨닫지 못하고 있는 현상을 지적한 말이다.
10 중국은 1996년 타이완 총통 선거에 대한 항의 표시로 타이완해협에서 대규모 군사훈련을 실시하였고, 이에 일본은 커다란 우려를 표시하면서 제4차 엔 차관 협의를 보류하였다. 중국 측은 "타이완 문제는 내정 문제이다"며 반발했지만, 결과적으로 이것은 일본의 대중 인식과 대중 정책에 상당히 부정적인 영향을 미쳤다. 타이완해협의 위기 직후에 개최된

2012년 센카쿠 열도를 둘러싼 일본과 중국의 대립은 무력 충돌 상황으로까지 비화飛火되는 양상을 보였다. 뿐만 아니라 당시 미국의 페네타 Leon Panetta 국방장관의 "센카쿠 열도는 미국의 방위공약에 포함된다"는 입장 표명으로 인해, 일본과 중국 간의 충돌은 두 나라를 넘어 주변국으로까지 확산되는 결과를 초래하였다(豊下楢彦 2012, 31-34).

1894년 청일전쟁 이래 일본과 중국의 관계는 다른 어떤 강대국과의 관계보다 악화되었으며, 이러한 갈등은 역사 문제, 대만 문제, 영해, 영토, 안보, 경제마찰 등 여러 수준에서 진행되고 있다. 이 중에서도 가장 우려할 만한 것은 '위상을 둘러싼 신경전'이라고 볼 수 있으며, 이것은 역사적 맥락과 불가분의 관계를 맺고 있다. 일본인들의 눈에는 중국이 역사 문제를 계속 들고 나와 마찰을 일으키는 것이, 메이지 이후 일본이 중국에 대해 지니고 있던 기존의 서열 의식을 전복하려는 데 목적이 있는 것으로 비치고 있기 때문이다. 또한 중국의 공세적 외교정책을 대륙국가 정체성, 굴욕적인 과거 경험, 국내 정세(일당독재 권의주의 체제, 유효하지 않은 공산주의 이데올로기, 지역·사회 간 격차 등)에 기인하는 것으로 본다. 예를 들어 일본은 일대일로一帶一路 구상이 보여주는 것처럼, 중국이 유라

1996년 4월 하시모토 류타로(橋本龍太郎) 총리와 클린턴(Bill Clinton) 대통령의 정상회담에서 미일 양국이 당초의 의도 이상으로 중국을 염두에 둔 '미일 안전보장 공동선언'을 발표하자, 중국은 이를 아태지역의 불안정 요인으로 간주하고 핵 실험으로 맞섰다. 이후 중일관계는 6월 하시모토 총리의 야스쿠니 신사 참배, 일본 우익단체에 의한 센카쿠 열도에 이 등대 설치, 미일 신방위협력지침(신가이드라인) 협의과정에서 대두된 주변지역의 범위 문제 등으로 한층 악화되었다. 중국은 주변지역의 대상 범위에 타이완해협이 포함되는 것으로 간주하고 이를 중국 주권에 대한 침략이라며 강력히 반발했지만, 일본은 주변지역의 대상에 타이완해협이 포함되는지의 여부를 명확히 하지 않은 채 단지 '사건의 성질'에 착안하여 고안된 개념이라고 주장하였다(이기완 2010, 202).

시아 대륙을 육로·해로로 관통하는 교역 루트를 설립하여 자국의 영향권 아래에 두려한다거나, 육해겸비의 해양강국으로서 대중화공영권의 맹주가 되려 한다고 인식하고 있다(森本敏 2016, 109-114).

이처럼 역사 문제에 대한 인식 논쟁은 '옳고 그름'의 가치판단의 문제가 아니라, 이미 국가이익과 민족감정의 파워경쟁으로 변질되고 있다(장달중 2009, 299). 켄트 캘더Kent Calder는 일본과 중국이 '힘겨루기' 경쟁에 빠져들고 있으며, 이러한 '파워'와 '두려움'에 대한 인식의 동요가 전쟁의 원인으로 나타날지도 모른다고 경고하고 있다. 지금 중국과 일본 관계가 제1차 세계대전 이전 유럽의 지역 리더십을 다투던 영국과 독일 관계와 유사한 형태로 나타나고 있다는 견해이다(Kent Calder 2006, 129). 즉 역사에서 중국은 지역의 패권국이었고, 이러한 역사적 정체성이 향후 동아시아 질서를 형성하는 데 중요하게 작용할 것이라는 인식을 대두시키고 있다는 점에서(김재철 2015, 17), 중일 간 '위상을 둘러싼 신경전'은 심화될 수밖에 없다.

대표적으로 사무엘 헌팅턴Samuel P. Huntington은 저서 『문명의 충돌 The Clash of civilizations and the remaking of world order』에서 동아시아 국가들은 중국을 견제하기보다 중국에 편승할 가능성이 크다고 주장하고 있다. 중국이 패권적 지위를 회복함에 따라, 아시아가 서구의 진출로 시작되었던 시대를 마감하고 과거의 모델로 회귀할 것이라는 것이다 (Samuel Huntington 1996, 218-238). 데이비드 강David C. Kang은 동아시아 국제관계를 이해하기 위해서는 아시아 국가의 역사적 정체성을 이해하는 것이 중요하며, 구성주의적 시각에서 중국 중심의 질서가 출현할 가능성을 제기하고 있다. 동아시아 국가들은 역사적 신념으로 중국이 중심이 되는 동아시아 질서를 자연스러운 현상으로 보며, 이 때문에 중국의 부상을 견제하기보다는 수용하려고 하기 때문에 결국 동아시아에서는 중국을 중심으로 하는 위계적 질서가 창출될 것이라는 주장이다(David Kang 2007).

일본과 중국의 '힘겨루기'는 구조적 전환이 시작된 1990년대 중반부터라고 볼 수 있다(經濟新聞 2006.10.8.). 모리 가즈코毛利和子에 의하면 중일관계에 구조적 전환을 제공한 결정적인 계기는 1995년 2월 미국의 동아시아 전략보고서 채택과 뒤이은 중국의 대만해협에서의 미사일 발사 및 합동 군사훈련이다. 1996년 대만해협 위기는 일본에 중국 위협론을 확대재생산하는 결정적인 계기를 제공했을 뿐만 아니라, 대만 문제를 둘러싼 미일동맹 문제가 중일 간의 가장 큰 이슈로 등장하는 전환점을 제공하였다(毛利和子 2006, 136-140). 즉 미국과의 동맹 강화를 통한 중국 봉쇄 전략이 일본의 대응책으로 등장하기 시작한 것이다.[11]

일본은 중국의 부상을 동아시아에서 일어나고 있는 파워 전이로 파

---

11 냉전 후 미국의 아시아 전략이 정립된 것은 '나이 리포트'(Nye Report)로 알려진 '동아시아 전략보고서'를 통해서이다. 나이 리포트는 동아시아에서 미군의 삭감을 중단하고 10만 병력을 유지하는 동시에 중국에 대응하기 위한 미일 안보의 재편을 내용으로 담고 있다. 일본도 소련 붕괴 후의 아시아태평양 방위전략을 위해 19년 만에 대폭 수정된 '신방위대강'을 발표하였다. 이러한 미일 간의 동아시아 전략 수정이 진행되고 있을 때, 중국은 대만의 독립 움직임을 견제하기 위해 1996년 3월 미사일 연습과 3군 합동 군사연습을 실행하였고 이는 미일 간에 '안보 재정의'를 촉발시키는 계기를 제공하였다. 미국과 일본의 대응은 4월 클린턴 대통령의 방일을 계기로 미일 안보조약을 재확인하는 것으로 나타났으며, 동시에 '주변사태'에서의 미일 안보협력을 내용으로 하는 미일 공동선언의 채택으로 이어졌다. 중국은 이러한 미일 안보협력을 일본의 군사적 역할 증대라고 비난하는 동시에 '주변사태'에 대만이 포함되지 않는다는 확인을 요구했지만, 1997년 8월 가지야마 세이로쿠 관방장관은 "주변사태의 지리적 개념에 대만이 포함된다"는 정부 공식견해를 발표하였다(毛利和子 2006, 139).

악하고 있으며, 2015년 4월에 2차 개정된 미일 방위협력지침(가이드라인)에서는 이러한 일본의 입장이 보다 분명히 드러나고 있다. 이 미일 방위협력지침의 가장 큰 특징은 기존의 '주변사태'를 '일본에 영향을 미치는 위기 시'로 확대한 것이며, 이는 센카쿠 열도에서의 중국과의 분쟁을 상정함과 동시에 궁극적으로 자위대의 역할을 세계로 확장한 것이다. 또한 대규모 미일 합동훈련을 통해 해양 진출을 강화하고 있는 중국을 견제하겠다는 의도도 확실히 표출하고 있다. 이외에도 일본의 미사일 방어망 참여 등은 중국을 견제하기 위한 미국과의 군사협력에 기초를 두고 있다.

이처럼 중국의 부상을 견제하기 위한 일본의 정책은 미국과의 안보동맹 강화로 나타나고 있으며, 이러한 양상은 아베 신조安倍晋三가 총리로 취임한 이후 더욱 노골적이다. 2006년 출범한 제1차 아베 내각은 국민통합을 위해 이념·사상을 강조하는 '정체성의 정치'를 추구했으며, 스스로의 정권 창출을 '전후체제로부터의 새로운 출범'이라고 명명하였다. 즉 아베의 이념 노선은 패전의 굴레인 전후체제를 해체하고, 그 자리에 일본 고유의 전통에 기반한 "자신감과 자긍심을 가질 수 있는 국가"의 기초를 놓는 작업을 모색했다는 점에서, 일본의 국력이 가장 강했던 시기를 동경하고 있는 복고주의적인 색채가 다분하다. 그리고 이러한 이념 노선은 2012년 12월에 출범한 제2차 아베 내각에서도 계승되고 있다. 아베가 추구하는 정책은 대내적으로 헌법 개정과 자위대의 군대화, 국가위기 관리체제의 강화이며, 대외적으로는 집단적 자위권 행사의 확보를 통한 미일동맹의 강화, '강한 일본'의 건설을 중장기적으로 추진하는 것을 핵심으로 한다(조양현 2014, 291-292).[12]

그러나 아베의 외교와 안보 정책의 기본 사상은 '국제협조주의'와

'적극적 평화주의'에 바탕을 둔 '보통국가론'의 확대와 발전이라는 점에서 상호 모순적이다. 아베는 미일동맹의 강화를 기본 축으로 군사와 안보에서 리더십을 행사하는 것이야말로 일본의 사명이라고 인식하고 있으며, 더불어 '정체성의 정치'의 실현이라고 주장하고 있다. 이것이 바로 '적극적 평화주의'라는 말로 포장되어진 것이다. 요컨대 군사전략을 바탕으로 지역과 세계의 안정과 평화에 적극적으로 기여하겠다는 아베의 외교안보 전략은, 미일동맹 구조 내에서의 일본의 입지를 보다 공고히 하면서도 절대적 우위를 누려온 아시아 지역에서의 주도권을 선점하기 위한 것에 보다 궁극적인 목적이 있다(김남은 2017). 후나바시 요이치船橋洋一가 지적하고 있는 것처럼 일본인들에게는 미국을 대체하기보다는, 일본이 계속 경쟁력을 가진 국제적 행위자로 남아있어야 한다는 마음과 동아시아를 선도해야 한다는 욕구가 여전히 존재하고 있는 것이다(문정인·서승원 2013, 171).

---

12 대표적으로 아베 내각은 2015년 9월 집단적 자위권을 행사할 수 있도록 한 안보법률을 통과시켰으며, 2015년 4월 개정된 미일 방위협력지침이 시행에 들어가는 2016년 3월 이후부터 세계 어디든 자위대를 파견하고 미군을 후방 지원할 수 있게 되었다(아베 내각의 외교정책이 보통국가론의 테두리 내에서 그 수단과 방법이 구체화되어 온 것에 대해서는 박영준 2013에서 자세히 다루고 있다). 또한 2017년 4월 10일에는 나가사키(長崎)현 사세보(佐世保) 아이노우라(相浦) 육상자위대 기지에 수륙기동교육대를 발족시키기도 하였다. 2018년 3월 3,000명 규모로 정식 출범 예정인 수륙기동단은 센카쿠 열도를 둘러싼 중국과의 무력 충돌 가능성에 대비한 전방위적 포석으로 이른바 '일본판 해병대'라고 불린다. 수륙기동교육대는 이 수륙기동단의 준비를 가속화하기 위한 목적으로 설립된 것으로 자위대보다는 정규군 전투부대의 성격이 짙다(중앙일보 2017.4.10.).

중국의 부상에 대한
일본의 견제와 대응의 본질

　대부분의 사람들은 중국의 적수가 미국일 것이라고 생각하며, 미국도 자신의 최대 도전국가로 중국을 지목한다. 그러나 중국의 진정한 라이벌 국가는 일본일지도 모른다. 일본이야말로 패자霸者 중국을 압도하면서 아시아의 맹주로 우뚝 군림하여 중국을 끊임없이 침략하고 유린하면서 중국에게 영원히 씻지 못할 민족적 치욕을 안겨 준 장본인이다. 또한 지금까지 세계 일류의 경제력을 과시하면서 중국인들을 한없이 주눅들게 하였다(소준섭 2012, 254).

　그러나 최근 중국은 중국 부상의 시대를 맞이하여 경제력을 바탕으로 한 국방비의 대폭적인 증액, 신기술의 도입, 군대의 현대화 등을 거쳐 군사대국화를 꿈꾸고 있는 것처럼 보인다. 그리고 이러한 현상은 일본도 마찬가지이다. 최근 일본은 헌법이나 미일 안보조약과 같이 전후 체제를 규정하는 기본 틀을 벗어나려는 시도를 가속화하고 있으며, 외교안보 분야에서도 대외 관여를 확대하고 명확한 자기주장을 하는 경우가 늘어나고 있다. 그럼에도 불구하고 양국 모두 표면적으로는 아시아의 평화와 협력 증진을 주장하고 있으며, 안보체제 강화에 있어서도 자국의 방위를 위한 이유를 들고 있다. 양국이 상대를 바라보는 시각도 서로가 자신들의 안보에 중대한 위협이 되고 있다는 우려의 입장이다.[13]

---

13 일본은 중국 내부에서의 민족주의적 발언, 중국 군사력의 급격한 변화, 중국의 동중국해의 활동 변화, 중국과 대만의 군사 밸런스 변화 등 주로 군사적인 행동에 대해 우려하고 있는 입장에 있으며(防衛省 2014, 4), 중국은 일본의 헌법 개정과 자위대의 군대화, 그리고

특히 일본은 중국의 부상을 안보 및 국제질서에 대한 실재적 위협으로 간주하고 있다. 하지만 일본 내 만연한 중국 위협론에 대한 문제의 본질은 '위상을 둘러싼 신경전'에 더 가깝다. 중국의 힘과 위협에 대한 일본의 경계심은 메이지 유신 이후, 청일전쟁, 전간기戰間期, 그리고 전후를 거치면서 일본이 리드해 왔던 동아시아 질서가 이제 중국에 의해 주도될지도 모른다는 두려움에 다름 아니다. 즉 일본은 중국의 부상이 동아시아에서 전통적 질서와 유사한 위계적 질서를 부활시킬지도 모르며, 또한 자신들이 그러한 질서를 수용해야 할지도 모른다는 두려움에 동요되고 있는 것이다.

중국의 부상을 견제하기 위한 일본의 노력은 미일 안보동맹 강화로 귀결되고 있다. 특히 아베는 미일동맹의 강화를 기본 축으로 군사와 안보에서 리더십을 행사하는 것이야말로 일본의 사명이라고 인식하고 있으며, 더불어 일본 '정체성의 정치'의 실현이라고 주장하고 있다. 이는 일본인들에게는 여전히 일본이 계속 경쟁력을 가진 국제적 행위자로 남아 있어야 한다는 마음과, 동아시아를 선도해야 한다는 욕구가 존재하고 있기 때문이다. 그리고 이러한 아시아의 주도권을 선점하려는 욕구가 지속되는 한 향후에도 일본과 중국 간의 '위상을 둘러싼 신경전'은 불가피할 것이다. 이것이야말로 일본의 동아시아 국제질서관이 내포하고 있는 구조적인 문제이며, 이는 아시아 국가들 중에서 유일한 선진국이라는 일본의 우월감이 전후에도 이어져 왔기 때문이다.

집단적 자위권 행사의 확보를 통한 미일동맹의 강화, 역사교과서 문제 및 위안부 문제, 야스쿠니 신사 참배에 대한 주변국과의 갈등, 일본 우파의 우익적 발언 등에 우려를 표명하고 있다.

참고문헌

김남은. 2016. "근대 일본과 아시아주의: 탈아(脫亞)와 입아(入亞)를 중심으로." 『일본역사연구』 44
_____. 2017. "아베시대의 새로운 일본의 자화상." 『한국국제정치학회 하계학술대회 발표집』
김상길. 2016. "중국위협론에 대한 비판적 접근을 통한 중국의 부상에 관한 연구." 『계명대학교 박사학위논문』.
김중섭. 2002. "중국위협론의 사상적 배경에 대한 고찰: 문명충돌론과 민주평화이론을 중심으로." 『동아시아연구논집』 13.
김재철. 2012. "중국의 공세적 외교정책." 『한국과 국제정치』 28(4).
_____. 2015. 『중국, 미국 그리고 동아시아: 신흥 강대국의 부상과 지역질서』. 한울.
고야스 노부쿠니. 2005. 『동아·대동아·동아시아: 근대 일본의 오리엔탈리즘』(이승연 역). 역사비평사.
남궁일·양일국. 2012. "중국의 부상을 보는 두 시각: 현상유지국인가, 도전국인가." 『21세기 정치학회보』 22(2).
마츠모토 산노스케. 1980. "아시아관의 형성과 그 특질"(차기벽 편역). 『일본 현대사의 구조』. 한길사.
마틴 자크. 2010. 『중국이 세계를 지배하면: 패권국가 중국은 천하를 어떻게 바꿀 것인가』 (안세민 역). 부키.
문정인·서승원. 2013. 『일본은 지금 무엇을 생각하는가?』. 삼성경제연구소.
미조구치 유조. 2009. 『중국의 충격』(서광덕 외역). 소명.
박영준. 2013. "'수정주의적 보통국가론'의 대두와 일본 외교: 자민당 아베 정권의 재출범과 한반도정책 전망." 『한국과 국제정치』 29(1).
박홍서. 2000. "중국위협론의 논리 비판: 경험적 근거의 문제." 『중국연구』 25.
서승원. 2016. "한국과 일본의 중국인식, 오버랩과 갈등." 국립외교원 일본연구센터 정책용역과제. 『새로운 한일관계 비전 연구 최종보고서』.
서진영. 2002. "부강한 중국의 등장과 중국위협론, 그리고 한반도." 『한국과 국제정치』 18(2).
_____. 2006. 『21세기 중국외교정책: '부강한 중국'과 한반도』. 폴리테이아.
서진영·강수정. 2008. "중국의 부상을 바라보는 국제사회의 인식에 대한 실증적 연구: 중국의 부상에 관한 미국과 아시아 주변국의 여론조사 결과를 중심으로." 『국제정치논총』 48(1).
설인효·문성태. 2012. 「중국 국방백서 분석: 평화 공세와 군사적 부상의 정당화." 『신아시아 연구소』 19(4)
소준섭. 2012. 『제국의 부활: 슈퍼파워 중국과 21세기 패권』. 한울.

손열. 2006. "일본의 강대국화와 중국에 대한 함의." 정재호 편.『중국의 강대국화: 비교 및 국제정치학적 접근』. 길.
와카미야 요시부미. 1996.『일본 정치의 아시아관』(오문영 역). 동아일보사.
유종선. 2009. "중국위협론의 비판적 고찰."『한국동북아논총』51.
이갑윤. 2013. "중국의 부상과 일본의 반중감정."『신아세아』20(1).
이기완. 2010. "일본의 대중인식과 대중정책."『통일문제연구』53.
이내영·정한울. 2007.『중국의 부상, 위협인가 기회인가: 세계여론을 통해 본 중국의 현재와 미래』. 동아시아연구.
이동준. 2012. "일본이 본 중국, 일본 속의 중국."『일본비평』6.
이종민. 2007. "글로벌 시대 한국의 비전과 중국위협론."『중국현대문학』42.
장달중. 2009. "중국의 부상과 중·일 간의 파워게임: 일본의 시각을 중심으로."『일본비평』1.
전재성. 1999. "19세기 유럽협조체제에 대한 국제제도론적 분석: 현실주의와 구성주의 제도론의 시각에서."『한국과 국제정치』15(2).
정주연. 2014. "중국의 석유안보전략과 중국위협론."『신아세아』21(1).
정진영. 2000. "국제정치 이론논쟁의 현황과 전망: 새로운 이론적 통합의 향방."『국제정치논총』40(3).
조양현. 2014. "아베정권의 우경화와 동아시아 국제관계."『독도연구』16.
차창훈. 2004. "중국위협론의 실체: 중국의 세계전략과 전방위외교정책."『중소연구』27(4).
채현위 편. 1998.『21세기 중국은 무엇을 꿈꾸는가』(김익겸 역). 지정.
『중앙일보』2017년 4월 10일.

加藤陽子. 2007.『満州事変から日中戦争へ』. 岩波書店.
添谷芳秀. 2015.『米中の狭間を生きる(韓国知識人との対話 II)』. 慶應義塾大学出版会.
谷口誠. 2004.『東アジア共同体』. 岩波書店.
樽井藤吉. 1963.『大東合邦論』(影山正治 訳). 大東塾出版部.
津上俊哉. 2004. "雁行経済からワインワイン経済へ." 寺島実郎 外.『大中華圏』. 岩波書店.
豊下楢彦. 2012.『「尖閣問題」とは何か』. 岩波書店.
平石直昭. 1994. "近代日本のアジア主義: 明治期の諸理念を中心に." 溝口雄三 編.『アジアから考える5』. 東京大学出版会.
福沢諭吉. 1960a.『福沢諭吉全集』8. 岩波書店.
_____. 1960b.『福沢諭吉全集』10. 岩波書店.
毛利和子. 2006.『日中関係: 戦後から新時代へ』. 岩波書店.
森本敏. 2016.『日本の安全保障』. 実務教育出版.
渡辺良智. 2006. "日本人のアジア認識."『青山学院女子短期大学総合文化研究所年報』14.
横山宏章. 2005.『反日と反中』. 集英社.

内閣府. 2016년 3월. "外交に関する世論調査."
_____. 2016년 12월. "外交に関する世論調査."
防衛省. 1998. 『日本の防衛: 防衛白書』.
_____. 2004. 『日本の防衛: 防衛白書』.
_____. 2014. 『日本の防衛: 防衛白書』.
_____. 2015. 『日本の防衛: 防衛白書』.
経済新聞 2006년 10월 8일.
毎日新聞 2013년 12월 11일.

Alastair Iain Johnston. 2003. "Is China a Status Quo Power?." *International Security* 27(4).
Aron L. Friedberg. 2005. "The Future of US-China Relations: Is Conflict Inevitable?." *International Security* 30(2).
David Kang. 2007. *China Rising: Peace, Power and Order in East Asia*. Columbia University Press.
David Shambaugh. 1996. "Containment or Engagement of China? Calculating Beijing's Responses." *International Security* 21(2).
Friedrich Kratochwill. 1995. "Why Sisyphus Is Happy." *The Sejong Review* 3(1).
John Mearsheimer. 2001. *The Tragedy of Great Power Politics*. Norton.
Judith Goldstein and Robert O. Keohane. 1993. "Ideas and Foreign Policy: An Analytical Framework." *Ideas and Foreign Policy*. Cornell University Press.
Kent Calder. 2006. "China and Japan's Simmering Rivalry." *Foreign Affairs*. Mar/Apr
Patric E. Tylor. 1999. "Who's Afraid of China?." *New York Times Magazine*. August 1.
Samuel P. Huntington. 1993. "The Clash of Civilizations?." *Foreign Affairs* 72(3).
_____. 1996. *The Clash of civilizations and the remaking of world order*. Touchstone.

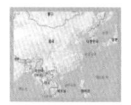

6장

중일 경쟁시대
일본의 중국 인식과 정책

오승희

2010년, 중국과 일본의 국제적 지위가 역전되었다. 명목 GDP 기준 세계 2위 국가가 일본에서 중국으로 변경된 것이다. 이후 일본은 세계 1위 미국, 세계 2위 중국에 이은 세계 3위의 경제대국의 지위를 유지하고 있다. 국제사회에서의 지위는 그 국가에 대한 인식에 영향을 미친다는 점에서 중요하다. 지위의 변화는 인식의 변화, 그리고 정책의 변화와 밀접하게 연계되어 나타난다.

일본의 중국에 대한 인식과 중국 정책도 2010년을 전후로 뚜렷한 변화가 나타난다.[1] 2010년 간 나오토菅直人 총리는 중국과 일본이 일의대수一衣帶水의 이웃국가이며, 양국 관계가 아시아 태평양 지역과 세계에 중요하다는 점을 언급하였다. 동시에 중국의 '투명성을 결한 국방력

강화透明性を欠いた国防力の强化'와 인도양에서 동중국에 이르는 해양 활동이 활발해지는 것을 경계하고, 센카쿠 제도尖閣諸島의 일본 고유영토론을 확인하였다(日本国会会議錄檢索 2010.10.1.).

2012년 아베 신조安倍晋三 내각의 등장 이후 일관되게 나타나는 중국에 대한 수식어는 '힘을 배경으로 현상변경을 시도하는 국가' 또는 '일방적인 현상변경국'이다. 특히 일본 정부는 중국의 '투명성을 결한 군사력 증진'에 우려를 표명해 오고 있으며, 기존의 국제질서에 대한 중국의 현상변경 시도는 "오해나 오산에 근거한 불측의 사태를 초래할 위험을 높일 위험"이 있으며 일본과 지역·국제 사회의 안전보장상 염려가 되고 있다고 본다(防衛省 2016). 일본은 중국의 남중국해 분쟁에 깊은 관심을 갖고, 동중국해와 남중국해 문제를 연계하여 중국에 의한 군사 균형의 급속한 변화를 경계하고 있다.

왜 일본은 중국을 현상변경국으로 인식하는 것일까? 이에 대해서는 크게 일본 외부적 요인과 일본 내부적 요인으로 나누어 살펴볼 수 있다. 일본 외부적 요인으로는 첫째, 국제사회 요인으로, 미국의 아시아 정책을 중시한다. 미일 협력에 기반하여 일본이 중국을 위협으로 인식하며, 일본이 중국 견제의 역할을 담당한다고 본다. 두 번째 외부적 요인은 중국 요인으로, 중국의 국력 강화가 일본의 위협 인식에 영향을 미치는 것으로 설명된다. 두 가지 외부적 요인은 힘에 기반하여 국제관계와 외교

---

1 손기섭(2016)은 전후 중일관계를 냉전적 미수교기(1945~1971), 전후적 특수관계기(1972~1995), 탈전후적 보통관계기(1996~2010), 갈등적 세력전이기(2010~)로 구분하고 있다. 임재환(2017)은 2010년 이후 중일 72년 체제가 붕괴하고 있으며 전략적 경쟁관계로 이행하고 있다고 주장한다. 그 외 많은 연구들이 2010년을 중일관계의 중대한 전환점으로 인식하고 있다(손열 2008; 서승원 2015; Hagström and Gustafsson 2015 등).

정책을 이해하는 접근방식으로, 단순 명료한 설명이 가능하다. 그러나 미국과 중국의 힘의 일방적인 투사에 일본이 수동적으로 반응하는 존재로 축소되어 이해될 우려가 있다.

일본 내부적인 요인에 주목하면, 일본의 국내 정치적인 필요에 의해서 일본의 중국 위협 인식이 나타나고 있다는 설명이 가능하다. 일본 아베 내각의 지지율 강화와 정책목표 달성을 위해 중국에 대한 위협 인식이 활용되고 있다는 측면을 강조한 것이다. 이 역시 일본의 우경화, 군사화 경향을 이해하는데 도움이 되지만, 국내정치적 요인을 지나치게 강조하여 일본의 편향된 시각으로 중일관계를 바라볼 위험이 있다.

일본의 중국 위협 인식과 대중 정책의 변화는 국제적 요인, 중국 요인, 일본 국내정치적 요인에서 각각 설명될 수 있는 부분이 존재하며 이를 통합적으로 이해할 필요가 있다. 본 논문은 이 세 가지 요인에 영향을 미칠 수 있는 변수로서 일본의 정체성 변화에 주목한다. 국제사회, 국내여론, 그리고 중국의 부상은 각각 독립변수로 작용할 수 있지만, 일본의 정체성 인식을 거쳐 일본 정부의 중국 인식과 중국 정책의 변화를 이끌어 낸다. 일본의 정체성은 집합적 정체성으로 상호주관적으로 구성되는 것으로, 타자로서의 중국에 대한 일본의 정체성 인식과 변화가 일본의 중국 인식과 중국 정책에 보다 직접적인 영향력을 갖는다고 할 수 있다. 이 논문은 일본의 '현상변경국' 중국 인식과 안보 위협으로서의 중국 대응 정책이 미국과 유엔, 중국, 그리고 국내여론과의 관계 속에서 형성되는 일본의 정체성 변화에서 비롯되는 것임을 밝히고자 한다.

외교정책 변화 요인에서 정체성에 주목하는 것은 힘과 국가 이익만이 아니라, 국제사회에서의 명예나 위신과 같은 관념적인 욕구들도 국가행위의 주요 동기가 될 수 있음을 의미한다. 케네스 파일Kenneth B.

Pyle은 저서 『강대국 일본의 부활』에서 일본이 메이지 유신 이후 국가정체성 만들기와 위상 서열을 중시하였음을 지적하였다(Pyle 2008). 일본은 현행 국제 규율과 제도적 지배권에서 실질적인 이해관계를 갖고 있기 때문에 '현상유지 선호 국가'로 볼 수 있다. 그러나 국제적인 위상 서열을 상승시키고 국가의 존엄성을 확립하고자 하는 일본의 야망은 아직 충족되지 않았으며, 일본은 여전히 국가 존엄성을 증진시키기 위해 노력하고 있다(Pyle 2008). 강대국으로 부활하기 위한 일본의 명예, 존엄, 위상에 대한 욕구는 전전부터, 전후, 그리고 2017년에 이르기까지 지속되고 있는 것이다.

그렇다면, 일본은 중국과의 관계 속에서 자신과 타자를 어떻게 인식하고 중일관계를 규정하고 있는가? 일본이 항상 중국을 위협으로만 인식했던 것은 아니다. 1930년대 중일전쟁 교전국이었던 중국과 일본 두 나라는 전후 1972년 9월 29일 발표된 중일 공동성명日本国政府と中華人民共和国政府の共同声明으로 국교를 정상화하고, 1978년 8월 12일 중일 평화우호조약日本国と中華人民共和国との間の平和友好条約을 체결하며 정부간 관계를 제도적으로 발전시켜왔다.

중일 양국 관계의 기반이 되었던 1972년 중일 국교정상화 당시에는 "일중 양국은 일의대수 사이의 이웃국가이며, 긴 전통적 우호의 역사를 갖는다"란 표현을 사용하였다. 일의대수는 한반도와의 관계에서도 사용된 표현으로, 한국과 중국과 이웃한 나라로서의 가까움을 강조하는 비유이다.

이후 중일관계는 냉전이라는 국제환경의 제약 하에서 경제분야 중심의 협력이 추진되었고, 탈냉전기 이후에도 일본의 대중 정부개발원조 ODA를 비롯한 경제협력이 양국 우호의 상징으로 자리매김해왔다.

그런데, 2010년 중일 어선 충돌 사건 이후 센카쿠/댜오위다오釣魚島 매각 문제, 국유화 논의 등 중일 영토 갈등이 첨예화되면서부터 중국과 일본 사이의 바다가 '일의대수'에서 '동중국해'로 구체적으로 명명되었다. 2013년 외교청서에서 일본은 중국과 "동중국해를 사이에 둔 이웃국가"라는 표현이 사용되고 중일 간 센카쿠 문제와 동중국해 문제가 중일관계의 핵심의제가 되었다.

중국을 일본과 '동중국해를 사이에 둔 이웃국가'로 규정하기 시작한 것은 중일관계의 기본적인 성격의 변화를 시사한다. 동중국해에 대한 언급은 2006년 1차 아베 내각에서도 중일관계의 주요 의제로 다루어지기는 했지만,[2] 중일관계를 정의하는 기본 관계 규정으로 언급되지는 않았다.

2000년대 대두된 중국부상론은 2010년 '세계 2위 경제대국 중국'으로 실체화되었고, 센카쿠 영토 분쟁으로 충돌하면서 일본에게 '위협'으로 자리 잡았다. 중국의 주변국들과의 영토 문제에 대한 미국과 일본의 관심은 보다 넓은 범위로 확장되어 나타나고 있다(그림 1). 양국의 인적 교류는 지속적으로 증가하고 있지만,[3] 변화하는 국제정세와 위협의 증대의 한 가운데 힘과 군사력을 앞세운 현상변경국 중국이 존재하고 있다. 이러한 일본의 중국 인식은 단지 중국의 부상이라는 일본 외부적 요

---

2 2006년 아베 총리는 중국 방문 이후 동중국해를 평화, 협력, 우호의 바다로 만들자는 인식을 양국 간에 확인하였고 협의 프로세스를 가속하여 공동개발 등의 방법을 모색하기로 하였으며, 주권적 권리主権の権利를 확보하여 해결해 나가겠다는 의견을 밝힌 바 있다 (2006.10.10 중의원 예산위원회 아베 총리 발언).
3 2016년 중국에서 일본을 방문한 여행자 수는 약 637만 명(일본정부관광국 JNTO 기준)으로 전년의 약 499만 명에 이어 과거 최고치를 기록했다(外交青書 2017).

인에 대한 반응으로 이해하기 쉽다. 그러나 중국의 부상은 일본 내부적으로도 영향을 미쳤으며, 일본 내부적 요인에 의한 중국 인식 변화도 복합적으로 작용하고 있음을 주의할 필요가 있다.

그림 1 | 중국의 영토분쟁 지역

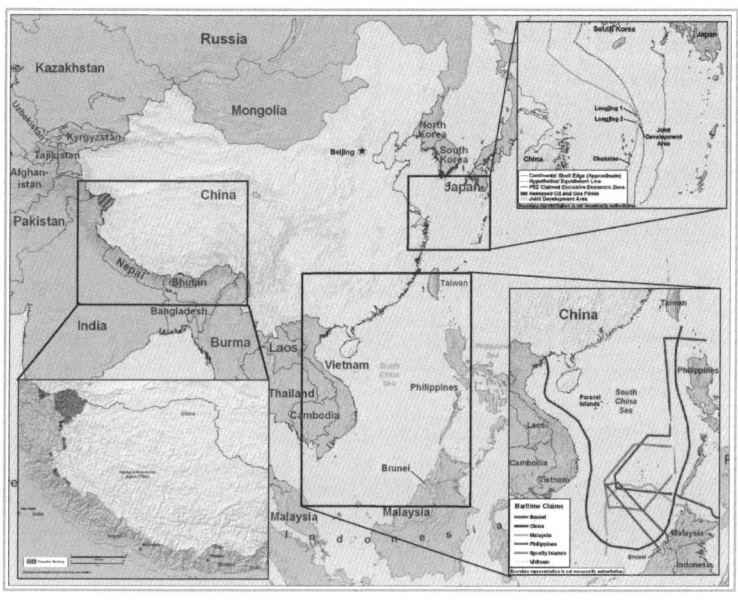

출처: Office of the Secretary of Defense, 2011, 2017.

정리하면, 본 논문은 중국의 부상을 바라보는 일본의 '현상변경국 중국' 인식과 이에 기반한 중국 정책이 일본의 정체성 변화에서 비롯하고 있음을 설명한다. 중국의 부상은 단지 힘의 변화나 이익의 변화만을 의미하는 것이 아니다. 중국의 부상은 중국의 정체성과 일본의 정체성에 상호 영향을 주고받으며, 일본의 정체성 변화와 맞물려 중국에 대한 인식의 변화와 정책의 변화를 가져온다. 전후 일본의 정체성 변화를 바탕으로 중국에 대한 인식과 대중 정책의 변화 그리고 새로운 중일관계로의 변화가 나타나고 있음을 확인한다.

분석틀: 국가정체성 부조화와 자기정당화

정체성이란 자아 확인과 타자 인식이 동시에 이루어지면서 형성되는 개인이나 집단의 자기인식이다(Huntington 2004). 정체성에 기반하여 이해관계가 연결되고, 행위에 영향을 주기 때문에 정체성은 국가 행위의 동기를 이해하는 데 매우 중요한 분석 요인이다(Wendt 1994; 이정남·이내영 2014).

자아정체성은 타자와의 비교 속에서 보다 분명하게 인지된다. 특정한 타자를 설정하여 주체의 정체성 인식을 확인하는 것이다. 타자와의 관계 속에서 자아를 규정하고, 타자와의 유사성과 상이성을 확인한다(Huntington 2004). 우리라는 인식we-ness이나 친근감friendship, 또는 적foe으로의 관계 인식은 상호주관적으로 규정된다(Wendt 1992). 정체성은 자아와 타자의 관계에 내재되어 있으며, 지속적인 상호주관적 작용을 통해 변화한다.

국가정체성 역시 자국과 타국의 관계 속에서 보다 구체적으로 인식된다. 국가지도자는 개인이 아닌 자신의 지위와 역할에 근거하여 국가의 대리인으로 행동함으로써, 국가는 의도성을 가진 행위자로 존재할 수 있다(Wendt 1992). 국가지도자들은 국가정체성을 형성하고 소비하는 주요 행위자이며, 국가지도자 개인이 자국의 정체성을 어떻게 인식하는가에 따라 상이한 정책으로 나타날 수 있다(Hymans 2006). 여기에 국민여론과의 상호작용을 통해 집합적 정체성을 형성해 나간다.

정체성은 다면적이고 다층적이며 유동적으로 구성된다. 정체성은 구조와 행위자 사이에서 구성되고 내재화된다. 정체성은 외생적으로 주어진 것이라기보다는, 행위자가 이를 어떻게 내부적으로 수용하고 내재화하는가에 따라 달라질 수 있다. 알렉산더 웬트(1992; 1994)는 집합적 정체성이 외생적으로 주어진 것이 아니라 내생적으로 구성되는 것임을 강조하였다. 집합적 정체성은 공유된 규칙, 규범, 원칙들을 통해 형성될 수 있으며, 형성되지 않을 수도 있고, 다른 정체성으로 전환될 수도 있다.

정체성의 다층화와 상호구성에 더하여 이 논문에서 주목하고자 하는 것은 정체성 구성의 보다 구체적인 작동 메커니즘이다. 우선, 자아와 타자의 정체성의 상호 구성과정에서 인지부조화cognitive dissonance가 발생할 수 있다. 인지부조화란 개인이 가지고 있는 사고, 태도, 신념, 의견들 사이에 심리적으로 불일치하는 두 가지 인지를 가지고 있을 때 생겨나는 긴장상태이다(Aronson 2014, 281). 여기에 인간은 자신의 삶이 부조리하지 않다는 것을 스스로 확신하기 위해 인지부조화를 감소시키려 하는데, 이러한 시도에서 나타나는 것이 바로 자기정당화self-justification이다.

인간은 인지부조화로 발생하는 불일치를 감소시키려 심리적 조화를 달성하려고 하며, 불일치를 증가시킬 수 있는 상황과 정보를 적극적으로 회피한다(Jervis 1976, 383). 또한 자신의 행동을 정당화하여 스스로를 위안시키고자 하며 자신의 행동을 지속해 가고자 한다. 따라서 인지부조화는 자기방어적인 동기를 가지게 하고, 스스로의 이미지를 방어적인 자세로 취하면서 행위자는 자신의 인식과 평가와 의견을 재구성한다.

> ### 인지부조화와 자기정당화
>
> '인지'란 주위 환경, 자기 자신 또는 자신의 행동에 관한 지식, 의견, 신념, 가치관 등을 가리킨다(Festinger 2016). 인지부조화는 두 가지 인지가 불일치할 때 발생하는 것으로, 기존에 가지고 있던 신념과도 같은 이상적인 생각과 눈앞에 나타나는 현실이 일치되지 않을 때 발생한다. 대표적인 사회심리학자 레온 페스팅거Leon Festinger는 사람들이 신념과 현실 간의 불일치와 비일관성을 제거하고자 하며, 인지부조화를 줄이기 위해 상황이나 정보의 회피가 일어날 수 있음을 지적하였다. 인지부조화를 해소하기 위해 기존의 생각이나 현실을 변형시키는 발화행위로서 자기정당화가 발생한다. 자기정당화는 크게 기존의 신념을 바꾸거나 현재를 바꾸는 방식으로 나타날 수 있다. 이솝우화의 '여우와 포도'에서 이러한 자기정당화의 작동기제를 확인할 수 있다. 더위에 지치고 배가 고픈 여우 한 마리가 포도밭에 들어가게 되었는데, 포도가 너무 높이 달려있어 아무리 노력해도 먹을 수 없자, "어차피 신포도여서 먹을 수 없었을 것"이라고 정당화한다. 이상을 변형시켜 현실과의 괴리를 해소하고자 한 것이다. 반면, 현재를 미화시키는 방식으로 자기정당화가 작동하기도 하는데, 레몬을 먹어야 하는 상황에서 레몬을 '단 레몬'이라 정당화하면서 레몬의 가치를 이상에 가깝도록 변형하여 인지부조화를 해소하는 방식이다. 이처럼 인간은 합리적인 존재라기보다는 합리화하는 존재라고 이해할 수 있다. 국가지도자의 현실인식과 정책도 자기정당화를 통해 그 특징과 한계를 보다 잘 이해할 수 있다.

과거와 미래의 일관성을 유지하기 위해 인지적 불일치를 감소시키려고 한다.

국가정체성을 형성하는 과정에서도 자기정당화가 나타난다. 국가가 스스로 행동할 수 없기 때문에, 국가를 대리하는 행위자는 그 국민의 의견을 대변해야 한다. 특히 일본과 같은 민주주의 국가에서는 지도자가 국민으로부터 동의를 얻을 수 있는가에 관한 정통성legitimacy 문제와 연계된다. 지도자의 자기주장self-assertion은 공식적 언급, 간접적 표현, 상징 등으로 나타나며, 이러한 표상들은 정당화의 내러티브narrative of justification로 나타난다(Honneth 2012, 31-32).

그림 2 | 분석틀: 정체성 부조화와 자기정당화

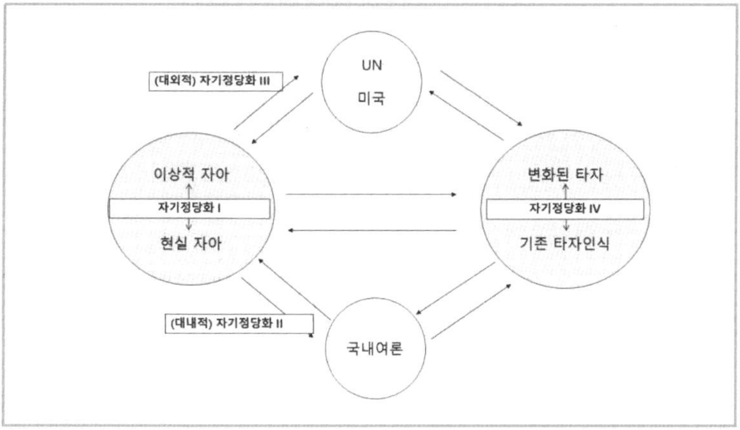

[도식: UN 미국 / (대외적) 자기정당화 III / 이상적 자아 ↔ 현실 자아 (자기정당화 I) / 변화된 타자 ↔ 기존 타자인식 (자기정당화 IV) / (대내적) 자기정당화 II / 국내여론]

    자기정당화는 다양한 이유로 발생한다. 첫 번째 자기정당화는 국가정체성 인식이다. 현실 자아로서의 국가정체성과 이상적 자아로서의 국가정체성 사이의 괴리를 극복하기 위해 작동된다(자기정당화I). 일본이 이상적으로 생각하는 자아와 현실 자아 사이에 괴리가 있을 때 이 괴리를 극복하기 위해 자기정당화가 나타난다.

    두 번째 자기정당화는 대내적 자기정당화이다. 지도자 개인의 국가정체성 인식을 집합적 정체성으로 형성하기 위해 국내 여론과 상호작용을 통해 정당화 내러티브가 나타난다(자기정당화II). 일본 지도자가 설정한 국가정체성과 국민 여론과의 괴리를 좁히기 위한 총리의 발언이나 정책 설명 요강 등을 통해 제시된다. 여기에 국민여론과 타국에 대한 국민여론의 반응 등 다양한 상호작용이 반영될 수 있다.

    세 번째 자기정당화는 대외적 자기정당화이다. 국제사회와의 관계 속에서 자기정당화I을 추구하기 위한 정당화 내러티브로 발현된다(자기정당화III). 타자에 대한 국제사회와의 상호작용이 간접적으로 반영될 수 있다. 일본의 경우, 특히 유엔과 미국과의 관계 속에서 일본의 국가정체성과 중일관계가 영향을 주고받으며 대외정책으로 구현된다.

네 번째 자기정당화는 타자에 대한 기존의 인식과 현실의 인식이 일치하지 않을 때 작동한다(자기정당화IV). 중일관계의 경우, 일본이 기존에 중국에 대해 가지고 있던 인식과 중국의 부상이 가져온 새로운 변화로 인해 발생한 중국 인식 사이의 괴리를 해소하기 위한 정당화가 나타날 수 있다.

일본의 정체성 변화는 중국이라는 타자에 대한 관계 속에서 구체화된다. 일본의 타자로서의 중국에 대한 인식은 일본 스스로의 정체성에 밀접한 관계를 갖는다. 또한 일본의 정체성 변화는 중국에 대한 인식의 변화와 행동의 변화로 나타난다. 이와 같이, 중일관계의 맥락에서 형성된 일본의 정체성은 일본의 중국에 대한 정책에 투영된다. 타자로서의 중국과의 관계에서 형성되는 일본의 정체성 변화가 중국에 대한 정책의 변화로 나타나는 것이다. 다음 절에서는 일본의 자기정체성의 변화가 어떻게 중국에 대한 인식과 중국 정책의 변화로 나타나는지 자기정당화 분석틀을 적용하여 살펴본다.

일본의 정체성 변화와 대중국 정책 변화

전후 일본의 국가정체성에 대한 논의는 '패전국', '자유세계의 일원', '통상국가', '경제국가', '아시아태평양 국가' 등으로 규정되었으며, 일본의 정책적 특색이나 자세를 두고 '반응국가'(Calder 1988) 또는 '주저하는 현실주의'(Green 2001) 등으로 설명된 바 있다.

일본의 복합적 정체성을 중국과의 관계에서 살펴보면 1945년 이후 '패전국'과 '피해국', 1960년대 이후 '경제선진국'과 '신흥국', 1978년 이후 'ODA 공여국'과 'ODA 수혜국'으로 상호 구성되어 왔다. 2008년 대중 엔 차관의 종료, 2010년 중국이 세계 2위의 경제대국으로 일본 추월, 어선 충돌 사건과 센카쿠 문제의 첨예화, 2012년 말 아베 내각의 등장, 2015년 전후 70년을 기점으로 중일 간 정체성은 상호 재구성된다. 이하 중일관계의 주요한 전환점이 된 시점들을 중심으로 일본의 정체성 인식의 변화를 살펴본다(그림 3).

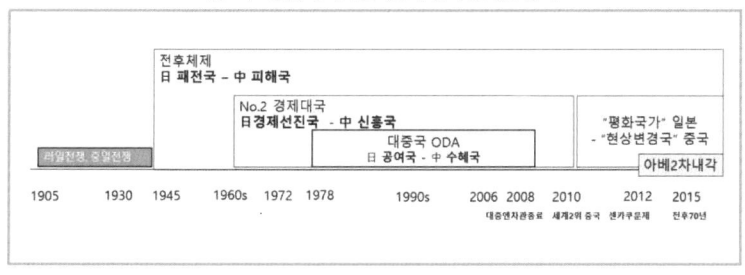

그림 3 | 일본의 자기정체성과 중국 정체성 인식

패전국 일본과 피해국 중국(1945~)

오늘날 중일관계에서 첨예한 대립과 갈등이 촉발되는 이슈는 야스쿠니 신사 참배 문제, 센카쿠/댜오위다오 문제, 난징대학살 문제 등이 있다. 관련 문제가 제기될 때마다 피해국 중국과 패전국 일본의 정체성은 상호 대립하여 상이한 인식에 입각한 주장이 되풀이되고 있다.

패전국 일본이라는 부정적인 정체성은 전후 일본이 끊임없이 직면하면서도 끊임없이 극복하고자 하는 대상이었다. 패전국 일본의 정체성은 전쟁에서 패한 일본과 함께 유일한 원자폭탄 피해국으로서의 일본과 일본인 그리고 패전 후 폐허 속에서 세계 경제선진국으로 발돋움할 수 있었던 일본인들의 경이로움 등도 포함한다.

반면 중국은 일본에 승리한 전승국이면서도, 전쟁기 일본의 침략에 의해 잊을 수 없는 피해와 고통을 당한 피해국으로서의 중국이라는 정체성이 더욱 두드러진다.

종전 50년, 60년, 70년을 맞이하여 발표한 총리 담화를 통해 패전 또는 종전에 대한 일본 정부의 기본 인식을 살펴볼 수 있다. 1995년의 무라야마 담화는 일본의 역사 문제를 직시하고 과거 일본의 침략과 식민지배를 인정하는 내용을 담았다. 2005년 고이즈미 담화는 세계평화와 공헌을 강조하며 보통국가로 나아가는 일본 정부의 정책 기조를 포함하고 있다.

2015년 8월 14일 발표된 아베 총리의 70년 담화는 발표 직전까지 국내외적으로 많은 주목을 받았다. 아베 총리는 '21세기구상간담회21世紀構想懇談会'를 조직하여 전문가 집단의 토론과 제언을 바탕으로 담화 내용을 준비하였다.[4]

역사 인식과 관련하여 식민지배에 대한 언급은 있었으나, "100여 년 전의 세계에는 서구 국가들을 중심으로 한 나라들의 광대한 식민지가

---

4 20세기를 되돌아보고 21세기의 세계질서와 일본의 역할을 구상하기 위한 지식인간담회20世紀を振り返り21世紀の世界秩序と日本の役割を構想するための有識者懇談会이다.

펼쳐져 있었"음을 주지하고, "러일전쟁은 식민지 지배하에 있던 많은 아시아와 아프리카인들에게 용기를 주었다"는 자기정당화 내러티브가 등장하였다.

또한 사죄 표명의 문구는 "일본은 지난 대전에서의 행동에 대해 거듭 통절한 반성과 진심어린 사죄의 마음을 표명"해 왔으며 "이러한 역대 내각의 입장은 앞으로도 흔들림이 없을 것"으로 기술되었다. 전후 50년 발표된 무라야마 담화를 계승한다는 의미라고 주장하지만, 아베 내각이라는 주체가 상실되어 있다는 점에서 전략적 우회기술이 사용되었다고 할 수 있다.

아베 담화에서 특히 흥미로운 점은 중국에 대한 특별한 고려가 나타난다는 점이다. 만주사변의 존재를 인정하고, 교전국으로 중국을 지칭하였다.

> 전쟁의 온갖 고통을 겪은 **중국인 여러분**과 일본군에 의해 견디기 힘든 고통을 입은 포로 출신 여러분이 그토록 관용을 베풀기 위해서는 얼마만큼 마음의 갈등이 있었고, 얼마만큼 노력이 필요했을까요. 그 점을 우리는 헤아려야 합니다.

한국에 대한 언급이 의도적으로 배제되어 있는 것과 비교하면 중국에 대한 고려가 상대적으로 더욱 반영되었음을 알 수 있다. 그러나 무엇보다도 아베 담화의 주요 목적은 다음 문구에서 확인할 수 있다.

> 일본에서는 전후 태어난 세대가 바야흐로 인구의 80%를 넘어섰습니다. 그 전쟁과는 아무런 상관없는 우리 아이들과 손자, 그리고 그 다음 세대의 아이들에게 계속 사죄의 숙명을 짊어지게 해서는 안 됩니다. 역사의 교훈을 깊이 가

슴에 새겨 보다 나은 미래를 열어 나가며, 아시아 그리고 세계의 평화와 번영을 위해 온 힘을 다할 그런 큰 책임이 있습니다. … 우리는 국제질서에 대한 도전자가 되어버린 과거를 우리 가슴에 계속 새기겠습니다. 그러기에 바로 일본은 자유, 민주주의, 인권과 같은 기본적 가치를 흔들림 없이 견지하며, 그 가치를 공유하는 나라들과 손잡고 '적극적 평화주의積極的平和主義'의 기치를 높이 내걸며 세계평화와 번영에 지금껏 이상으로 공헌해나가겠습니다.

무라야마 담화에서는 일본을 식민지 지배와 침략의 주체로 명시하고, 신의에 바탕으로 한 역사 문제에 대한 성실한 대응을 강조한바 있다. 이와 비교한다면 아베 담화는 역사 문제를 미래세대의 부담으로 주지 않겠다는 의지와 역사 문제를 역사교육이 아닌 "가슴에 깊이 새기겠다"는 우회적인 표현을 사용하며 미래지향적인 국제사회 공헌으로 역사적 책임을 다하겠다는 방침으로 대처하고 있다.

동시에 스스로를 "국제질서에 대한 도전자"로 평가한 일본의 과거 정체성과 "자유, 민주주의, 인권"의 기본가치를 공유하는 나라들과 함께한다는 부분은, 현재 시점에서 국제사회에 도전자로 등장하고 있는 '현상변경국' 중국에 대한 경고이며 기본가치 공유를 국가정체성과 결부하여 바라보며 사실상 중국에 대한 견제 의식을 담고 있다.

전후 70년 아베 담화는 패전국 일본으로서의 정체성 종료와 역사 문제의 종언을 시도하였지만, 한중일 간 과거 인식의 불일치와 성급한 전후체제 탈각의 시도로 인해 피해자 중국과의 관계 변화는 2015년 이후에도 완수하지 못한 과제로 남아있다.

공여국 일본과 수혜국 중국(1979~2008)

1978년 중일 평화우호조약 체결 이후 일본 정부의 대對중국 원조가 본격적으로 시작되었다. 중국은 일본의 경제협력 자금을 바탕으로 개혁개방 정책을 적극적으로 추진하며 경제성장의 기틀을 마련할 수 있었다.

일본의 경제협력에 기반한 전후 처리 및 배상 대책은 일본의 패전국 정체성을 포장하는 전략이었다. 일본에서 중국으로 건너가는 자금은 '패전국' 일본의 배상금이 아닌, '경제선진국' 일본이 ODA '공여국'으로서 중국에 도움을 주는 협력자금으로 명명되었다. 패전국에서 공여국으로의 정체성 전환은 일본의 중국에 대한 우월적 지위를 형성하였다.

중국은 개혁개방 정책을 실시한 1978년 이래, 높은 경제성장률을 유지하였다. 1979년부터 2010년까지의 연평균 GDP성장률은 실질 9.9% (2010년의 GDP성장률은 실질 10.3%), 2010년에는 일인당 GDP가 약 4,382달러가 되었다(ODA白書 2011). 2001년 12월 WTO에 가입한 이후 중국은 개혁개방 노선을 가속하여, 세계경제 속 중국 경제의 존재감을 높였다(ODA白書 2015).

2007년 10월 중국 제17차 당대회에서는 시진핑習近平이 차기 중국 최고지도자로 낙점되고 2020년까지 소강사회를 실현하는 정책이 재확인되었다. 2012년 시진핑 주석의 등장과 함께 '중국의 꿈中國夢'으로 '중화민족의 위대한 부흥'이라는 슬로건으로 제시되었다. 구체적으로는 2020년까지 1인당 GDP 2000년 시점의 4배가 되는 것을 목표로 하고 있다.

중국 경제의 발전이 진행되는 속에서 중국 자신의 자금조달 능력이 증대되고, 유입되는 민간자금이 대폭 증가하면서, 엔 차관을 중심으로 하는 대규모 자금협력의 필요성은 이전보다 저하되었다. 일본 정부는 2006년부터 경제, 기술을 포함하여, 다방면에서 큰 변화를 수반한 중국에 대한 개발원조는 "이미 일정한 역할을 다했다"고 판단하였다. 그리고 대중 ODA의 대부분을 점하는 엔 차관에 대해서 중국의 경제, 사회 발전을 상징하는 2008년 베이징올림픽 전까지 신규 공여를 원만하게 종료하기로 중일 간 합의가 이루어졌다(ODA白書 2015). 2007년도 안건의 교환 공문으로의 최후의 신규 공여가 이루어지고, 2008년부터 일본 정부의 엔 차관은 종료되었다(표 1).

표1 | 일본의 대중국 ODA (단위: 억 엔)

연도	엔 차관	무상자금협력	기술협력
2001	1613.66	63.33	331.62
2002	1212.14	67.87	326.88
2003	966.92	51.5	340.86
2004	858.75	41.1	283.73
2005	747.98	14.4	52.05
2006	623.3	24.02	309.68
2007	463.02	14.49	281.25
2008	-	19.92	270.58
2009	-	13.08	303.93
2010	-	14.66	500.97
2011	-	8.43	43.02
2012	-	2.88	50.2(~62.26)
2013	-	2.84	13.11(~16.11)
2014	-	0.85	28.15(~34.15)
누적합계	33164.86	1574.5	1831.8

출처: ODA白書 2005-2015.
주: 연도의 구분은 엔 차관 및 무상자금협력의 경우 교환 공문을 기준으로 하며, 기술협력은 예산연도를 기준으로 한다. 금액은 엔 차관 및 무상자금협력은 교환 공문 기준, 기술협력은 JICA 경비실적 및 각 부성청, 각 도도부현 등의 기술협력 경비실적 기준이다.

이 과정에서 일본 정부의 대내적 자기정당화(자기정당화 II)를 확인할 수 있다. 중국의 국력이 증대되고 있는 반면 일본의 경제 재정사정이 개선되지 않자 당시 일본의 대중국 ODA 부담을 두고 일본 내부의 비판도 제기되기 시작했다. '중국의 대국화에 일본이 경제적으로 일조하고 있는 것이 아닌가'란 질문은 일본의 대중국 ODA를 종료하게 된 근거가 되었다(김호섭 2008). 강한 중국이 강한 일본에 도움이 된다는 이전까지의 정당화가 변화된 것이다(김호섭 2008). 중국을 바라보는 일본의 인식과 정책의 변화를 단적으로 보여주는 예이다.

2000년 12월 개최된 '21세기를 향한 대중 경제협력의 방향에 관한 간담회'에서는 대중 원조를 높이 평가하면서 일본의 중국 원조에 대한 재검토를 실시하고, 환경과 빈곤퇴치, 보건의료, 인재양성 등으로의 방향 전환을 제시하였다(毛里和子 2006).

일본 정부는 일본 내 존재하는 다양한 의견을 바탕으로 2001년 10월 '대중국경제협력계획対中国経済協力計画'을 마련했다. 일본의 대중국 ODA에 일본 국민의 이해와 지지를 얻을 수 있도록, 국익의 관점에서 환경보전, 내륙부의 민생향상이나 사회개발, 인재육성, 제도구축, 기술이전 등 일본 국민에게도 도움이 되는 분야를 더욱 중시하도록 정책 방향을 수정하였다(ODA白書 2015).

이에 대한 일본 정부의 대내 자기정당화는 "중국 경제의 안정적 발전은 아시아 태평양 지역의 안정에 공헌할 뿐만 아니라 일본 기업의 중국에서의 투자환경의 개선이나 중일 민간경제관계의 진전에도 크게 기여하는 것"이었다. 그리고 "중국의 개발에 도움이 되는 지원이 이미 일정한 역할을 얻게 되었다"고 평가하며(ODA白書 2015), 2008년 엔 차관 종료 이후 기술협력, 대중 지원, 인간의 안전보장 무상자금협력 등을 한정적으로 실시하는 정책으로 변화하였다.

중국에 대한 ODA는 **일본 국민의 생활에 직접 영향을 미치는 초국경적 공해, 전염병, 식품의 안전 등** 협력의 필요성이 매우 요구되는 분야에 기술협력이나 근본적인 인간 안전보장, 무상자금협력 등 한정된 분야에서의 협력으로 진행되고 있다. 또한 대중 ODA의 대부분을 점하는 기술협력에 대해서는 일중의 새로운 협력의 존재로서 **일중 쌍방이 적절하게 비용을 부담하는 방법을** 단계적으로 실시함으로써 일본 국내의 비판에 대응하고 있다(ODA白書 2015).

2008년 대중국 관여 정책의 상징이었던 대중 ODA가 종료되고, 중국 경제협력의 주요 공여국의 순위에서도 일본이 밀려나기 시작하였다. 2009년 3위로 밀려난 이후 2010년부터는 중국의 상환 금액이 더욱 많아지게 되면서 마이너스 경제협력 실적으로 나타나기 시작하였다(표 2).

표 2 | 주요 공여국의 대중국 경제협력 실적

	1위	2위	3위	4위	5위	일본 (백만달러)
2005	일본	독일	프랑스	영국	호주	1064,27
2006	일본	독일	프랑스	영국	호주	561,08
2007	일본	독일	영국	프랑스	스페인	435,66
2008	독일	일본	프랑스	영국	미국	278,25
2009	프랑스	독일	일본	영국	미국	141,96
2010	독일	프랑스	영국	미국	폴란드	-192,66
2011	독일	프랑스	영국	미국	호주	-481,32

출처: 政府開発援助(ODA)国別データブック 2005-2015
(http://www.mofa.go.jp/mofaj/gaiko/oda/shiryo/kuni/11_databook/index.html)

2008년 엔 차관의 종료로 '공여국' 일본과 '수혜국' 중국의 관계가 종료되었다. 대중 ODA는 경제대국 일본의 중국에 대한 경제적 우월감을 뒷받침하는 것이었다. 중국의 급속한 경제성장은 대중 ODA의 필요성을 감소시켰고, 기존의 신흥국 중국에 대한 인식의 변화를 요구하고 있었다. 중국의 부상은 일본 국내 여론에 영향을 미치면서 중국 정책이 수정되었고, 공여국 일본의 정체성 종료와 함께 대중국 경제 우위의 상징성도 약화되었다.

세계2위 중국과 세계3위 일본(2010~)

1995년 세계은행은 구매력평가PPP 기준으로 중국을 미국에 이은 세계 제2위로 평가하였다(毛里和子 2006, 149). 이 발표로 '신흥대국'으로서의 중국이 주목되기 시작하였고, 일본 내 중국 위협론이 본격적으로 등장하기 시작하였다.[5] 2004년 등장한 중국 주도의 베이징 컨센서스Beijing Consensus[6] 개념은 미국 주도의 워싱턴 컨센서스Washington Consensus와 대비되며 미중 경쟁시대의 도래를 예고하였다. 특히 2008년 미국 발 금융위기는 대안으로서 중국 경제의 가능성을 확인하는 계기가 되었다. 2008년, 2009년, 2010년 미국의 GDP 추이는 주춤한 반면, 중국의 경

---

5 IMF 통계를 보면 PPP기준 중국은 2013년 미국을 추월했다(IMF 2017). 2017년 현재 PPP기준 순위는 중국(23조 1,944억), 미국(19조 4,171억), 인도(5조 4,893억), 일본(5조 4,202억) 순으로, 중국이 1위이다.
6 2004년 골드만삭스의 고문이자 중국 칭화대 겸임교수인 레이모(Joshua Cooper Ramo)가 제시한 개념이다. 혁신, 비대칭적 발전, 평등에 대한 주목, 시민권에 대한 새로운 사고 등의 현상과 그것을 관통하는 핵심적인 사상이 반영되어 있다(Ramo 2009, 74).

제성장은 2004년부터 2015년까지 매년 1,000억 달러 이상의 GDP 증가를 기록했다. 반면 일본은 2000년 이후 명목 GDP는 약 5,000억 달러 전후에서 정체되어 있다.

2008년 베이징올림픽의 개최로 중국의 자신감은 더욱 높아졌다. 1964년 도쿄올림픽과 1988년 서울올림픽과 마찬가지로 고도의 경제성장 국가로서의 모습을 국제적으로 발신하였다. 그리고 2010년 명목 GDP기준으로 중국은 약 6조 달러, 일본은 5조 7,000억 달러를 기록하며 세계 2위 경제대국 중국이 현실화되었다. 향후 중일 간 GDP 격차는 증가하고, 미국과 중국 간의 GDP 격차는 점차 줄어들 것으로 예상되고 있다(IMF 2017).

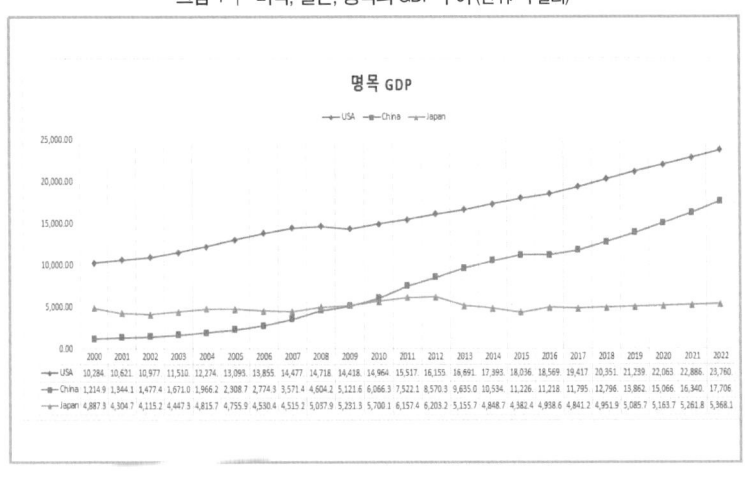

그림 4 | 미국, 일본, 중국의 GDP 추이 (단위: 억 달러)

출처: IMF, World Economic and Financial Surveys World Economic Outlook Database, 기준 필자 작성
(http://www.imf.org/external/pubs/ft/weo/2017/01/weodata/index.aspx)

이에 대해 일본의 대응은 크게 두 가지로 나타나고 있다. 첫 번째는 1인당 GDP기준의 중시이다. 1인당 GDP기준의 세계 순위는 명목GDP 순위와 상당한 차이가 있다. 2017년 기준 룩셈부르크(10만 1,715억 달러), 스위스(7만 8,245억 달러)를 필두로 하여 미국은 5만 9,609달러로 8위, 일본이 3만 8,282달러로 세계 24위, 중국은 8,481달러로 세계 74위이다. 인구 대국 중국으로서는 일본과의 격차를 좁히기가 쉽지 않다.

또한 일본은 2016년 중국의 경제성장률 감소로 중국 경제성장이 새로운 단계에 진입했다는 신창타이新常態에 주목하며 중국 국내 상황을 다음과 같이 인식하고 있다.

> 중국은 경기가 완만하게 둔화되고 있으며 2015년의 실질 GDP 성장률은 전년대비 6.9% 증가, 무역총액은 전년대비 8.0% 감소(특히 수입총액은 전년대비 14.1% 감소)되고 있다. 경제성장이 둔화되는 가운데 빈부격차, 환경오염, 부패의 만연, 소수민족 문제의 격화 등 여러 사회 문제가 심각한 수준에서 가시화되고 있다(外交靑書 2016).
> 중국은 많은 구조적 문제를 안고 있으며, 구체적으로는 농촌부의 발전, 환경을 고려한 에너지 자원의 효율적 이용, 지역 간, 도시 농촌 간 도시 내의 경제격차 시정, 시장경제를 위한 필요한 각종 개혁 등이 언급된다. … 중국은 경제발전과 사회발전의 불균형이 현저하여 사회적으로 불안정해지기 쉬우며, 긴급한 경제발전의 뒤틀림이 사회적 약자의 증가나 환경 등의 분야에서 현저해지고 있다(外交靑書 2016).

그럼에도 불구하고, 여전히 명목GDP기준으로 중국은 세계 2위 경제대국으로 인식되고 있다. 2017년 현재 명목GDP기준 순위는 미국(19조 4,717억 달러), 중국(11조 7,953억 달러), 일본(4조 8,412억 달러)이다. 미국과 중국에 비해 일본의 명목GDP 격차가 상당하다. 미중 경쟁시대 일본의 세계 3위 위치가 더욱 불만족스러울 수밖에 없는 이유이다. 세계 2위를 중국에 추월당한 것만이 아니라, 미중과의 격차가 커지면서 미중일 사이에서 일본의 역할과 위치를 인정받기 위해 보다 적극적 전략을 모색하고 있다.[7]

평화국가 일본과 힘에 의한 현상변경국 중국

일본에서 '평화'만큼 복합적이고 다의적인 개념은 없을 것이다. 국내적으로도 국제적으로도 평화는 일본을 설명하는 가장 중요한 단어 중 하나였다. 평화라는 개념의 의미도, 영역도, 시사하는 바도 사람마다, 입장에 따라 각각 상이하였으며, 시대에 따라서도 유동적으로 변화하고 있다.

전후 일본국헌법은 패전국 일본의 새로운 출발을 알리는 상징이었다. 특히 제9조는 평화를 희구하며 전쟁을 방지하고자 하는 의지를 담은 문구로 '평화헌법'으로 명명되었다. 전쟁 및 무력에 의한 위협과 무력의 행사, 그리고 군사력과 교전권 보유를 금지하여 전쟁의 부재와 평화를 추구하는 기본 정신을 담았다.

1995년 오자와 이치로小沢一郎가 발표한 '일본열도개조계획'은 군사력을 가진 보통국가론을 제기하였고, 군사력 보유 문제에 대한 사회적 공론화가 본격화된다. 군사력을 갖지 못한 '비정상'적인 상태를 인지시

---

[7] 서승원은 미중일 3각관계에 대해 미중일 정삼각형론과 미일동맹 기축론이 대립한 바 있으며, 향후 미일 대 중의 구도가 지속될 것이라고 전망하였다(서승원 2015).

키고 군사력을 갖는 보통국가가 되어야 한다는 주장은 일본의 정체성 변화를 추동하였다. 보통국가론은 헌법 9조의 개헌이라는 변화를 요구함과 동시에 일본 내부로부터의 정체성 재검토와 변화를 시도한 것이라는 점에서도 매우 중요하다.

오자와의 보통국가론과 아베 총리의 적극적 평화주의 외교 이념을 제시한 인물로 알려진 기타오카 신이치北岡伸一는 집단적 자위권에 대해 다음과 같이 설명한다.

> 전 세계에서 집단적 자위권이 없는 나라는 일본밖에 없다. 일본은 밀접한 관계에 있는 국가가 부당한 공격을 받아 그걸 방치하면 일본의 존립이 위협받고, 국민의 권리가 근저로부터 뒤집힐 명백한 위험이 있는 경우에 한해 '필요 최소한도'의 행사를 하겠다는 것이다. 일본보다 억제된 룰이 있는 나라가 있으면 말해 달라. 한국은 베트남전쟁 당시 군대를 보냈다. 집단적 자위권 행사였다. 그런데 일본은 그런 걸 하지 않겠다는 것이다. 왜냐하면 베트남전쟁으로 일본이 근본적인 영향을 받지 않기 때문이다(『外交』北岡伸一 2015).

일본이 군사력을 가져야 하는 이유에 대해서 보통국가론은 필요최소한도의 '자위'를 강조하며 국제사회에 '공헌'하기 위한 것이라는 자기정당화가 부가되었다. 더 나아가 최근 아베 정부의 '적극적 평화주의'는 국제주의에 국가주의적 성격이 가미되었으며, 평화주의를 표면적으로 내세우고 있다. 적극적 평화주의에서의 평화는 이전보다 복합적이고 포괄적이며 주도적이다. 국제사회에서 공헌을 정당화 근거로 제시하면서 강대국으로서의 정체성을 인정받기 위한 '인정투쟁'의 양상을 띠고 있다(오승희 2017).

한편 중국에 대한 인식은 '힘'에 의한 현상변경국으로 대표된다. 일본의 입장에서 중국은 불투명한 군사력의 광범위하고 급속한 확대를 추진하고 있으며, 중국의 '일방적인' '현상변경 시도'가 계속되고 있다.

중국이 평화를 지향하는 책임 있는 국가로 발전하는 것은 일본을 포함한 국제사회가 환영하는 것이다. 한편 투명성을 결여한 군사력 증강과 해양 활동의 활성화는 지역 공통의 우려 사항이다(外交靑書 2014-2016).
중국은 계속하여 높은 수준에서 국방비를 증가시켰으며 2016년 국방 예산도 전년 집행액보다 7.6% 증가와 높은 증가세를 보이고 있지만 그 지출의 세부 내역에 대한 설명은 없고, 증액의 의도에 대해서도 밝혀지지 않았다. 이러한 가운데 최근 핵미사일 전력과 해공군 전력을 중심으로 한 군사력은 광범위하며 급속히 강화되고 있는 것으로 알려졌다(外交靑書 2016).

여기서 무력에 근거한 현상변경 시도로 규정하는 것은 일본이 전후 지속적으로 고민해 온 평화국가로의 고민과 상호 영향을 미치며 구성된 개념으로 보인다. 단순한 현상변경국이 아닌 '힘에 의한 현상변경국'으로서의 중국은 기존 질서에 대한 도전자로서 더욱 국제사회로부터 비난받을 수 있는 존재라는 부정적인 인식을 반영하고 있는 것이다.

일본은 중국을 현상변경국으로 규정함으로써, 일견 일본을 현상유지 선호 국가로 인식하게 하지만, 일본은 평화국가에 대한 해석을 재시도하며 적극적으로 국제사회에서의 자기정체성과 전후 정책의 현상변경을 시도해 오고 있다. 일본은 안보, 금융, 무역 등 미국이 형성해 온 국제질서와 관련된 영역에서는 현상유지국으로 평가할 수 있지만, 유엔 안보리 상임이사국으로서의 도전, 영토 문제와 영해 문제의 현상변경을 시도해 오고 있다(서승원 2009). 특히 아베 정권이 등장하면서부터 보다 적극적으로 전후체제를 탈각하려는 시도와 함께 새로운 일본으로 거듭 나려는 시도가 명백히 드러나고 있다. 현상변경과 현상유지의 영역과 시각이 교차하는 가운데, 일본과 중국 모두 현상변경을 추진하고 있다는 점을 인식할 필요가 있다. 다시 말해 2010년 이후의 중일관계는 강대국으로서의 중국과 일본이 다양한 영역에서 현상변경을 시도하고 있다고 할 수 있다.

일본 정부의 자기정당화 특징
: 강한 일본, 안보화, 가치경쟁

일본은 중국을 힘을 바탕으로 한 현상변경 국가로 인식하고 있지만, 일본도 최근 아시아 국가들과의 관계에서 현상변경의 의지를 보이고 있다. 이는 경제성장과 평화주의를 내세운 적극적인 외교정책으로 나타나고 있다. 아베 내각은 '적극적 평화주의'를 내세우며 외교정책의 세 기둥 日本外交の三本柱으로 ①일미동맹의 강화, ②근린제국과의 협력 강화, ③일본 경제의 성장을 뒷받침하는 경제외교의 추진을 제시하고 있다(外交青書 2013-2016).

이러한 일본의 외교정책 기본 기조의 핵심에 중국과의 경쟁과 협력이 자리하고 있다. 중국이라는 특정한 타자와의 관계에서 구체화된 일본의 정체성 확인과 자기정당화는 크게 ①강한 일본으로의 새로운 정체성 구상, ②중일관계의 안보화, 그리고 ③국제사회의 공헌을 강조하는 가치경쟁으로 정리할 수 있다.

정체성의 상실과 새로운 정체성의 추구
: 전후체제의 탈각과 '강한 일본'

2011년 3월 11일 동일본대지진이 발생한지 6년이 지났다. 2012년 12월 제2기 아베 내각의 출범 이후, 아베 총리의 일본 재건을 향한 노력은 적극적인 '국가 만들기' 정책으로 추진되어 왔다.

재난으로부터의 극복은, 전후 재건과 마찬가지로, 일본의 부흥, 일본의 복귀, 더 나아가 새로운 일본으로 부상하려는 적극적인 외교정책에 반영되었다. 미일동맹의 강화와 경제성장 가속화라는 측면에서는 전반적인 일본의 정책 기조를 강화해 나가는 것으로 보인다. 그러나 아시아 지역에서는 새로운 지역질서를 추진하려는 적극적인 수정 정책이 두드러진다.

아베 내각의 아시아 지역에서의 위협 인식과 현상에 대한 불만족은 현상변경을 위한 정당화 기제로 작동한다. 중국과 북한의 무력 강화에 대한 위협 인식은 일본의 안보 강화 정책을 뒷받침하고 있다. 중국과 북한의 안보 위협을 미일동맹의 강화를 통해 대비하고 보통국가로 나아가는 정당화 근거로 작용하고 있다.

경제적인 면에서는 중국의 경제성장 둔화를 인식하고, 경제외교를 바탕으로 새로운 경제대국으로 부상하고자 하는 희망이 정책에 반영되고 있다. 중국에 추월당한 세계 2위, 아시아 1위 경제대국 지위에 대한 재도약의 의지도 읽을 수 있다.

또한 2012년 중일 국교정상화 40주년, 2015년 전후 70년, 한일 국교정상화 50주년을 기념하여 역사 문제의 종언을 모색하기도 하였다. 미래지향적인 관계 구축을 강조하면서 위안부 문제를 최종적으로 불가역적으로 해결하려는 정책이 적극 추진되었다. 그러나 피해자를 고려하지 못한 국가 간 해결이라는 외교적 접근은 1965년 한일 기본조약을 상기시키며 오히려 역효과를 낳아 위안부 문제를 둘러싼 갈등은 더욱 첨예화되고 말았다.

아베 내각은 중국과 북한에 대한 위협을 새롭게 부각시키는 동시에 자유와 민주주의에 대한 강조, 미국과의 협력, 보편적 가치와 인권 존중을 요구하고 있다. 2016년 오바마 미국 대통령의 히로시마 방문과 아베 총리의 진주만 방문 등으로 미국과 일본 간 화해는 진전되었지만, 성급한 전후체제 탈각의 시도로 인해 역사 문제 관련 아시아 국가들과의 관계 개선은 더욱 어려워졌다.

아베 총리는 2017년 신년연설에서 "급변하는 국제정세의 격랑 속에서 적극적 평화주의의 깃발을 더욱 높이 들고, 일본을, 세계의 한복판에서 빛나게 한다"고 하며 "올해 아베 내각은 국민 여러분과 함께 새로운 나라 만들기를 본격적으로 시작"하겠다는 강한 결의를 내비추었다. 새로운 일본, 강한 일본, 그리고 세계 속에서 빛나는 일본을 만들기 위해 일본은 정체성의 변화를 적극적으로 추진해가고 있다.

안보화

중일관계는 2010년 이후 안보화 경향이 나타난다. 안보화란 어떠한 대상을 위협으로 인식하고 그 위협을 사회적 이슈로 부각하는 과정을 통해 언어행위speech-act로 나타나는 것을 의미한다(Waever 1995; 민병원 2006; 신욱희 2012). 안보화 개념은 안보 담론이 사회적으로 구성된다는 점을 강조한다.

　많은 연구들이 아베 정권의 군사화, 보통국가화, 집단적 자위권 문제가 중국의 부상과 중국의 군사대국화에 대한 견제에서 비롯되고 있음을 확인하였다. 박영준(2013)은 아베의 수정주의적 보통국가적인 정책 추진에 중국의 팽창 경향에 대한 우려가 반영되어 있음을 지적하였다. 서승원(2015)은 일본 아베 정권의 집단적 자위권 문제가 중국 정책에도 영향을 미치고 있다는 점을 직시한 바 있다. 손기섭(2016) 역시 안전보장 관련법이 통과된 배경에 중국 위협론의 대두가 결정적 요인이었다고 본다. 하그스트룀Hagström은 일본의 자아정체성이 한편으로는 미국/서구, 다른 한편으로는 중국/아시아를 타자화하면서 예외성exceptionalisation을 획득하였는데, 미국/서구라는 타자와의 관계 속에서는 사회화socialisation가, 중국/아시아와의 관계에서는 안보화securitisation가 작동하였다는 점을 밝히고 있다(Hagström 2015).

　일본은 센카쿠 문제, 동중국해 문제에 대해 고유영토론을 주장하며 일본의 주권적 권리로서 영토 영해 문제를 언급한다. 남중국해 문제에 대해서도 기존의 체제를 변경하려는 시도로서 '위협'이자 '현상변경'으로 규정하고 있다. 이전까지는 북한 납치 문제나 미사일 발사, 핵 문제 등 북한과의 관계에서 쟁점의 안보화가 일본의 안보 강화를 추진해 왔다(Hagström 2015). 2010년 이후에는 중국과의 문제를 안보화로 집중화하며 이에 대응하는 일본의 안보 강화를 위한 주요 정당화 근거로 작동하고 있다.

　특히 2010년 발생한 센카쿠/댜오위다오를 둘러싼 갈등이 안보화를 발동하였다. 일본 정부는 2013년 11월 동중국해 방공식별구역의 설정이나 2015년 11월 중국 해군 정보수집함의 센카쿠 제도 접속수역 바깥

쪽 반복 항행 등 일본 주변 해상공역에서 중국군의 일방적인 활동이 증가하고 있다고 주장한다. 동중국해에서는 중국의 일방적인 현상변경의 시도가 지속되고 있다고 강조한다. 센카쿠 제도에 중국 공사선의 영해 침입이 처음 나타난 것은 2008년 12월로, 중국은 2016년 12월까지 1년간 36회(누계 121척)에 걸쳐 영해 침입을 반복하고 있다고 상황을 인식하고 있다(外務省 2017).

센카쿠에 대한 일본 정부의 입장은 "센카쿠 제도는 역사적으로도 국제법상으로도 일본 고유의 영토이며, 현재 일본은 이를 유효하게 지배하고 있다. 따라서 해결하지 않으면 안 되는 영유권의 문제는 애초부터 존재하지 않는다. 일본 정부로서는 일본의 영토, 영해, 영공을 단호하게 지켜 낸다는 결의로 계속 대응해 간다"는 것이다(外交靑書 2017). 일본 정부는 중국 선박의 센카쿠 제도 주변의 영해 침입이나 동중국해의 경계 미확정 해역의 일방적인 자원 개발이 계속되고 있음을 지적하고, 관련국과 연계하여 법의 지배에 따른 국제질서에 중국이 참여하도록 하는 정책을 추진해 오고 있다.

한편, 중국은 동중국해에서 자원 개발을 진행하고 있다. 동중국해에서의 중일 간 배타적 경제수역 및 대륙붕 경계는 미확정된 상태로 일본은 중일 간 중간선을 바탕으로 경계 획정을 실시해야 한다는 입장이다. 일본은 동중국해 자원 개발에 관한 '2008년 6월 합의'의 실시 관련 협상 재개를 요청하고 있다.

또한 일본은 중국의 남중국해 문제에 깊은 관심을 가지고 있다. 남중국해를 둘러싼 중국과 필리핀 간의 영유권 분쟁과 이에 대한 유엔 해양법조약UNCLOS에 따른 중재결과에 대한 갈등이 나타나고 있다. 여기에 미국이 이 지역에서 군사훈련을 실시하면서, 미중 간 갈등도 고조되고 있다. 일본은 필리핀을 비롯한 동남아시아 국가들과 협력하여 남중국해 문제를 지원하고 있으며, 미국이 아시아 태평양 지역의 안정에 필요하다는 점을 설득하고 있다.

흥미로운 것은 대만과의 센카쿠 문제에 대한 일본 정부의 입장이다. 일본은 대만에 대해서는 비위협세력으로 인식하고 있기 때문에, 센카쿠 문제가 대만과의 관계에서도 나타나지만 "관계 전반에 영향을 미치는 사태에는 이르지 않았다"고 판단하고 있다(外務省 2016). 이러한 인식은 안보 담론의 사회적 구성의 단면으로, 일본이 중국을 '위협'으로 인식하고 사회적으로 '위협'으로 부각해 내는 안보화의 자기정당화 과정이 작동하고 있음을 보여준다.

국제 공헌과 가치경쟁, 그리고 '적극적 평화주의'

고이즈미 내각기 야스쿠니 신사 참배로 악화되었던 중일관계는 아베 1차 내각기인 2006년 10월 8일 '전략적 호혜관계(戰略的 互惠關係)'를 정립하였다. 전략적 호혜관계란 공통의 전략적 이익을 위해 호혜관계를 만들어 나가는 것이다. 중일 양국이 아시아 및 세계에 대해서 엄숙한 책임을 진다는 인식 아래, 아시아 및 세계에 함께 공헌하는 가운데 서로 이익을 얻어 공통이익을 확대하고 중일관계를 발전시키는 것을 의미한다(外務省 2017).

2017년 아베 신조 내각에서도 중일 국교정상화, 중일 평화우호조약, 전략적 호혜관계라는 기본적인 원칙이 중일관계의 기반이 되고 있다. 여기에 일본 정부는 다양한 의제에 대해 다양한 레벨에서 대화와 협력을 거듭하며 양국 관계를 발전시켜 나가겠다는 의지를 밝히고 있다(外

交青書 2017). 중일 간 충돌 가능성이 높아지고 있지만, 중일 모두에 이익이 될 수 있는 전략적 호혜 가능성을 모색하면서 협력의 가능성을 모색하겠다는 의미이다. 1990년대 중일관계를 지역적 그리고 세계 평화와 안전을 위한 것으로 인식했다면 2010년 이후의 중일관계는 보다 넓은 영역에서 다양한 의제들로 확장되고 있다는 점에 차이가 있다.

대표적인 예로 아프리카 원조 정책에서 중일 간 경쟁과 협력이 공존하는 양상이 나타나고 있다. 2007년 아프리카에 대한 원조 정책에서도 2008년 메콩 정책대화를 통해 일본과 중국 그리고 현지 국가가 모두 이익을 얻을 수 있는 '호혜관계'를 구축하는 것이 중요하다는 데 인식을 같이하고 있다(ODA白書 2010). 국제사회로의 기여를 강조하는 아베 내각의 적극적 평화주의 외교정책과도 맞물리는 부분이다.

국제협력과 원조를 담당하는 일본국제협력기구JICA의 이사장이었던 다나카 아키히코田中明彦는 2013년 '정부개발원조 등에 관한 특별위원회'에 참석하여 중국과의 원조 경쟁에 대해 다음과 같은 발언을 한 바 있다.[8]

중국과의 관계에서 말하면 이 방대한 아프리카의 인프라 수요를 생각하면 중국이 AU나 인프라 개발 프로젝트의 일부를 이끌면 일본도 그 일부를 담당하게 될 것이므로 결과적으로 보면 일본과 중국이 함께 세계은행, 아프리카개발

---

8 적극적 평화주의를 실질적으로 집행하고 있는 기관으로서 일본국제협력기구JICA에 주목할 필요가 있다. 오가타 사다코緒方貞子, 다나카 아키히코를 뒤이어 현재 기타오카 신이치가 JICA 이사장을 맡고 있다. 이들은 아베 정권의 중국 인식과 중국 정책 그리고 대국주의적 경향에 큰 역할을 미친 인물들로 평가된다(박영준 2006; Moon·Suh 2008). 특히 기타오카 신이치는 오자와의 일본개소세회 구상에도 적극 참여하였으며, 아베 내각의 '21세기구상간담회21世紀構想懇談会'의 대리좌장으로서 역할을 하며 그의 생각 중 많은 부분 아베 담화에 반영되어 있는 것으로 알려져 있다.

은행이나 유럽에서 다양한 자금 공급에 의해 아프리카 전체의 인프라가 정비된다는 점에서 일본, 중국, 기타 국제사회의 협력으로 이어지지 않나 생각합니다(참의원 '정부개발원조 등에 관한 특별위원회' 다나카 아키히코 이사장 발언, 2014년 2월 20일).

아프리카 원조와 관련하여 일본은 아프리카 개발회의TICAD I~VI[9]를 적극적으로 개최해 오고 있다. 회의결과 채택한 선언에 기반하여 관민이 연계하여 '질 높은 인프라 투자'가 가능하도록 아프리카 국가들을 지원하고, 관계 강화를 추구해 가고 있다. 국제원조는 일본의 국가 이익에도 도움이 되는 현실주의적 속성을 반영하고 있으며(김영근 2013), 중일 간 절대적 국가 이익의 증가를 위해 협력이 가능한 부분이 존재한다.

동시에 일본은 자유 민주주의, 기본적 인권, 법의 지배라는 기본적 가치를 중시한다는 점을 강조하고 있다. 앞서 아베 담화에서 살펴본 바와 같이 일본의 기본 가치와 중국식 가치가 일치하지 않는 면이 존재하는 바, 중국 견제로 해석될 수 있는 부분이다. 1차 아베 내각에서 마련되었던 가치외교와 '자유와 번영의 호'를 염두에 둔 '적'과 '친구'의 구분이 지속·강화되고 있는 것이다. 아베 총리는 일본이 좀 더 아시아에 열린 나라가 되기 위해서는 동남아시아, 한국, 서남아시아는 물론 지역으로서의 대만도 시야에 넣을 필요가 있다는 의견을 보인바 있다(安倍晋三

---

9 공식명칭은 Tokyo International Conference on African Development: アフリカ開発における東京国際会議이다. 일본이 주최하는 아프리카 개발을 주제로 한 국제회의이며 1993년 이후 개최되고 있다. 회의 결과 아프리카개발에 관한 도쿄선언(1993), 도쿄행동계획(1998), TICAD10주년선언(2003), 요코하마선언과 행동계획(2008), 요코하마선언 2013(2013), 나이로비선언(2016)이 발표되었다.

2013). 일본은 자유와 민주주의, 그리고 기본적 인권을 존중하는 사회이며 법의 지배하에 있으며 시장경제라는 공통인식을 강조하고 있다는 점에서 대만에 대한 중국과는 다른 인식과 정책을 추진할 가능성이 있다.

> 일본과 대만 관계는 1972년 중일 공동성명에 따르는 정부 간 실무관계로 유지되고 있다. 일본에게 **대만은 자유 민주주의, 기본적 인권, 법의 지배라는 기본적 가치를 공유**하고 긴밀한 경제관계와 인적 왕래를 가지는 **중요한 파트너이며 소중한 친구**이다.

더 나아가 유엔 상임이사국인 중국과 유엔 상임이사국으로의 도전을 추구하는 일본의 양자 관계는 동아시아를 넘어 국제적 차원에서 경쟁과 전략적 협력으로 나타나고 있다. 특히 일본은 유엔과의 협조를 중시해 왔으며, 최근에는 유엔의 지속가능한 개발목표持続可能な開発目標(SDGs: Sustainable Development Goals)의 실현을 위해 관련 활동에 적극적으로 참여하고 있다.

이와 같이, 일본이 국제사회로의 공헌과 가치지향을 강조하는 이유는 무엇일까? 아베 총리는 일본이 추구하는 자아상을 적극적으로 표명하고 있다. 강대국 일본의 부활을 꿈꾸며 '안보리 상임이사국' 일본과 '국제사회에서 인정받는 강대국 일본'을 향한 외교정책을 추진해 나가고 있다. 앞서 살펴본 전후체제로부터의 탈각, 강한 일본으로의 추구, 세계 속에서 인정받는 강대국 일본을 향한 전후 일본의 인정투쟁은 중국과의 협력과 경쟁 속에서 구체화되고 있으며, 중일 간 전략적 호혜관계와 적극적 평화 주의라는 정책으로 제시되고 있다.

일본과 중국의 강대국을 향한
경쟁과 향후 전망

2010년 세계 2위 지위의 상실과 2011년 동일본대지진이라는 국가적인 재난을 겪은 이후에도 일본은 여전히 GDP기준 세계 3위의 경제대국이다(IMF 2016). 일본은 중국에 대해 현상변경 시도를 중단하고, 평화를 지향하는 책임 있는 국가로서 발전해 나갈 것을 주문하고 있다. 또한 2016년 이후 중국의 경제성장률이 둔화되면서, 일본은 경제성장을 바탕으로 한 중국의 존재감은 중시하면서도 중국 경제 상황이 이전과는 다른 새로운 국면으로 접어들고 있음도 인식하고 있다.

안보 영역에서 일본은 중국의 행보에 우려를 표하며, 북한과 중국을 위협으로 인식하고 이에 대응하는 안보 강화 움직임이 나타나고 있다. 그리고 역사 문제에서는 2015년 전후 70년을 맞이하여 주변 국가들과 새로운 관계를 시작하려는 의지를 표명하였다.

일본의 국가정책 기조에는 중국과의 관계에서 형성되고 변화하는 일본의 자아정체성과 중국 정체성의 상호작용이 반영되어 있다. 일본의 정체성은 중국이라는 특별한 타자와의 관계에서 구체화되고 있으며, 이상적인 자아로의 인정투쟁의 과정에서 발생하는 인지부조화를 해결하기 위한 자기정당화가 대외정책과 대중 정책으로 발현된다.

그림 5는 일본의 정체성 확인과 자기정당화가 중국 인식과 중국 정책으로 나타나는 과정을 도식으로 표현한 것이다. 자기정당화I 과정에서 일본은 패전국 일본을 극복하고 강대국 일본으로 거듭나기 위한 인정투쟁을 전개해 오고 있다. 이 과정에서 일본은 '평화국가 일본'이라는 자기정당화를 통해 헌법 개정, 집단적 자위권 확보, 국제사회로의 공헌

강화를 추진하고 있다.

자기정당화II 과정은 평화국가 일본으로 거듭나기 위한 과정에서 일본 국내 여론에 대해 일본다운 일본과 강한 일본을 주장한다. 자민당의 주요 정책과 아베 총리의 주요 발언 등에 핵심 아이디어로 제시되고 있다.

자기정당화III 과정은 유엔과 미국을 비롯한 국제사회를 향한 것이다. 일본의 군사화에 대한 우려에 대해 적극적 평화주의를 내세우며 국제사회로의 공헌을 강조하는 것으로 나타난다. 그리고 자기정당화IV에서 일본은 중국을 힘에 의한 현상변경국으로 규정하며 해양대국으로의 진출을 극도로 경계하고 있다. 민주주의와 기본 인권, 법의 지배를 강조하며 중국의 독자적이고 불투명한 군사력 강화를 견제하는 발언이 두드러지게 나타나고 있다. 동시에 양국 관계는 상호 국익 추구가 가능한 전략적 호혜관계로 표현되고 있다.

그림 5 | 일본의 정체성, 자기정당화, 중국 인식

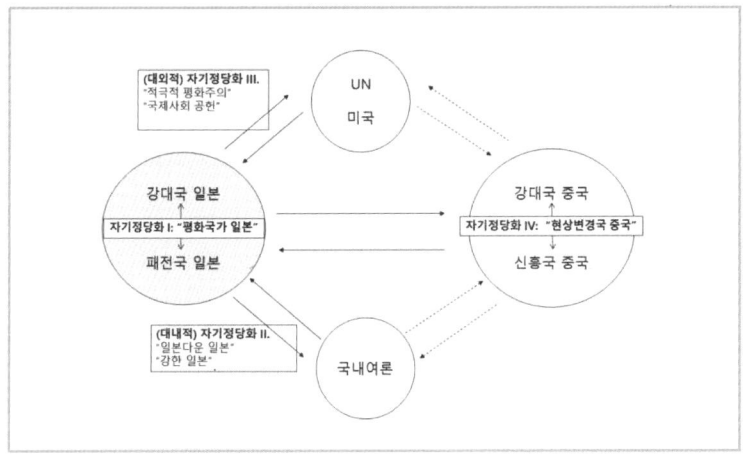

미국 주도의 국제질서의 제약을 극복하려는 중국과 전후체제를 탈각하고 새로운 일본으로 거듭나려는 일본은 2020년을 목표로 각각 중화민족의 부흥과 세계의 중심에서 빛나는 일본을 향하고 있다. 중국과 일본의 강대국을 향한 인정투쟁과 국제공헌과 평화의 자기정당화는 경쟁적 대국관계로서의 새로운 중일관계를 예고하고 있다. 중일 경쟁시대, 일본은 미국과의 협력을 강화하면서 중일 간 전략적 호혜관계를 바탕으로 한 경쟁적 대국관계로 나아가고 있다.

2017년은 중일 국교정상화 45주년이 되는 해이다. 2018년은 중일 평화우호조약체결 40주년이다. 이후에도 2020년 도쿄올림픽 개최, 2021년 동일본대지진 10년, 2022년 중일 국교정상화 50주년이라는 역사적 분기점이 기다리고 있다. 아베 총리가 구상하는 '아름다운 나라'에서 '새로운 나라'로, 그리고 '세계의 중심에서 빛나는 일본'을 향한 새로운 나라 만들기는 앞으로도 중국 인식과 중국 정책에서 현저하게 나타날 것으로 예상된다.

참고문헌

김영근. 2013. "일본의 전략적 ODA 정책변화 분석." 『일본학보』 95, pp. 227-244.
김호섭. 2008. "일본의 대중국 ODA 정책결정 -엔차관 종료결정을 중심으로-." 『일본연구논총』 27, pp. 165-196.
김홍규. 2014. "시진핑 시기 중국외교와 중일관계 분석." 『한일군사문화연구』 18, pp. 3-41.
민병원. 2006. "세계정치와 동아시아 안보: 탈냉전시대의 안보개념 확대: 코펜하겐 학파, 안보문제화, 그리고 국제정치이론." 『세계정치』 5, pp. 13-62.
박영준. 2006. "탈냉전기 일본의 대국(大國) 구상: 보통국가론과 평화국가론의 국가구상 비교를 중심으로." 『일본연구논총』 23권, pp. 69-111.
_____. 2013. "수정주의적 보통국가론"의 대두와 일본 외교: 자민당 아베 정권의 재출범과 한반도정책 전망." 『한국과 국제정치』 29권 1호, pp. 91-121.
_____. 2015. "일본 아베 정부의 보통군사국가화 평가." 『아세아연구』 58권 4호, pp. 6-41.
서승원. 2009. "탈냉전기 일본의 중국정책과 그 전환." 『아세아연구』 52(1), pp. 145-177.
_____. 2015. "일본 아베 정권의 집단적 자위권과 중국." 『아세아연구』 58(4), pp. 72-102.
손기섭. 2016. "아베정권의 집단적 자위권 성립과 동북아." 『국제정치연구』 19(2), pp. 199-220.
손 열. 2008. "'중국의 강대국화'와 일본의 대응-관여, 결속, 위험분산." 『일본연구논총』 28, pp. 115-144.
신욱희. 2012. "미중일 관계의 전망에 대한 이론적 검토: 통합적 이론으로서 위협균형/위협전이론." 『아시아리뷰』 2권 1호, pp. 7-30.
오승희. 2016. "인정투쟁의 중일관계: '하나의 중국'에 대한 일본의 외교정책 분석(1949~1972)." 이화여자대학교 정치외교학과 박사학위논문.
_____. 2017. "전후 일본의 인정투쟁과 중일국교정상화." 『한국정치학회보』 51집 1호, pp. 73-98.
이명찬. 2013. "센카쿠 제도를 둘러싼 중·일간 갈등과 동북아." 『국제정치논총』 53(1), pp. 255-293.
이승주. 2014. "21세기 일본 외교전략의 변화." 『한국정치외교사논총』 35(2), pp. 275-306.
이정남. 2014. "동아시아 세력전이와 한중 전략적 협력을 둘러싼 딜레마." 『평화연구』 22(1), pp. 345-388.
임재환. 2017. "중일관계의 구조적 변용: '72년 체제'의 붕괴와 전략적 경쟁관계로의 이행." 국립외교원 세미나. 서울 5월.

「外交」編集委員会. 2012-2017. 『外交』 Vol. 15, 18, 29, 33, 39, 41. 東京: 外務省.
21世紀構想懇談会. 2015. "20世紀を振り返り21世紀の世界秩序と日本の役割を構想するための有識者懇談会報告書." 2015. 8. 6.
_____. 2015. 『戦後70年談話の論点』. 東京: 日本経済新聞出版社.
毛里和子・조진구 역. 2006. 『중일관계-전후에서 신시대로』. 서울: 리북.
安倍晋三. 2013. 『新しい国へ 美しい国へ 完全版』. 東京: 文藝春秋.
_____. 2014. 『日本の決意』. 東京: 新潮社.

Aronson, Elliot. 박재호 역. 2014. 『인간, 사회적 동물: 사회심리학에 관한 모든 것』. 서울: 탐구당.
Calder, Kent E. 1988. "Japanese Foreign Economic Policy Formation: Explaining the Reactive State." *World Politics* Vol. 40, No. 4, pp. 517-541.
Festinger, Leon. 김창대 역. 2016. 『인지부조화 이론』. 서울: 나남.
Green, Michael J. 2003. *Japan's Reluctant Realism: Foreign Policy Challenges in an Era of Uncertain Power*. New York: Palgrave Macmillan; Basingstoke: Palgrave.
Hagström, L. 2015. "The 'abnormal' State: Identity, Norm/Exception and Japan." *European Journal of International Relations* 21, No. 1, pp. 122-145.
Hagström, L., and Gustafsson, K. 2015. "Japan and Identity Change: Why it Matters in International Relations." *The Pacific Review* 28, No.1, pp. 1-22.
Huntington, Samuel P. 2004. *Who are We?: The Challenges to America's National Identity*. New York: Simon and Schuster.
Hughes, Christopher W. 2009. "Japan's Response to China's Rise: Regional Engagement, Global Containment, Dangers of Collision." *International Affairs* Vol. 85, No. 4, pp. 837-856.
Hymans, Jacques. 2006. "Leaders' NICs and nuclear choices", in *The Psychology of Nuclear Proliferation: Identity, Emotions and Foreign Policy* Chapter 2. Cambridge University Press.
Green, Michael J., and Benjamin L. Self. 1996. "Japan's changing China policy: from commercial liberalism to reluctant realism." *Survival* Vol. 38, No. 2, pp. 35-58.
Jervis, Robert. 1976. *Perception and Misperception in International Politics*. Princeton: Princeton University Press.
Moon, Chung-in, and Seung-Won Suh. 2008. "Identity politics, Nationalism, and the Future of Northeast Asian Order." *The United States and Northeast Asia:*

Debates, Issues, and New Order, pp. 193-229.

_____. 2015. "Historical Analogy and Demonization of Others: Memory of 1930s' Japanese Militarism and Its Contemporary Implications." *Korea Observer* 46 No. 3, pp. 423-459.

Pyle, Kenneth B. 이종삼 역. 2008. 『강대국 일본의 부활』. 파주, 서울: 한울.

Ramo, Joshua Cooper. 김진공 역. 2009. "베이징 컨센서스." 『아세아연구』 52권 3호, pp. 14-77.

Shogo, Suzuki. 2007. "The Importance of 'Othering' in China's National Identity: Sino-Japanese Relations as a Stage of Identity Conflicts." *The Pacific Review* 20, No. 1, pp. 23-47.

Wendt, Alexander. 박건영, 이옥연, 구갑우, 최종건 역. 2009. 『국제정치의 사회적 이론: 구성주의』. 서울: 사회평론.

_____. 1992. "Anarchy is What States Make of It: the Social Construction of Power Politics." *International organization* 46, No. 2, pp. 391-425.

_____. 1994. "Collective Identity Formation and the International State." *The American Political Science Review* 88, No. 2, pp. 384-396.

UN Sustainable Development Goals. 2017. http://www.un.org/sustainable development/ (검색일: 2017. 05. 01)

Office of the Secretary of Defense. 2011, 2017. *Annual Report to Congress: Military and Security Developments Involving the People's Republic of China.* www.defense.gov/Portals/1/Documents/pubs/2017_China_Military_Power_Report.PDF(검색일: 2017. 05. 01)

国際協力機構. 2017. https://www.jica.go.jp/ (검색일: 2017. 05. 01)

防衛省. 2016. 『平成28年版防衛白書』. http://www.mod.go.jp/j/publication/wp/wp2016/w 2016_00.html (검색일: 2017. 05. 01).

首相官邸. 2005. "内閣総理大臣談話." http://www.kantei.go.jp/jp/koizumispeech/2005/08/15danwa.html (검색일: 2017. 05. 01)

_____. 2015. "内閣総理大臣談話." http://www.kantei.go.jp/jp/97_abe/discource/20150814danwa.html (검색일: 2017. 05. 01)

日本国会会議録検索システム. http://kokkai.ndl.go.jp/(검색일: 2017. 05. 01)

日本外務省. 1995. "戦後50周年の終戦記念日にあたって." http://www.mofa.go.jp/mofaj/press/danwa/07/dmu_0815.html (검색일: 2017. 05. 01)

_____. 2005-2015. "政府開発援助(ODA)国別データブック." http://www.mofa.

go.jp/mofaj/gaiko/oda/shiryo/kuni/11_databook/index.html (검색일: 2017. 05. 01).

_____. 2007-2017. 『外交靑書』 http://www.mofa.go.jp/mofaj/gaiko/blue book/ (검색일: 2017. 05. 01).

_____. 2017. "アフリカ開発会議(TICAD)". http://www.mofa.go.jp/mofaj/area/ticad/ (검색일: 2017. 05. 01).

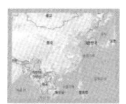

7장

일본의 전후 국가정체성과 중국의 불인정에 대한 인식과 대응

강수정

    1980년대에 중국에 대한 일본의 인식은 비교적 긍정적이었다. 1990년대에는 일본에서 중국에 대한 긍정적인 인식이 다소 약화되고 부정적인 인식은 증가했지만 전반적으로 중국에 대한 긍정적 인식과 부정적 인식이 어느 정도 균형을 이루고 있었다. 하지만 2000년대 초반 이후 일본의 대중국 인식은 극적으로 악화되었고 일본인들에게 중국의 '반일反日' 이미지들이 강하게 자리 잡게 되었다. 일본 내각부는 매년 실시하는 대국민 여론조사에서 일본인들의 중국에 대한 호감도를 조사해 왔다(그림1 참조).[1]

---

1 일본 내각부에서는 매년 외교에 관한 대국민 여론조사를 실시하고 있고, 그러한 여론조사

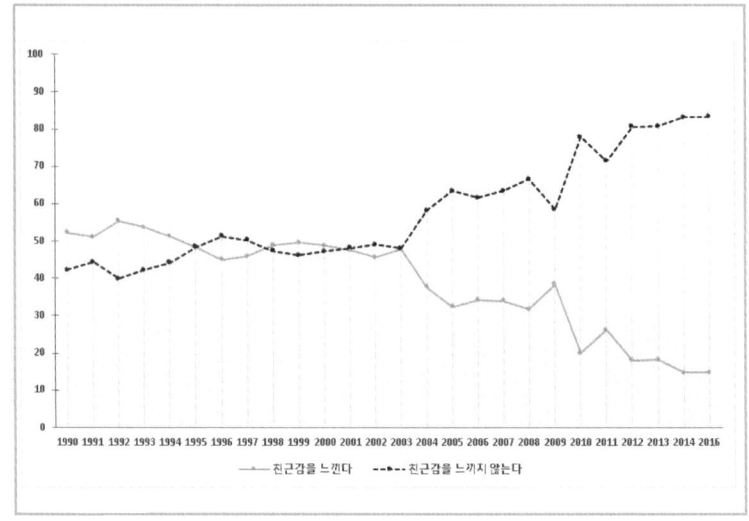

그림 1 | 일본인들의 중국에 대한 호감도

출처: 일본 내각부 대국민 여론조사 1990~2016

그 조사결과를 보면, '중국에 친근감을 느끼지 않는다'는 응답이 1996년과 1997년에 '친근감을 느낀다'는 응답에 비해 다소 높게 나타나기는 하지만, 1990년대에서는 대체로 40%대를 유지하고 있음을 알 수 있다. 그러나 2000년대 초부터 일본에 대한 인식이 현저히 부정적으로 변화하였고, 현재는 '중국에 친근감을 느끼지 않는다'는 응답이 80% 이상을 차지하고 있다. 일시적으로 대중국 감정이 호전되는 시기도 있지만, 2000년대 이후에는 일본인들 사이에 전반적으로 중국에 대한 부정

의 일환으로 1978년 이후 매년 중국에 대한 일본 국민들의 호감도를 조사해 왔다. 일본 내각부의 외교에 관한 여론조사 결과는 내각부 홈페이지에서 확인할 수 있다: http://survey.gov-online.go.jp/index-gai.html (검색일: 2017. 06. 01).

적인 감정과 인식이 지배적임을 보여준다.

일본의 정치적 담론을 살펴보면, 2000년대 이후 점차 중국을 '반일 국가'로 인식하는 경향이 나타나고 있음을 확인할 수 있다(최은봉·신재민 2008; Akaha, 2008; 이기완 2010; Cho·Park 2011; Sekiyama 2012; 양기웅·안정화 2016). 일본 의회 내 논쟁에서, 1990년대에는 '반일' 문제와 관련하여 중국이 언급되는 일이 거의 없었던 반면에, 2000년대에 들어서면서 '반일' 문제에 관한 의회 논쟁이 3배가량 증가했을 뿐만 아니라 그러한 논쟁에서 중국의 '반일' 문제가 자주 거론되었다. 일본의 대중서적이나 주요 일간지의 사설을 살펴봐도, 1990년대에는 '반일' 문제를 다룬 사설이나 서적들에서 중국에 관한 언급을 거의 찾아볼 수 없었던 반해, 2000년대 이후에는 '반일' 문제에 관한 논의가 증가했을 뿐만 아니라 그러한 문제를 다루는 사설이나 서적들에서 중국의 '반일 민족주의'에 초점을 맞추는 경우의 수가 현저히 증가하였음을 확인할 수 있다.

중국의 개혁개방 이후 중일 양국 간 무역과 경제적 상호 의존, 인문교류는 급속하게 확대되었다(Mochizuki 2007; Takeuchi 2014). 또한, 일본은 1978년 중일 평화우호조약이 체결된 이후 공적개발원조ODA의 일환으로 중국에 저금리로 엔 차관을 제공하는 등 중국의 경제발전에 일정부분 기여해 왔다(중앙일보 2007.11.10.; Drifte 2006; Jerdén·Hagström 2012). 이러한 양국 간 협력관계의 발전에도 불구하고, 왜 일본의 중국에 대한 인식은 중국을 '반일 국가'로 규정할 정도로 악화되었을까?

이러한 퍼즐에 대한 선행 연구의 주요 설명들 중 하나는 2000년대 이후 중국에서 반복적으로 발생한 반일 시위와 관련 사건들에서 그 원인을 찾는 것이다. 특히 중국 전역에서 대규모 반일 시위가 발생했던 다음 세 가지 사례들이 일본에서 주목을 받았다: ①2005년 봄 일본의 유엔 안보리 상임이사국 진출에 반대하는 반일 시위, ②2010년 가을 센카쿠 열도(중국명 댜오위댜오) 인근 해역에서 중국 어선과 일본 해상보안청 소속 순시선 간 충돌 사고로 일본이 중국 어선 선장을 나포한 것과 관련된 반일 시위, ③2012년 가을 일본 정부의 센카쿠 열도 국유화 조치에 반발하여 발생한 반일 시위. 이러한 사건들은 중일관계에서 중요한 의미를 갖지만, 이러한 사건들 자체만으로는 왜 일본에서 중국에 대한 반감이 극적으로 증가하고 중국을 '반일'이라는 단어와 연관지어 생각하게 되었는지를 완전히 설명하지 못한다. 타국에 대한 반대 시위는 국제사회에서 종종 발생하고 국제관계에 영향을 미칠 수 있지만, 그러한 사건들을 어떻게 인식하느냐에 따라 그 중요성과 파급력은 달라질 수 있다. 또한 외부적 요인들에만 초점을 맞춘 설명들은 일본에서 중국에 대한 반감이 극적으로 증가하고 중국을 '반일 국가'로 묘사하는 경향이 나타나는 보다 근본적이며 내재적인 이유를 제대로 설명하지 못한다.

일본이 중국을 '반일 국가'로 낙인찍고 반감을 가지게 된 이유를 중국에서 반일 시위가 발생하고 일본 공관들과 일본계 기업, 음식점, 등을 공격하여 물질적 피해를 입혔기 때문이라고 단순히 설명하기에는 부족함이 있다. 보다 근본적이고 중요한 이유는 중국의 반일 여론과 시위, 그리고 이를 옹호하거나 부추기는 중국 언론 보도들과 중국 정부관료 및 정치지도자들의 발언들이 일본인들에게는 평화국가를 지향해 온 전후戰後 일본의 정체성에 대한 불인정으로 인식된다는 데 있기 때문이다. 일본은 중국이 과거 일본이 일으킨 침략전쟁에 대한 비판을 넘어 전후 일본 국가정체성의 중요한 요소를 부정하는 것으로 인식하는 경향이 있다. 전후 시기 일본은 과거 군국주의적 자아와의 결별을 통해 평화주의적 정체성을 강조해 왔기 때문에, 전후 일본의 평화국가로서의 발전을 인정하지 않는 것은 일본 국가정체성의 중요한 부분을 부인否認하는 것으로 여겨질 수 있다.

이런 점에서 볼 때, 국제정치에서 정체성identity과 인정recognition에 관한 이론들은 '왜 일본의 대중국 인식이 중국을 '반일 국가'로 규정지을 만큼 악화되었는지'를 설명하는 데 유용한 분석틀을 제공한다. 따라서 본 장은 정체성과 인정에 관한 이론적 논의들에 근거하여, 일본의 국제관계(중일관계)에서 일본의 정체성에 대한 타자(중국)의 인정 혹은 불인정이 일본의 정체성과 타자(중국)에 대한 태도 변화에 어떠한 영향을 미치는지를 살펴보고자 한다. 본 논문은 일본이 중국을 '반일 국가'로 인식하고 일본에서 중국에 대한 반감이 극적으로 증가한 것은 중국이 일본 국가정체성의 중요한 요소를 부정하고 있다고 보는 일본의 인식에 기인한다고 주장한다. 또한 본 논문은 중국과 다른 국가들이 일본의 정체성에 관한 특정 담론을 인정하거나 부정함으로써 일본의 정체성과 대외 행동에 일정부분 영향을 미칠 수 있다고 주장한다.

본 장은 이러한 주장들을 뒷받침하기 위해, 일본의 대중국 인식에 있어서 정체성과 인정의 문제에 초점을 맞추어, 일본의 전후戰後 국가정체성과 중국의 불인정에 대한 일본의 인식과 대응을 분석한다. 일본이 전후 시기 자신의 정체성을 어떻게 규정하고 있으며, 그러한 정체성에 대한 중국의 태도(인정 혹은 불인정)를 어떻게 인식하고 있는지, 그리고 그러한 인식에 따라 어떠한 대응방식을 취하는지에 대한 분석을 진행할 것이다. 이러한 논의는 향후 중일관계를 전망하는 데뿐만 아니라, 양국 간 상호 인식의 문제에 관한 접근에 있어서 새로운 시사점을 제공할 수 있을 것이라고 생각한다.

본 장은 다음과 같이 구성된다. 먼저, 정체성과 인정에 관한 이론적 논의들에 근거하여 본 연구의 이론적 틀을 제시한다. 다음, 본 장의 세 번째 부분에서는 일본의 국가정체성에서 전후 시기 평화국가로서의 정체성이 가지는 중요성을 살펴본다. 이를 통해, 일본의 정체성에서 전후 시기의 집단적 기억이 가지는 중요성을 확인한다. 네 번째 부분은 일본의 정체성에 대한 중국의 태도를 일본이 어떻게 인식하는지를 분석한다. 이를 통해 일본이 전후 시기 평화국가로서의 일본의 발전을 중국이 부인한다고 인식하는 경향이 있음을 보여준다. 다섯 번째 부분은 이러한 중국의 불인정에 대한 일본의 반응들을 자세히 살펴본다. 더 나아가 중국의 불인정에 대응하여 일본이 취하는 행동이 어떤 결과를 초래하는지도 살펴볼 것이다.

여기에서 명확히 할 필요가 있는 것은 본 연구의 목적은 일본의 인식과 관점, 그리고 그러한 인식에 따른 일본의 대응방식을 분석하는 데 있다는 것이다. 즉, 본 연구는 일본의 정체성 혹은 집단적 기억의 옳고 그름을 따지거나 중국이 실제로 일본의 정체성을 인정하느냐 인정하지 않느냐를 판단하려는 것이 아니라, 일본의 정체성에 대한 중국의 태도를 일본이 어떻게 인식하고 있고 그러한 인식에 따라 어떤 대응방식을 취하고 있는지에 분석의 초점을 맞추고 있는 것이다.

정체성과 인정에 관한 이론적 논의

일본의 정체성과 국제관계에 관한 기존 연구들은 주로 국가정체성이 어떻게 형성되고 변화하는지(Tamaki 2010; Suzuki 2015; Hagström·

Hanssen 2015), 그리고 그러한 정체성이 어떻게 일본의 외교정책에 영향을 미치는지에 관한 것이었다(Katzenstein·Okawara 1993; Klien 2002; Hagström·Gustafsson 2015). 이에 반해, 본 연구는 일본의 국제관계(중일관계)에서 일본의 정체성에 대한 타자(중국)의 인정 혹은 불인정이 일본의 정체성과 타자(중국)에 대한 태도에 어떠한 영향을 미치는지에 분석의 초점을 맞춘다. 국제정치에서 정체성identity과 인정recognition에 관한 이론들은 이러한 연구를 진행하는 데 유용한 분석틀을 제공한다.

정체성 형성은 개인, 집단, 국가와 같은 행위자들이 자신이 누구인지를 규정하는 서술적 설명을 구성하는 과정이다(Ringmar 2012, 3-8). 정체성에 관한 서술은 그들이 누구이며, 어떻게 행동할 것으로 기대되는지를 행위자들에게 알려 준다. 예를 들어, 국가들은 스스로를 초강대국이나 강대국, 중견국으로 규정할 수 있다. 링마Ringmar의 인정recognition 이론은 정체성에 대한 기본적인 이해에서 존재론적 안보ontological security 이론과 유사한 점이 있다. 존재론적 안보 이론에 따르면, 행위자들이 자신감 있게 행동하기 위해서는 안정적이고 확고한 자아정체성을 필요로 한다. 따라서 행위자들은 일상적인 행동에서 자신들이 규정한 정체성을 유지하려는 경향성을 보인다. 그리고 행위자의 정체성과 행동이 일치하지 않을 때, 그 행위자의 정체성은 도전을 받게 된다(Steele 2008). 인정 이론에서는 그러한 정체성에 대한 도전을 촉진시키는 데 타자들의 역할이 더 중요하다고 본다(Ringmar 2012, 3-8). 인정 이론에 따르면, 우리는 자신의 업적을 타인에게 지속적으로 인정받을 수 있을 때, 스스로의 가치를 긍정적으로 받아들이고 자신감 있게 행동할 수 있게 된다. 즉, 어떤 행위자가 자신감 있게 행동할 수 있기 위해서는 사신의 정체성을 타인들에게 인정받아야 한다. 인정의 지속은 행위자들로 하여금 자신들의 정체성이 확고하게 유지되고 있다고 느끼게 함으로써 존재론적 안보를 강화할 수 있다. 반면에, 타자의 불인정은 특정 정체성의 폐기와 새로운 정체성의 형성을 촉진시킬 수 있다.

인정recognition은 '두터운thick' 인정과 '얕은thin' 인정, 이렇게 두 가지 형태로 나누어 볼 수 있다(Wendt 2003; Honneth 2012; Gustafsson 2016; 오승희 2017). 얕은 인정은 공동체의 완전한 일원으로 인정받는 것과 관련이 있다. 이런 점에서 그것은 타자와의 관계 속에서 형성되는 자아정체성에 관한 것이라고 볼 수 있다. 대조적으로, 두터운 인정은 구체적인 특성에 있어서 차이나 고유성을 인정하는 것이다. 본 연구는 후자의 '두터운 인정'에 관한 것이다. 국가들은 타국의 인정을 통해서 자아이미지를 발견한다(Honneth 2012, 25-38). 단순히 동등한 대상으로서가 아니라 다른 특성이나 자질을 가진 존재로 서로를 인정하는 두 당사자들 간의 상호 인정은 연대를 형성하고 관계를 개선시킬 수 있다(Wendt 2003, 511-512). 하지만 한 국가의 정체성에 관한 서술들이 반드시 다른 국가들에게 인정을 받는 것은 아니다. 어떤 국가들은 특정 국가의 정체성에 관한 서술이 불합리하다고 여길 수도 있다. 예를 들어, 어떤 국가가 스스로를 강대국이라고 규정할 때, 다른 국가들이 이에 동의하지 않고 그러한 정체성의 서술을 인정하지 않을 수도 있다(Ringmar 2012, 3-8).

정체성과 인정에 관한 연구에서, 행위자 A가 행위자 B의 정체성을 인정하는지 그렇지 않은지를 객관적으로 판단하는 것은 불가능할지도 모른다. 하지만 중요한 것은 인정받았거나 인정받지 못했다는 행위자 B의 주관적인 인식과 감정이다. 그러한 인식과 감정은 우리가 자신의 정체성을 어떻게 규정하느냐와 밀접한 관련이 있다(Lindemann 2010; Wolf 2011). 특정 정체성에 대한 타자의 불인정은 굴욕적이고 무례하다고 여겨질 수 있다. 그러한 불인정을 모욕이라고 생각하느냐 아니냐는 그 행위자의 자아정체성에 달려 있다. 한 국가에 있어서, 그 국가의 지도자들과 국민들이 자국을 강대국으로 인식하고 있다면 중견국이라 불리거나 그런 대우를 받는 것이 모욕적으로 여겨질 가능성이 매우 높다. 물론, 그 국가가 스스로를 중견국으로 인식하고 있다면 그러한 대우가 모욕으로 느껴지지는 않을 것이다. 이러한 논의에 있어서 또 하나 염두에 두어야 할 것은 ①명확한 인정의 부재, ②명확한 인정, ③인정으로 해석되는 불명확한 행동이나 발언, ④불인정으로 해석되는 불명확한 행동이나 발언, ⑤명확한 불인정 사이의 구분이다. 명확하고 분명한 불인정의 표시는 다른 경우보다 확실히 더 강력한 반응을 불러일으킬 가능성이 높다. 유사하게, 명확한 인정은 불명확한 인정보다 더 파급력이 클 가능성이 높다.

링마(Ringmar 2012, 7-8)의 이론에 따르면, 한 국가가 자신의 정체성을 다른 국가들에게 인정받지 못한 경우, 그 국가가 취할 수 있는 대응방식은 세 가지가 있다. 첫째, 그 국가는 자신이 규정한 정체성에 관한 서술이 잘못되었고 그 국가에 대한 다른 국가들의 평가가 옳다고 인정할 수 있다. 이 경우, 그 국가는 자신의 정체성에 관한 서술을 수정하고, 새롭게 규정한 정체성이 다른 국가들의 인정을 받기를 원할 수 있다. 두 번째 대응방식은 그 국가가 자신의 정체성에 관한 서술이 잘못되었음은 인정하지만 자신이 주장해 온 정체성에 맞게 스스로를 변화시킬 수 있다고 주장하는 것이다. 세 번째 대응방식은 그 국가가 행동의 변화 없이 자신이 주장해 온 정체성을 고집하면서 대신에 그러한 자신의 정체성을 인정해 주시 않는 다른 국가들에게 그러한 정체성에 관한 서술이 실제로 옳다는 것을 납득시키려 애쓰는 것이다. 군사력 행사 혹은 군사적 위협은 한 국가가 자신의 정체성을 입증하는 하나의 방식이 될 수 있다. 예를 들어, 한 국가가 자신이 강대국이라고 주장할 경우, 그 국가는 군사력을 동원하여 다른 국가들이 그러한 자신의 주장을 받아들이도록 강요할 수 있다. 따라서 인정을 위한 투쟁은 국제분쟁의 원인이 될 수 있다.

구스타프슨(Gustafsson 2016)은 여기에 네 번째 대응방식을 추가한다. 어떤 국가가 자신의 정체성을 인정받지 못할 때, 그 국가는 자신의 정체성에 관한 서술이 잘못되었다는 것을 인정하지 않고, 자신의 정체성을 규정하는 데 있어서 자신의 정체성을 부인한 그 국가와의 차이를 강조함으로써 자신의 정체성을 강화할 수 있다. 또한, 이 경우 그 국가는 제3자에게 자신의 정체성에 대한 지지와 인정을 호소하기 위해, 자신의 정체성을 규정하는 데 있어서 그 제3자와의 유사성을 강조할 수 있다.

이런 관점에서 볼 때, 중국을 '반일 국가'로 규정하고 부정적으로 묘사하는 것은 일본의 정체성에 대한 불인정으로 해석되는 중국의 행위나 발언에 대응하여 일본이 취할 수 있는 하나의 대응방식이 될 수 있다. 일본의 정체성 변화를 추구하는 이들은 이러한 기회를 활용하여 권위주의적인 중국과의 차이를 부각시킴으로써 민주국가로서의 일본의 정체성을 강화하거나 일본의 보통국가화를 추구하기도 한다. 본 연구는 중국과 다른 국가들이 일본의 정체성에 관한 특정 담론을 인정하거나 부정함으로써 일본의 정체성에 일정부분 영향을 미칠 수 있다고 주장한다. 일본의 보통국가화 움직임은 일본의 정체성 담론의 어떤 부분이 다른 국가들의 인정을 받느냐에 따라 일정정도 영향을 받아 촉진되거나 약화될 수 있다. 본 논문은 일본의 정체성 변화 방향에 있어서 일본의 보통국가화를 추구하는 움직임들이 일본의 평화주의적 정체성에 대한 다른 국가들의 불인정으로 인해 강화될 수 있다고 본다. 즉, 다른 국가들이 일본의 정체성을 평화적인 것으로 인정한다면 일본은 그러한 정체성을 지속적으로 유지하고 그에 걸맞게 행동할 가능성이 더 높아지지만, 다른 국가들이 일본의 평화주의적 정체성을 부정한다면 그러한 정체성에서 벗어나 일본을 보통국가화하려는 일본 내 보수세력들의 입지가 강화될 수 있다는 것이다.

전후 시기 일본의 국가정체성

이러한 이론적 논의들을 바탕으로, 여기에서는 전후戰後 시기 일본이 자신의 정체성을 어떻게 규정하고 있는지를 살펴본다. 많은 학자들이 일본의 국제관계에서 전쟁의 기억이 가지는 중요성은 강조해 왔지만, 전후 시기에 대한 일본의 집단적 기억에는 별로 관심을 기울이지 않았다(Lind 2008; He 2008). 본 연구는 일본의 정체성에서 전후 시기의 집단적 기억이 가지는 중요성을 강조한다. 전후 시대에 관한 집단적 기억은 일본의 국가정체성에 관한 서술, 특히 국제무대에서 행해지는 일본 정부의 발언에서 중요한 부분을 차지해 왔다. 따라서 여기에서는 일본의 국가정체성에서 전후 시기의 중요성을 살펴보기 위해, 정부 공식문서와 일본 총리들의 연설문 및 담화문에서 전후 시기 일본의 정체성이 어떻게 서술되어 있는지를 살펴볼 것이다. 이러한 서술들은 '두터운 인정'에 있어서 중요하다. 왜냐하면 그러한 서술들이 일본이 스스로를 어떻게 규정하고 있는지에 관한 명확한 주장들을 포함하고 있기 때문이다. 이러한 관점에서, 1995년과 2005년에 종전 50주년과 60주년을 맞아 전후 일본의 정체성에 관해 언급했던 일본 총리의 담화문과 정부의 공식

문서는 특히 중요한 의미를 가진다.

1995년 무라야마 도미이치村山富市 당시 일본 총리는 담화 발표를 통해 깊은 회한의 감정과 일본의 식민지배와 침략에 대한 진심어린 사과를 표현했다고 잘 알려져 있다. 하지만 그 담화문에서 전후 시기에 관해 언급했던 부분은 별로 주목을 받지 못했다. 그 담화문에서 전후 시기에 관한 언급은 다음과 같다: "오늘날의 평화와 번영이 수립될 수 있었던 것은 일본이 전쟁에서 패배한 이후 황폐화된 땅에서 일어나 큰 어려움을 극복했기 때문이다. 그러한 업적들이 우리가 자랑스러워하는 부분이고, 여기에서 우리 국민들 모두의 지혜와 지칠 줄 모르는 노력에 진심어린 경의를 표하게 되는 이유이다"(Murayama 1995).

무라야마 이후 일본 총리들은 무라야마 담화의 중요 문구들을 되풀이하여 사용함으로써 그에 대한 지지를 표명해 왔을 뿐만 아니라, 평화국가로서의 일본의 긍정적인 전후 국가정체성에 대한 설명을 보다 구체화하면서 강조해 왔다. 예를 들어, 하시모토 류타료橋本龍太郎 전前 일본 총리는 1997년 북경 방문 당시 무라야마 담화를 인용하면서, "전후 일본의 발전은 과거에 대한 철저한 자기반성의 결과였고, 그러한 자기반성이 있었기에 우리는 전후 시대에 군사강대국이 되는 길을 완전히 포기하고 평화국가를 지향하게 되었다"고 언급했다(Hashimoto 1997). 고이즈미 준이치로小泉純一郎 전前 일본 총리도 2001년 북경에 위치한 중국인민항일전쟁기념관을 방문한 후, 무라야마 담화의 주요 문구를 인용하였다. 특히 그는 일본이 과거를 직시함으로써 자기반성을 바탕으로 전후 시대에 평화국가로서 번영을 누릴 수 있었고, 그런 자기반성에 따라 일본은 결코 또 다른 전쟁을 일으키지 않을 것임을 강조했다(小泉純一郎 2001). 고이즈미는 2005년 인도네시아 자카르타에서 반둥회의 50주년을 기념하여 열린 아시아·아프리카 정상회의의 연설에서 무라야마 담화를 다시금 인용하면서, 일본의 전후 업적들에 대해 훨씬 더 자세히 언급했다: "일본은 제2차 세계대전 종전 이후 일관되게, 과거 식민지배와 침략에 대한 통절한 반성과 진심어린 사죄의 마음을 항상 가슴에 새긴 채, 결코 군사대국화를 추구하지 않으며 모든 문제를 군사력 사용 없이 평화적인 방식으로 해결하겠다는 원칙을 단호히 유지해 왔다"(Koizumi 2005). 이와 함께 그는 세계 평화와 번영에 기여하겠다는 일본의 의지를 다시 한 번 강조했다. 2006년 중국을 방문한 아베 신조安倍晋三 일본 총리는 '전략적 호혜관계'를 구축해 나갈 것을 중국 정부와 합의하였다. 그는 중국 지도자들과의 담화에서 "일본은 과거 역사를 직시하고 계속적으로 평화국가로서 행동할 것이다. 일본은 과거에 아시아 국가들에게 엄청난 피해와 고통을 안겨줬다는 사실에 대한 통절한 반성에 기초하여 전후 60년의 세월을 거쳐 왔다"고 말했다(Abe 2006). 2007년 후쿠다 야스오福田康夫 당시 일본 총리도 중국 방문에서 유사한 연설문을 발표했다(Fukuda 2007).

전후 시기 평화국가로서의 일본의 정체성에 관한 가장 자세한 공식적 언급은 종전 60주년을 기념하여 2005년 6월 일본 외무성에서 제작한 "세계 평화를 위해 노력하는 국가의 길"이라는 제목의 소책자에서 찾아볼 수 있다(MOFA, Japan 2005). 그 소책자의 첫 페이지는 2005년 1월 고이즈미 총리의 의회 개정 시정 연설을 인용하면서, 다음과 같이 전후 시기 일본의 정체성에 관해 서술한다: "전후 시기에 일본은 세계 2대 경제대국으로 성장했지만 결코 군사대국화를 추구하지 않고 항상 평화주의를 준수하면서, 공적개발원조ODA와 유엔 분담금과 같은 재정적 기여와 유엔 평화유지 활동 참여와 같은 인적 지원을 통해 세계 평화와 번영을 이루는 데 적극적인 역할을 해왔다." 그리고 그 소책자는 무라야마 담화를 인용하면서 종전 이후 일본이 어떻게 세계 평화를 위해 노력하는 국가로 새롭게 거듭났는지를 다음과 같이 설명한다: "일본은 견고한 민주주의를 바탕으로 철저히 방어적인 안보정책을 고수하고, 국제분쟁의 확대를 예방하고, 사용가능한 모든 자원을 동원하여 국제 평화와 안정에 헌신함으로써, 항상 평화를 위해 고군분투해 왔다. 또한 일본은 '핵은 갖지도, 만들지도, 들이지도 않는다'는 이른바 '비핵 3원칙'을 고수해 왔으며, 전후 60년 동안 결코 군사력에 기대지 않았다." 더 나아가, 이 소책자는 일본을 '세계 원조 대국'으로 묘사하면서, 일본의 공적개발원조[2]에 있어서 양자 간 원조의 12.6%를 중국에 제공하고 있음을 강조했다. 2009년 일본 외무성은 "일본과 중국: 공동 전략 이익에 기초한 호혜관계 형성"이라는 제목으로 또 다른 소책자를 출간했는데, 이 소책자에서도 '일본의 평화국가로의 길'에 대한 서술에 상당부분을 할애하고 있다(MOFA, Japan 2009).

전쟁에서의 패배는 일반적으로 정체성의 변화를 수반한다(Ringmar 2012, 3-8). 1945년 패전 이후 일본의 경우가 그러했다. 그러한 정체성의 변화가 일본의 정체성에서 전후 시기의 중요성을 설명한다. 1995년 무라야마 담화 이후, 일본의 사과 담화문과 연설문에서 전후 시기에 대한 명확한 언급들이 점차 증가해 왔다. 침략자로서의 과거가 없었다면, 일본이 전후 시기 내내 평화적이었다는 것을 굳이 강조할 필요도 없었을 것이다. 일본의 국가정체성에서 전후 시기의 중요성은 나양한 일본 정

---

2 공적개발원조(ODA)는 지원형태에 따라 양자 간 원조와 다자간 원조로 구분됨.

치인들의 발언, 주요 신문 사설들, 주요 역사학자들을 통해서 강조되어 왔다. 일본의 전쟁에 대한 기억은 매우 논쟁적이지만, 일본의 전후 정체성에 대해서는 대부분의 일본인들 사이에 합의가 존재하는 것으로 보인다(Seaton 2007; 서승원 2009). 일본에서 전후 시기는 긍정적이고 비교적 논란의 여지가 없는 기억을 제공하며, 그러한 기억은 사회구성원들 간에 좀 더 폭넓은 합의가 이루어질 수 있는 국가정체성의 통일적 요소로 작용한다. 이러한 전후 시기에 대한 언급은 일본의 사과 담화문들에서 특히 명확히 나타나며, 전후 일본을 과거 전시의 일본과 대비시켜 차이를 부각시킨다. 그러한 언급들은 일본의 평화로운 전후 시기에 관한 서술을 담고 있으며, 일본의 전후 정체성에 대한 다른 국가들의 인정을 요구하는 것이라고 볼 수 있다.

일본의 인식
: 전후 정체성에 대한 중국의 불인정

앞서 전후 시기 일본이 스스로 자신의 정체성을 어떻게 규정해 왔는지를 살펴보았다면, 여기에서는 그러한 일본의 정체성에 대한 중국의 태도를 일본이 어떻게 인식하고 있는지를 분석한다. 여기서 강조할 필요가 있는 것은 실제로 중국이 어떤 입장을 가지고 있느냐보다는, 일본에 대한 중국의 발언과 행동을 일본이 어떻게 인식하는지에 주목하고 있다는 것이다. 즉, 본 연구는 중국이 실제로 일본의 정체성을 인정하느냐 인정하지 않느냐를 판단하려는 것이 아니라, 일본의 정체성에 대한 중국의 태도를 일본이 어떻게 인식하고 있는지에 분석의 초점을 맞추고 있는 것이다. 그러한 일본의 인식이 일본의 정체성뿐만 아니라 중국에 대한 일본의 태도와 대응방식에도 영향을 미칠 수 있다고 보기 때문이다. 일본의 정체성에 대한 중국의 태도를 일본이 어떻게 인식하고 있는지를 살펴보기 위해, 일본 정치인들의 발언들과 일본 언론보도에 그러한 인식이 어떻게 나타나고 있는지를 분석할 것이다. 특히 중국의 애국주의 교육에 대한 일본 내 반응들을 중심으로, 그러한 중국의 애국주의 교육이 어떻게 일본의 전후 정체성에 대한 불인정을 의미하는 것으로 해석되는지를 살펴볼 것이다.

중국의 애국주의 운동은 톈안먼 사건과 소련 및 동구 사회주의권의 붕괴로 인해 사회주의 이데올로기의 위기에 직면하면서 이데올로기의 공백을 메우기 위해 민족주의를 고취시키고자 시작되었다(Wang 2008). 일본 및 서구 국가들은 중국의 민족주의가 반일 및 반서구의 성격을 띠는 것은 중국의 애국주의 교육 때문이라고 인식하는 경향이 있다. 애국주의 교육은 중국 내 민족주의를 고취시키기 위해, 제국주의 세력들의 침략으로 고통받았던 치욕의 역사를 강조하고 그러한 치욕의 역사를 극복하고 급속한 발전을 이뤄 낸 중화민족에 대한 자긍심을 고취시킨다. 그러한 교육은 치욕의 역사에 대한 기억을 새롭게 부각시키면서 과거 중국을 침략하거나 공격했던 서구 제국주의 세력과 일본에 대한 반감을 고취시키는 데 일정부분 역할을 했다고 볼 수도 있다(He 2008).

일본에서는 중국의 애국주의 교육을 중국인들의 반일 감정과 그러한 반일 감정이 폭발하여 발생한 반일 시위들의 근본적인 원인으로 보는 경향이 있다. 예를 들어, 일본 민주당[3]의 마쓰바라 진松原仁 의원은 2005년 중국에서 발생한 반일 시위에 대응한 의회 연설에서 그러한 시위들을 '폭동'이라고 칭하면서 그 원인을 중국의 애국주의 교육과 직접 연결시켜 설명했다(일본 중의원 외무위원회 회의록, 2005.4.22.). 그는 이 자리에서 중국 교사들의 지침서를 공개했는데, 그 지침서에는 교사들에게 "학생들의 감정을 자극하여 중국에 대한 일본 제국주의 세력의 침략과 공격에 대해 학생들이 강한 분노를 품게 하라"고 쓰여 있었다. 마쓰바라는 그러한 언급들이 그 지침서에 자주 등장한다고 지적했다. 당시 일본 요미우리신문의 한 사설은 중국에서 발생한 반일 시위에 대한 논평을 하면서 1990년대 중반 중국 내 반일 교육을 시작한 장쩌민 전前 국가주석에게 그 책임을 돌렸다(*Yomiuri Shimbun* 2005.5.5.). 그 사설은 장쩌민의 애국주의 교육 계획에 따라 200여 개의 애국주의 교육 기지가 세워졌으며, 중국의 교과서에는 중국 학생들에게 반일 감정을 심어주는 수많은 표현들이 포함되었다고 주장한다.

일본 정치인들의 발언과 신문 사설들을 살펴보면, 일본 정치인들과 언론은 중국의 애국주의 교육이 '반일反日'적인 성격을 띠며 중국인들의 반일 감정을 조장하는 것으로 보는 경향이 있음을 알 수 있다. 그것은 그러한 애국주의 교육이 중일전쟁 당시 일본이 저지른 잔학행위에 대한 자세한 묘사들로 채워져 있기 때문만이 아니라, 전후 시기 일본의 평화국가로서의 발전을 간과하고 있다고 인식되기 때문이기도 하다. 그들은 그러한 교육에서 강조된 것들뿐만 아니라 간과된 것들이 중국인들의 반일 감정을 고조시키는 데 일조하고 있다고 보았다. 또한 그들은 중국이 일본의 국가정체성에서 전후 시기의 중요성을 의도적으로 간과하고 있다고 보는 경향이 있다. 그들은 중국의 애국주의 교육에서 역사적 서술

---

3 2016년 당명을 민진당으로 개명하였다.

은 대게 1945년까지 만을 다루며, 전후 시기 일본의 평화적 발전은 인정하지 않기 때문에, 일본에 대한 편파적인 이미지를 생성한다고 지적한다. 2005년 중국의 반일 시위에 관한 보도에서, 일본 아사히신문은 중국의 일본에 대한 묘사들이 왜곡되고 편향적이라고 지적하면서 다음과 같이 우려를 표명했다: "애국주의 교육을 통해 많은 중국인들이 일본군 침략에 관한 사진과 이미지들에 반복적으로 노출되어 온 반면에, 군사력 보유, 군사력 행사, 전쟁 개입을 금지한 평화헌법에 기반을 둔 일본의 전후 역사에 대해서는 중국인들이 실제로 잘 알지 못한다."(Asahi Shimbun 2005.4.13.).

일본 내 다양한 정당들을 대표하는 의원들도 의회 연설에서 유사한 견해들을 피력해 왔다. 예를 들어, 일본 공명당의 다카노 히로시高野博師 의원은 중국의 교육이 반일적인 성격을 띤다고 주장했다(일본 참의원 외교방위위원회 회의록 2006.6.13.). 그는 중국이 교육의 상당 부분을 일본의 침략에 대한 자세한 묘사에 할애하고 있는 반면에, 일본이 전후 평화국가로 발전하면서 과거에 대한 통절한 반성을 표하고 중국에 대규모의 공적개발원조를 제공했던 사실에 대해서는 거의 언급을 하지 않는다고 지적했다. 그는 그러한 교육에 기반을 둔 채로 중일 간 우호관계를 발전시키는 것이 가능한지에 의문을 제기했다. 그는 중국이 전후 시기 평화국가로서의 일본을 제대로 인식하도록 교육할 것을 중국에 요구해야 한다고 주장했다(일본 참의원 예산위원회 회의록 2006.10.11.). 중국에서 대규모 반일 시위가 발생했던 2005년 봄, 일본 공산당의 다이몬 미키시大門実紀史 의원도 유사한 발언을 했다(일본 참의원 국제문제에 관한 조사회 회의록 2005.4.18.). 그는 중국 정부가 청소년들에게 일본의 침략에 관해서만 가르치는 것이 아니라 일본의 전후 대對중국 원조에 관해서도 가르쳐야 한다고 요구했다. 일본 민주당의 기시모토 다케시 의원은 일본의 대중국 원조에 대해 중국이 고마운 마음을 가져야 한다고 지적했다. 그는 일본의 대중국 원조가 어떠한 목적으로 사용되었으며 그 결과가 중국인들에게 어떻게 전달되었는지에 대한 조사를 요구했다. 그는 그것이 중일 간 우호관계 증진에 도움이 될 수 있다고 보았다. 당시 일본 외무상이었던 마치무라 노부타카町村信孝는 북경 국제공항이 일본의 원조로 지어졌지만 그에 대한 감사의 표시는 공항의 눈에 띄지 않는 곳에 붙어 있는 작은 명패가 전부라고 지적했다(일본 중의원 결산행정감시위원회 회의록 2005.4.25.).

또한, 일본의 정치인들과 언론이 계속해서 제기하는 문제들 중 하나는 과거 침략에 대한 일본의 참회나 사죄의 표현들이 제대로 인정을 받지 못했다는 것이다. 2005년 봄 일본 대사관이 공격을 당했을 때, 일본은 중국 정부에게 피해 보상과 사과문 발표를 요구했다. 당시 후진타오 중국 국가주석은 사과를 거부했고, 오히려 일본이 과거 침략 전쟁에 대한 사죄와 반성을 표해야 한다고 주장했다. 일본 요미우리신문은 사설에서 후진타오 주석을 비판하면서 일본이 사죄와 반성을 표하지 않았다는 주장은 명백한 역사 왜곡이라고 지적했다(*Yomiuri Shimbun* 2005.4.24.). 그 사설은 일본이 1972년 중일 간 국교정상화 이후 20여 차례 공식적으로 반성과 사죄의 뜻을 표명해 왔다고 언급하면서, 아시아·아프리카 정상회의에서도 고이즈미 일본 총리가 후진타오 중국 국가주석과의 회의 직전에 과거사에 대한 사죄의 뜻을 표명했음을 지적했다. 또한, 후진타오 주석이 "일본 지도자들이 과거에 표명했던 반성을 실제 행동으로 옮겨 달라"고 요구한 데 대해, 그 사설은 그러한 경우에 중국도 반일 애국주의 교육을 중단해야 한다고 응수했다. 일본 자민당의 다케베 쓰토무武部勤 의원은 2005년 5월 중국 방문에서, "전후 일본은 과거사에 대한 반성에 기초하여 평화국가의 길을 계속 걸어왔으며, 이러한 점은 마땅히 인정을 받을 만하다"고 강조했다(Sankei Shimun 2005.5.24.).

2006년 중일 양국 간 공동 역사연구사업 추진에 대한 합의가 이루어지면서, 일본 내 낙관론이 확산되기도 했다. 예를 들어, 2006년 10월, 일본 공명당 히가시 준지東順治 의원은 중국이 중일 공동 역사연구에 동의한 것을 중국 정부가 중국 청소년들에게 평화국가로서 전후 일본의 발전에 관해 가르치겠다는 신호로 해석했다. 당시 일본 총리였던 아베 신조도 중국이 이전에는 전후 일본의 발전을 긍정적으로 평가하지 않았지만 지금은 긍정적으로 평가하고 있다는 사실이 중요하다고 언급하기도 했다(일본 중의원 예산위원회 회의록 2006.10.11.).

2007~08년 중일관계가 일시적으로 개선되었을 때에는, 전후 시기 평화국가로의 발전에 대해 인정을 받고자했던 일본의 바람이 실현되는 듯도 보였다(Kang 2016). 그 시기에 중국의 원자바오 총리와 후진타오 주석이 일본을 방문하였고 일본 언론의 주목을 받았다. 일본 방문 중에 두 중국 지도자들의 발언들은 중국에 공적개발원조를 제공해 온 전후 일본의 업적과 평화국가로서의 정체성을 긍정적으로 평가한 것으로 인식되었다.

2007년 4월 13일 원자바오 총리는 일본과 중국 양국에서 생중계되었던 일본 의회 연설에서, "일본 정부와 일본 지도자들은 여러 차례 역사 문제에 대한 입장을 표명해 왔고, 공식적으로 일본의 침략을 인정하고 피해국들에게 깊은 반성과 사죄의 뜻을 표했다"고 언급했다(Wen 2007). 이에 일본 아사히신문은 일본의 사죄에 대한 중국의 명확한 인정을 "획기적"이라고 표현하면서 환영의 뜻을 표했다(Asahi Shimbun 2007.4.13.). 또한, 원자바오 총리는 중국이 개혁개방과 현대화 추진과정에서 일본 정부와 국민들로부터 지원과 원조를 받았다고 언급하기도 했다(Wen 2007). 아사히신문은 "이것으로 중국의 많은 사람들이 처음으로 일본의 대중국 원조에 관한 진실을 알게 되었다"고 논평했다(*Asahi Shimbun* 2007.4.13.). 일본 요미우리신문도 일본의 공적개발원조가 중국 연해안 지역의 중요 기간시설 개발과 같은 중국의 발전에 어떤 역할을 했는지 중국인들이 거의 알지 못한다고 지적하면서, 원자바오 총리의 일본 방문 전에 중국이 3주간 일본에 관한 프로그램을 국영 텔레비전 방송을 통해 방영했던 것을 높이 평가했다. 그러한 방송의 목적이 지나치게 반일적인 성격을 띤 애국주의 교육을 바로잡고 반일 감정을 완화시키기 위한 것일 수 있다는 추측을 제기하기도 했다.

2008년 5월 후진타오 중국 주석의 일본 방문도 일본 내에서 긍정적인 반응을 이끌어 냈다. 후진타오 중국 주석과 후쿠다 야스오 일본 총리의 회담 이후 발표된 중일 공동성명에 따르면, "중국 측은 전후 60여 년간 일본이 변함없이 평화국가의 길을 추구하고 평화적인 방식으로 세계 평화와 안정에 기여해왔음을 긍정적으로 평가했다"(MOFA, Japan 2008). 중일관계 개선을 위한 시도들로써 후진타오 주석과 원자바오 총리의 일본 방문과 연설은 평화국가로서 일본의 전후 정체성에 대한 명확한 인정으로 일본인들에게 인식되었다는 점에서 중요한 의미를 가진다. 일본 방문 시 그들의 전향적인 태도와 발언들에 대한 일본의 긍정적인 반응들은 일본의 정체성에서 중요한 업적들에 대한 중국의 인정이 양국 관계 개선에 일정부분 기여할 수 있다는 것을 보여주었다.

하지만 그러한 중국지도자들의 방문에 대한 긍정적인 반응과 중일 공동 역사연구사업으로 인해 높아진 기대는 결국 얼마 지나지 않아 사그라졌다. 2010년 반일 시위가 중국에서 다시 발생했을 때, 일본 자민당의 히라사와 가쓰에이平澤勝榮 의원은 중국의 전쟁박물관들에 일본군의 중국에 대한 잔학행위는 자세히 드러나 있지만, 양국 간 우호관계와 전후 시기 일본의 풍부한 대중국 원조에 대한 언급은 없다고 지적했다(일본 중의원 법무위원회 회의록 2010.10.22.). 2012년 가을, 일본의 센카쿠 열도 국유화 선언 이후 대규모 반일 시위가 중국 100여 개의 도시에서 발생했고, 이전의 낙관론은 완전히 사라졌다. 일본의 전후 정체성에 대한 중국의 불인정은 다시금 양국 관계의 갈등 문제로 떠올랐다. 일본 요미우리신문은 일본은 지난 30여 년간 중국에 저금리 엔 차관을 제공함으로써 중국의 경제성장에 기여했지만, 그러한 일본의 협력은 중국 내에서 거의 인정을 받지 못했고 1990년대에는 오히려 반일 애국주의 교육이 강화되었다고 지적했다(Yomiuri Shimbun 2012.9.23.). 일본 아사히신문은 중국공산당이 중국이 당면한 많은 사회적 문제에서 대중의 관심을 밖으로 돌리기 위해 '반일' 민족주의를 활용하는 것을 중단해야 한다고 촉구했다(Asahi Shimbun 2012.9.29.). 또한, 일본이 3조 엔 이상의 엔 차관을 통해 중국의 발전에 기여해 왔다는 사실을 중국인들은 거의 알지 못한다고 지적하면서, 중국인들에게 일본을 제대로 알리기 위해 더 노력해야 한다고 주장했다.

중일 공동 역사연구사업의 진행과정에서도, 양국 간 입장 차이가 명확히 드러났다. 중국은 일본의 역사교육에서 과거 군국주의 시기에 대한 역사 서술에 문제가 있다고 지적해 온 반면에, 일본은 전후 시기 중국에 공적개발원조를 제공해 온 평화국가로서의 일본의 발전과 업적에 대한 중국의 망각과 관련하여 중국의 역사교육에 문제가 있다고 지적했다. 또한 일본 측은 공동 역사교과서에 전후 시기에 관한 부분을 추가함으로써 일본의 대중국 원조와 평화국가로서의 일본의 지위에 대한 언급이 포함되기를 희망했지만, 중국 측은 전후 시대에 관한 부분을 출판하는 것에 난색을 표했다(Kawashima 2010, 31; Kitaoka 2010, 7-13).

2012년 일본의 센카쿠 열도 국유화 이후, 중국 고위급 정부 관료들의 발언은 일본의 전후 정체성에 대한 좀 더 명백한 불인정을 보여주었다. 2012년 9월, 당시 중국 부총리였던 리커창은 파푸아누기니 총리인 피터 오닐Peter O'Neil을 만나 다음과 같은 성명을 발표했다: "중국과 파푸아뉴기니는 모두 제2차 세계대전 당시 일본 군국주의 침략의 피해자들이다. 오늘날 댜오위댜오 문제와 관련한 일본의 행동은 군국주의에 대항한 승전의 결과에 대한 노골적인 부정이며, 전후 세계질서에 대한 명백한 도전이다. 평화를 사랑하고 정의를 수호하는 어떤 국가나 국민도 일본의 행동을 용인하지 않을 것이다"(MOFA, PRC 2012). 이러한 중국의 주장은 평화국가로서의 일본의 전후 정체성을 사실상 부인하는 것이었고, 국제사회에 중국의 입장을 호소하려는 시도이기도 했다. 즉, 그러한 중국의 발언은 전후 평화적 국제질서를 수호하려는 국제사회와 일본 사이에 선을 긋고 일본을 그러한 평화질서의 도전자로 규정하려는 시도였다고 볼 수 있다. 이는 일본의 전후 정체성에 대한 불인정이 양자 관계를 넘어 국제사회로 확대될 수도 있음을 보여주었다.

중국의 불인정에 대한 일본의 대응

앞서 일본의 관섬에서 일본에 대한 중국의 테도가 종종 일본의 전후 정체성을 부인하는 것으로 인식된다는 점을 확인했다면, 여기에서는 일본 정부가 그러한 인식에 어떻게 대응하는지를 살펴봄으로써 그러한 인식의 결과를 분석하는 데 초점을 맞춘다. 중일관계의 맥락 속에서 일본의 정체성에 대한 중국의 불인정에 대응하여 일본이 취할 수 있는 행동은 무엇일까? 하나의 가능성은 일본이 중국의 불인정이 의미하는 바, 즉 일본이 자신이 규정한 정체성에 제대로 부응하지 못하고 있다는 사실을 받아들이고, 스스로가 주장하는 정체성에 걸맞게 행동하기 위해 더 노력하는 것이다. 그러한 접근은 일본이 스스로가 지향하는 '평화국가'로서의 면모를 충분히 보여주지 못했음을 인정하고 '평화국가'가 되기 위해 더 노력한다는 것을 의미한다. 일본의 보통국가화와 재무장에 관한 많은 논의가 이루어지고 있음에도 불구하고, 일본은 1945년 이후 전쟁을 일으킨 적이 없으며 평화적이었다고 한결같이 주장해 왔다. 따라서 전후 일본이 평화국가로서의 역할을 충분히 다하지 못했다는 평가를 일본 정부가 받아들일 가능성은 낮아 보인다.

중국의 불인정에 대응하여 일본이 취할 수 있는 또 다른 행동은 자신의 정체성에 관한 서술이 옳다는 것을 상대방에게 납득시키는 것이다. 즉, 자신이 규정한 정체성이 실제로 자신을 정확하게 반영하고 있음을 타자들이 납득할 수 있도록 설득하는 것이다. 행위자는 타자를 설득하는 과정에서 자신의 정체성을 지키기 위해 군사력을 동원할 수도 있다. 즉 군사력을 동원하여 타자의 인정을 강요하는 것이다. 하지만 일본의 경우는 '평화국가'로서의 정체성에 대한 타자의 인정을 요구하는 것이다. 따라서 '평화국가'를 지향하는 일본이 폭력적인 수단을 동원하여 중국에게 일본의 평화주의적 정체성을 인정하도록 강요하는 것은 명백한 모순이다. 따라서 일본이 자신의 정체성을 인정받기 위해 군사력을 동원할 가능성도 낮다고 볼 수 있다.

군사력의 동원이 선택 가능한 옵션이 아니라면, 일본은 어떻게 일본의 정체성을 인정하도록 중국을 설득할 수 있을까? 2000년대 중반 이후, 일본 외무성은 중국 내 일본의 이미지를 개선하고 중국 정부가 일본을 평화국가로 인정하도록 설득하기 위한 다양한 외교적 노력을 기울여 왔다(홍경표 2011). 또한 일본 외무성은 중국의 전쟁전시관들에 전후 평화적인 양자 관계를 강조하는 자료들을 일부 추가하도록 중국 측을 설득하기도 했다(Gustafsson 2014). 중국도 일본의 이러한 노력을 일부 수용하여 양국 관계를 개선하려는 움직임을 보이기도 했다(Kang 2016). 예를 들어, 앞서 살펴보았던 원자바오 중국 총리의 일본 의회 연설은 중국 정부가 처음으로 전후 일본의 '평화국가'로서의 업적을 인정한 것으로 평가받았다. 그러나 이러한 양측의 노력은 얼마가지 못했고, 양국은 곧 다시 갈등 국면에 접어들었다.

자신의 정체성을 인정받지 못할 때, 어떤 국가는 자신의 정체성에 관한 서술이 잘못되었다거나 그러한 정체성에 맞게 행동하지 못했음을 인정하지 않고, 오히려 점차 자신의 정체성을 부인한 타국을 비판하면서 자신의 정체성을 규정하는 데 있어서 그 국가와의 차별성을 강조하기도 한다(Gustafsson 2016). 또한, 이러한 경우 어떤 국가는 제3자에게 자신의 정체성에 대한 지지와 인정을 호소하기 위해, 자신의 정체성을 규정하는 데 있어서 그 제3자와의 유사성을 강조할 수도 있다.

앞서 살펴보았던 2012년 9월 리커창 당시 중국 부총리의 발언이 일본의 전후 정체성에 대한 명백한 불인정을 표명한 것으로 인식되면서, 이에 대응하여 겐바 고이치로玄葉光一郞 일본 외무상은 인터내셔널 헤럴드 트리뷴*International Herald Tribune*에 중국 측의 주장들을 반박하는 기고문을 발표했다. 이 기고문에서, 그는 센카쿠/댜오위댜오 분쟁과 관련하여 일본의 국유화 조치는 전후 국제질서를 부정하려는 시도가 전혀 아님을 강조했다. 그는 평화국가로서의 일본의 정체성을 부인했던 당시 리커창 부총리의 발언을 직접 언급하면서 다음과 같이 반박했다: "일본은 평화를 사랑하는 국가이고 전후 시기 아시아 지역의 평화와 번영에 지속적으로 상당한 기여를 해왔다. 일본 시민들의 강력한 지지를 받고 있는 이러한 정책은 일본을 나타내는 특징이며 앞으로도 변하지 않을 것이다"(Gemba 2012).

겐바 외무상의 기고문은 일본의 전후 정체성을 인정하도록 중국을 설득하려는 시도로 해석될 수도 있지만, 다음 두 가지 측면에서 볼 때 그가 염두에 두었던 독자가 중국만이 아니었음을 알 수 있다. 먼저, 그 기고문이 인터내셔널 헤럴드 트리뷴에 실렸다는 것은 그 글이 국제사회를 대상으로 한 것임을 말해 준다. 또한 그 기고문은 다음과 같은 중국에 대한 명백한 비판을 담고 있다: "일본은 전후 첫 걸음으로 샌프란시스코 평화조약을 체결했고, 미국을 포함한 40여 개국이 그 조약에 조인했다. 그 조약은 전후 국제질서의 중요한 요소이지만, 중국 정부는 그 조약을 '불법적이고 무효'라고 여긴다. 또한, 중국이 1992년 센카쿠 열도를 자국의 영토로 귀속시키는 '영해 및 접속수역에 관한 법'을 제정함으로써, 샌프란시스코 평화조약에 의해 규정된 그 열도의 지위를 일방적으로 변경하려 하고 있다. 일본과 중국 중 과연 어느 국가가 전후 국제질서를 부인하는 것인가?"(Gemba 2012).

또한, 리커창의 발언 이후 일본 외무성은 센카쿠/댜오위다오 분쟁에 관한 여러 성명서와 발표문에서 평화적인 민주국가로서의 일본 정체성을 강조하기 시작했다(e.g. MOFA, Japan 2013). 이는 일본의 정체성을 부정하는 중국에 대항하여 중국과의 차이를 강조하면서, 일본이 자신의 정체성과 입장에 대한 국제사회의 인정과 지지를 호소하려는 시도로 해석될 수 있다. 2013년 5월 리커창 중국 총리는 1945년 '포츠담 선언'이 체결된 독일 체칠리엔호프 궁전Cecilienhof Palace을 방문하여 연설을 했고, 일본 측은 그의 연설이 일본의 전후 정체성을 다시 한 번 부인한 것이라고 인식했다. 2013년 6월 1일 오노데라 이쓰노리小野寺五典 일본 방위상은 안보 문제에 관한 아시아 포럼인 샹그릴라 회의에서 연설을 하면서, "일본이 우경화되고 있고, 평화국가로서의 정체성 포기하고 기존 국제질서에 도전하려 한다"는 비판에 대응하여, 그러한 시각들이 '완전한 오해'이며, 일본 정부는 '통절한 반성과 진심어린 사죄'의 입장을 고수하고 있다고 주장했다(Onodera 2013). 오노데라의 연설은 일본이 평화국가임을 다른 아시아 국가들에게 어필하려는 시도로 해석될 수 있으며, 실제로 연설의 상당 부분이 중국보다는 동남아시아 국가들을 겨냥하고 있었다. 오노데라는 일본과 아세안ASEAN의 협력을 강조하면서, 일본이 민주, 법치, 인권과 같은 보편 가치를 아세안 국가들과 공유하고 있음을 부각시켰고, 이에 반해 중국은 이러한 가치들을 실현하는 데 책임 있는 역할을 다하지 못하고 있음을 우회적으로 지적했다.

2013년 2월 아베 신조 일본 총리는 미국 공식 방문 직전에 워싱턴 포스트Washington Post와의 인터뷰에서, 공산당 일당 통치체제 하의 중국은 체제 정당성을 유지하기 위해 애국주의 교육을 활용하여 민족주의를 고취시키고 있으며, 그러한 애국주의 교육은 사실상 반일 정서를 자극하고 중일 간 우호관계를 저해하는 분위기를 만들어 왔다고 주장했다(*Washington Post* 2013/02/20). 아베는 중국 정부가 통치 정당성을 확보하기 위해 반일 애국주의 교육에 의존해 온 것이 중일관계 악화의 근본적인 원인이라고 지적했다. 이것은 처음으로 일본 총리가 미국과 국제사회를 상대로 중국의 반일 애국주의 교육을 공개적으로 비판한 것이라는 점에서 주목할 만하다.

일본 정치지도자들이 국제사회를 겨냥하여 의도적으로 중국을 비판하는 발언을 하는 것은 평화국가로서 인정받으려는 일본의 노력에 대한 중국의 미온한 반응에 불만을 표시하는 것이라고 볼 수 있다. 강제력을 사용하여 자신의 입장을 관철시키는 게 불가능한 상황에서, 일본은 중국을 '반일 국가'로 낙인찍는 것이 국제사회에 자신의 입장을 호소하는 데 유리하다고 생각하는 것처럼 보인다. 그러한 방식을 통해 일본은 중국의 주장이 잘못되었으며 일본에 대한 중국의 불인정과 비판은 명확한 근거가 없고 중국의 '반일 민족주의'에서 비롯된 것이라고 주장한다.

또한, 일본의 입장에서 중국이 일본에 적대적이며 비민주적 국가임을 부각시키는 것은 그러한 중국과의 대비를 통해 평화지향적인 민주국가로서 일본의 이미지를 국제사회에 어필하려는 것일 수도 있다. 특히 아베는 일본의 민주적 정체성을 강조해 왔고, 중국이 통치 정당성을 확보하기 위해 반일 애국주의 교육에 의존하는 이유가 중국의 권위주의적 정치체제에 있다고 지적해 왔다. 또한, 일본은 중국이 체제 정당성을 확보하기 위해 일본과 서구에 대한 부정적인 언사들에 의존하는 것은 무책임한 행동이라고 비판해 왔다. 즉, 일본이 중국을 일본에 적대적이고 비민주적이며 심지어 무책임하다고 비판하는 것은 이러한 중국과의 차이를 부각시켜 일본의 정체성을 정당화하려는 의도를 담고 있다고도 볼 수도 있다. 일본의 이러한 비판들은 중국을 국제사회의 책임감 있는 일원으로 인정해서는 안 된다고 주장하는 것처럼 보인다. 이는 책임 있는 강대국으로 인정받으려는 중국의 노력에 반하는 것이고, 이로 인해 중국은 일본에 대한 비판의 강도를 높임으로써 국제사회에 자신의 입장에 대한 호소를 강화할 수 있다. 그 결과 국제사회에서 양국 간 상호 비판이 악순환의 고리를 따라 증폭될 수 있고, 그로 인해 양국 간 상호 인정과 관계 개선의 가능성을 더욱 낮아질 수 있다.

일본은 자신의 평화지향적 정체성에 대한 중국의 불인정에 대응하여 자신의 정체성을 수정하려 시도할 수도 있다. 평화국가로서 전후 일본의 정체성이 과거 국군주의적 자아와의 차이를 강조하면서 형성된 것이라면, 일본의 보수세력들은 과거의 그림자에서 벗어나 일본의 정체성을 새롭게 수정하기 위해 전후 일본의 정체성에 대한 중국의 불인정을 정치적으로 활용하려 하기도 한다. 일본의 재무장과 '보통국가'화는 오랜 시간 일본의 보수주의자들의 정치적 목표였다(Oros 2008; 서승원 2015). 이러한 아젠다를 내세우는 이들에게 전후 일본의 평화주의적 정체성에 대한 국제사회의 불인정은 정체성의 변화를 추구할 기회를 제공한다. 이러한 변화를 지지하는 세력들은 일본의 전후 정체성이 과도하게 평화주의적이라고 지적하면서 그러한 정체성은 잘못되었고 '비정상적'이라고 주장한다. 그들은 일본이 '비정상적인' 평화주의를 폐기하고 평화헌법 9조[4]의 수정과 자위대의 정규군화를 통해 보통국가가 되어야 한다고 주장한다(윤근노 2013; 조양현 2014; Oros 2015). 실제로 집단적 자위권 행사를 정당화하기 위해 헌법 제9조 해석을 변경한 것을 포함하여[5] 일본의

---

4 일본 헌법 제9조는 2개 항으로 구성되어 있다. 제1항에서는 일본은 전쟁과 무력에 의한 위협 또는 무력의 행사를 '영구히' 포기한다고 하였으며, 제2항에서는 이러한 목적을 달성하기 위해 '육해공군 기타 군사력'을 보유하거나 유지하지 않는다고 선언했다. 이 두 개 항이 이른바 '평화헌법'의 핵심 조항이 되고 있는 것이며, '평화국가' 일본의 근간을 이루고 있다.
5 일본 내각은 2014년 7월 1일 임시 각의를 열어 헌법 제9조를 재해석하여 '집단적 자위권'을 허용하는 결정문을 채택하였다.

외교정책에 중대한 변화의 움직임들이 나타나기도 했다는 것은 일본 내 보수세력의 일본 정체성 변화 시도가 현실화될 수 있음을 보여준다(Hayashi 2014; 오미영 2015).

평론가 겸 작가인 미야자키 마사히로宮崎正弘[6]는 중국의 '반일'이 일본의 민족주의를 자극하는 하나의 외부적 요인을 작용했고, 일본의 '건전한 민족주의'가 '비정상적 평화주의'를 대체할 것이라고 주장해 왔다(宮崎正弘 2005). 그는 심지어 일본 평화헌법의 수정을 지지하는 이들이 중국의 '반일'에 감사를 표하고 있다고 언급한다(宮崎正弘 2012). 또 다른 평론가는 보통국가가 되기 위해 일본은 야스쿠니 신사 문제와 같은 외교적 문제에서 더 이상 중국의 요구를 들어주면 안 된다고 말한다(古森義久 2007). 이처럼 일본의 보수주의자들이 주장하는 '보통국가화'의 형태로 일본의 정체성의 변화가 진행된다면, 이는 일본 평화헌법의 개정을 수반하고 역사 문제나 영토 분쟁과 같은 외교적 이슈에서 양국 간 갈등은 더 심화될 수 있다. 또 다른 문제는 중국이나 아시아의 주변국들이 일본의 보통국가화에 반대하더라도, 보통국가로서의 일본은 평화국가로서의 일본과는 달리 강제적인 수단을 동원하여 다른 국가들에게 일본의 정체성과 주장을 수용하도록 강요할 수 있다는 것이다. 즉, 보통국가

---

6 미야자키는 중국의 반일 민족주의를 다음과 같이 평가 한다: "중국을 지배하는 독재자는 국내의 여러 가지 모순으로부터 국민의 시선을 떼어놓기 위해 '애국' 등 싸구려 민족주의를 부르짖고, 늘 일본을 적대시하여 통치의 정당성을 얻고자 기를 쓴다. 겉으로는 싱글벙글 웃는 중국이, 국내에서는 노회하고 교활하게 악의에 가득 찬 반일 교육을 계속하고 있는 것도 그 때문이다. 말하자면 '반일'이란 국민을 결속시키기 위한 목적으로 구사하는 무기이며, 정치가 입장에서 쉽고 편리한 아편과도 같은 것으로, 후진타오도 이 고질병에서 벗어나지 못했다."(미야자키 마사히로 2015, 100)

로서의 정체성을 인정받기 위한 투쟁은 평화주의적인 정체성을 인정받기 위한 투쟁과는 달리 국제 분쟁으로 확대될 가능성이 높아진다고 볼 수 있다.

국가정체성에 대한 상호 불인정이 중일관계에 미치는 영향

1980년대에 중국에 대한 일본의 인식은 비교적 긍정적이었고, 1990년대에는 전반적으로 중국에 대한 긍정적 인식과 부정적 인식이 어느 정도 균형을 이루고 있었다. 하지만 2000년대 초반 이후 일본의 대중국 인식은 극적으로 악화되었고 일본인들에게 중국의 '반일反日' 이미지들이 강하게 자리 잡게 되었다. 중일 양국 관계를 살펴보면, 1978년 중일 평화우호조약이 체결된 이후 중일 양국 간 무역과 경제적 상호의존, 인문 교류는 급속하게 확대되었고, 일본은 공적개발원조ODA의 일환으로 중국에 저금리로 엔 차관을 제공하는 등 중국의 경제성장에 일정부분 기여해 왔다. 이러한 양국 협력관계의 긍정적인 발전에도 불구하고 왜 일본의 중국에 대한 인식은 중국을 '반일 국가'로 규정할 정도로 악화되었을까? 이러한 퍼즐에 대한 하나의 설명은 2000년대 이후 중국에서 반복적으로 발생한 반일 시위와 사건들에서 그 원인을 찾는 것이다. 하지만, 이러한 사건들 자체만으로는 왜 일본에서 중국에 대한 반감이 극적으로 증가했고 중국을 '반일'이라는 단어와 연관지어 생각하게 되었는지를 완전히 설명하지 못했다. 본 논문은 국제정치에서 정체성identity과 인정recognition에 관한 이론들이 이러한 퍼즐을 설명하는 데 유용한 분석틀을 제공한다고 보았다. 정체성과 인정에 관한 이론적 논의들을 바탕으로, 본 논문은 일본의 대중국 인식에 있어서 정체성과 인정의 문제에 초점을 맞추어, 일본의 전후 국가정체성과 중국의 불인정에 대한 일본의 인식과 대응을 분석하였다. 일본이 전후 시기 자신의 정체성을 어떻게 규정하고 있으며, 어떻게 그러한 정체성을 중국이 부인한다고 인식하는지, 그리고 그러한 인식에 따라 어떠한 대응방식을 취하는지에 대한 분석을 진행하였다.

그러한 분석을 통해 본 논문은 일본의 국가정체성에서 전후 시기 평화국가로서의 정체성이 가지는 중요성을 확인할 수 있었다. 그리고 일본 내 담론 분석을 통해, 일본이 중국의 애국주의 교육을 중국의 반일 시위의 근본적인 원인으로 보고 있으며, 전후 시기 평화국가로서의 일본의 정체성을 중국 정부가 부인한다고 인식하는 경향이 있음을 보여주었다. 또한 일본이 어떠한 정체성을 추구하고 그러한 정체성에 대한 중국의 태도를 어떻게 인식하느냐는 중국에 대한 대응방식뿐만 아니라, 일본의 정체성에도 영향을 미친다는 것을 확인할 수 있었다. 중국 지도부가 일본의 정체성을 명확히 인정하는 태도를 보였을 때, 일본 정부와 언론은 그러한 중국의 움직임을 매우 긍정적으로 평가했다. 그러나 중국이 일본의 정체성을 명백히 부인했을 때, 일본의 지도자들은 이에 대응하여 중국을 일본에 적대적反日的이고 비민주적이며 심지어 무책임하다고 비판함으로써 이러한 중국의 이미지와 대비시켜 평화지향적인 민주국가로서 일본의 정체성을 정당화하고 그러한 일본의 이미지를 국제사회에 어필하고자 했다. 다른 한편, 일본의 평화주의적 정체성에 도전하여 보통국가화의 형태로 일본 정체성의 변화를 추구하는 세력들은 일본의 평화국가로서의 정체성을 불인정하는 중국의 태도를 정치적으로 활용하여 일본 내 자신들의 입지를 강화하려하기도 했다. 이러한 분석 결과를 바탕으로 볼 때, 일본이 중국을 '반일 국가'로 인식하고 일본에서 중국에 대한 반감이 극적으로 증가한 것은 중국에서 반일 시위가 반복적으로 발생하면서 일본인들의 뇌리에 중국의 반일 이미지가 강하게 자리 잡았기 때문만이 아니라, 더 근본적이고 중요한 이유는 중국이 일본 정체성의 중요한 요소를 부인한다고 보는 일본의 인식에 기인하다고 설명할 수 있다.

또한, 중국과 다른 국가들은 일본 정체성의 특정 부분을 인정하거나 부정함으로써 일본의 정체성과 양자관계에 영향을 미칠 수 있고, 실제로 영향을 미치고 있는 것으로 보인다. 중국을 비롯한 국제사회가 전후 일본의 평화주의적 정체성을 인정하는 것은 일본의 재무장과 보통국가화를 저지하고 평화국가로 남아있도록 하는 데 긍정적으로 작용할 수 있다. 즉, 전후 시기 일본의 평화국가로서의 정체성은 전시戰時의 군국주의적 자아와 대비시켜 차이를 강조해 왔기 때문에, 그러한 정체성의 인정은 일본으로 하여금 그러한 정체성에 좀 더 걸맞게 행동하고 과거로 회귀하지 않도록 하는 데 기여할 수 있다. 반면에, 이러한 평화주의적 정체성에 대한 불인정은 일본으로 하여금 더 이상 과거 군국주의적 자아에 대한 비판이 아닌, 자신을 불인정하는 타자(다른 국가들)에 대한 비판을 통해 자신의 정체성을 강화하는 방식으로 정체성의 수정이 이루어질 수 있다. 이러한 상호 불인정(상호 비판)은 악순환의 고리를 타고 증폭되어 국제관계에서 정체성의 충돌로 인한 갈등의 소지를 증대시킬 우려가 있다. 또한, 평화국가로서 일본의 정체성에 대한 다른 국가들의 불인정은 그러한 정체성에서 벗어나 일본을 보통국가화하려는 일본 내 보수세력들의 입지를 강화할 수 있다. 이처럼 중일관계에서뿐만 아니라 국제관계에서 정체성과 인정의 문제는 국가 간 상호 인식뿐만 아니라 향후 중일관계를 비롯한 국제관계의 발전에도 영향을 미칠 수 있는 중요한 요소이므로, 앞으로 이에 대한 더 많은 논의와 연구가 이루어질 필요가 있다.

참고문헌

미야자키 마사히로 저, 김동욱, 정강민, 이용빈 역. 2015. 『중국을 움직이는 100인』. 서울: 한울아카데미.
서승원. 2009. "탈냉전기 일본의 중국정책과 그 전환." 『아세아연구』 52권 1호, pp. 145-177.
서승원. 2015. "일본 아베 정권의 집단적 자위권과 중국." 『아세아연구』 58권 4호, pp. 72-102.
양기웅, 안정화. 2016. "일본총리의 중국 및 중일관계 인식변화(1990-2014)." 『국제정치연구』 19권 2호, pp. 151-175.
오미영. 2015. "집단적 자위권과 일본의 헌법해석변경에 관한 소고." 『법학연구』 43권, pp. 639-663.
오승희. 2017. "전후 일본의 인정투쟁과 중일국교정상화." 『한국정치학회보』 51권 1호, pp. 73-98.
윤근노. 2013. "중일 갈등과 일본 보통국가화." 『정세와 정책』 2013-3호, pp. 10-12.
이기완. 2010. "일본의 대중인식과 대중정책." 『통일문제연구』 22권 1호, pp. 191-224.
조양현. 2014. "아베정권의 우경화와 동아시아 국제관계." 『독도연구』 16호, pp. 287-310.
최은봉, 신재민. 2008. "일본 외교정책의 동아시아 지향성: 1990년대 이후 외상 국회연례연설 의 내용분석을 중심으로." 『일본연구』 36호, pp. 25-44.
홍경표. 2011. "중일관계와 일본의 대중국 이미지 제고전략 연구." 경제인문사회연구회 발간자료.

Abe, Shinzo. 2006. "Press Conference by Prime Minister Shinzo Abe Following His Visit to China" (October 8, 2006). http://japan.kantei.go.jp/abespeech/2006/10/08chinapress_e.html (검색일: 2017. 05. 30)
Akaha, Tsuneo. 2008. "The Nationalist Discourse in Contemporary Japan: The Role of China and Korea in the Last Decade." *Pacific Focus* 23(2), pp. 156-88.
Cho, Il Hyun and Seo-Hyun Park. 2011. "Anti-Chinese and Anti-Japanese Sentiments in East Asia: The Politics of Opinion, Distrust, and Prejudice." *The Chinese Journal of International Politics* 4(3), pp. 265-90.
Drifte, Reinhard. 2006. "The ending of Japan's ODA loan programme to China-All's well that ends well?" *Asia-Pacific Review* 13(1), pp. 94-117.
Fukuda, Yasuo. 2007. "Forging the Future Together, Speech by Yasuo Fukuda, Prime Minister of Japan at Peking University, Beijing, People's Republic of

China" (December 28, 2007). http://www.mofa.go.jp/region/asia-paci/china/speech0712.html (검색일: 2017. 05. 30)

Gemba, Koichiro. 2012. "Japan-China relations at a crossroads." *International Herald Tribune* (November 20, 2012). http://www.nytimes.com/2012/11/21/opinion/koichiro-genba-japan-china-relations-at-a-crossroads.html (검색일: 2017. 05. 30).

Gustafsson, Karl. 2014. "Memory politics and ontological security in Sino-Japanese relations." *Asian Studies Review* 38(1). pp. 71-86.

Gustafsson, Karl. 2016. "Recognising recognition through thick and thin: Insights from Sino-Japanese relations." *Cooperation and Conflict* 51(3). pp. 255-271.

Hagström, Linus and Karl Gustafsson. 2015. "Japan and identity change: why it matters in International Relations." *The Pacific Review* 28(1). pp. 1-22.

Hagström, Linus and Ulv Hanssen. 2015. "The North Korean abduction issue: emotions, securitisation and the reconstruction of Japanese identity from 'aggressor' to 'victim' and from 'pacifist' to 'normal'." *The Pacific Review* 28(1). pp. 71-93.

Hashimoto, Ryutaro. 1997. "Japan-China Relations in the New Age: New Developments in Dialogue and Cooperation." Prime Minister Hashimoto's Speech in Beijing. http://www.mofa.go.jp/region/asia-paci/china/dialogue.html (검색일: 2017. 05. 30).

Hayashi, Yuka. 2014. "Tensions in Asia Stoke Rising Nationalism in Japan." *The Wall Street Journal* (February 26, 2014).

He, Yinan. 2008. "Ripe for Cooperation or Rivalry? Commerce, Realpolitik, and War Memory in Contemporary Sino-Japanese Relations." *Asian Security* 4(2). pp. 162-97.

Honneth, Axel. 2012. "Recognition between states: on the moral substrate of international relations." Lindemann, Thomas and Erik Ringmar eds. *The International Politics of Recognition,* pp. 25-38. Boulder, CO: Paradigm.

Jerdén, Björn, and Linus Hagström. 2012. "Rethinking Japan's China policy: Japan as an accommodator in the rise of China, 1978-2011." *Journal of East Asian Studies* 12. pp. 215-50.

Kang, Su-Jeong. 2016. "China's Handling of Anti-Japanese Popular Nationalism in its Efforts to Ease Strained Relations with Japan." 『중국연구』 67권, pp. 201-231.

Katzenstein, Peter J., and Nobuo Okawara. 1993. "Japan's National Security:

Structures, Norms, and Policies." *International Security* 17(4). pp. 84-118.
Kawashima, Shin. 2010. "The Three Phases of Japan-China Joint-History Research: What Was the Challenge?" *Asian Perspective* 34(4). pp. 19-43.
Kitaoka, Shinichi. 2010. "A Look Back on the Work of the Joint Japanese-Chinese History Research Committee." *Asia-Pacific Review* 17(1). pp. 6-20.
Klien, Susanne. 2002. *Rethinking Japan's Identity and International Role: An Intercultural Perspective*. London: Routledge.
Koizumi, Junichiro. 2005. "Speech by H.E. Junichiro Koizumi, prime minister of Japan." (April 22, 2005). http://japan.kantei.go.jp/koizumispeech/2005/04/22speech_e.html (검색일: 2017. 05. 30)
Lind, Jennifer. 2008. *Sorry States: Apologies in International Politics*. Ithaca: Cornell University Press.
Lindemann, Thomas. 2010. *Causes of War: the Struggle for Recognition*. Colchester: ECPR Press.
Mochizuki, Mike M. 2007. "Japan's shifting strategy toward the rise of China." *Journal of Strategic Studies* 30(4-5). pp. 739-76.
MOFA, Japan(일본 외무성). 2005. "60 Years: The Path of a Nation Striving for Global Peace." http://www.mofa.go.jp/policy/postwar/pamph60.pdf (검색일: 2017. 05. 30).
MOFA, Japan(일본 외무성). 2008. "Joint Statement Between the Government of Japan and the Government of the People's Republic of China on Comprehensive Promotion of a Mutually Beneficial Relationship Based on Common Strategic Interests." (May 7, 2008). http://www.mofa.go.jp/region/asia-paci/china/joint0805.html (검색일: 2017. 05. 30).
MOFA, Japan(일본 외무성). 2009. "Japan and China: Building a Mutually Beneficial Relationship Based on Common Strategic Interests." http://www.mofa.go.jp/region/asia-paci/china/relation.pdf (검색일: 2017. 05. 30).
MOFA, Japan(일본 외무성). 2013. "Position Paper: Japan-China Relations Surrounding the Situation of the Situation of the Senkaku Islands—in Response to China's Weapons-guiding Lock-on." (February 7, 2013). http://www.mofa.go.jp/region/asia-paci/senkaku/position_paper3_en.html (검색일: 2017. 05. 30).
MOFA, PRC(중국 외교부). 2012. "Li Keqiang Meets with Papua New Guinea Prime Minister O'Neill." (September 11, 2012). http://www.fmprc.gov.cn/mfa_eng/topics_665678/ diaodao_665718/t969873.shtml (검색일: 2017. 05. 30).

Murayama, Tomiichi. 1995. "On the Occasion of the 50th Anniversary of the War's End." Statement by Prime Minister Tomiichi Murayama. (August 15, 1995). http://www.mofa.go.jp/announce/press/pm/murayama/9508.html (검색일: 2017. 05. 30).

Onodera, Itsunori. 2013. "Defending National Interests, Preventing Conflicts." Shangri-La Dialogue 2013 Second Plenary Session (June 30, 2013) https://www.iiss.org/en/events/shangri-la-dialogue/archive/shangri-la-dialogue-2013-c890/second-plenary-session-8bc4/onodera-d174 (검색일: 2017. 05. 30).

Oros, Andrew L. 2008. *Normalizing Japan: Politics, Identity and the Evolution of Security Practice*. Stanford: Stanford University Press.

Oros, Andrew L. 2015. "International and domestic challenges to Japan's postwar security identity: 'norm constructivism' and Japan's new 'proactive pacifism'." *The Pacific Review* 28(1). pp. 139-60.

Ringmar, Erik. 2012. "Introduction: the international politics of recognition." Thomas Lindemann and Erik Ringmar eds. *The International Politics of Recognition*, pp. 3-23. Boulder, CO: Paradigm.

Seaton, Philip A. 2007. *Japan's Contested War Memories: the 'Memory Rifts' in the Historical Consciousness of World War II*. New York: Routledge.

Sekiyama, Takashi. 2012. "Japan's Policy Toward China Under Strong Anti-Chinese Sentiment: A Case of Terminating Yen Loans to China." *East Asia* 29(3). pp. 295-311.

Steele, Brent J. 2008. *Ontological Security in International Relations: Self-identity and the IR State*. Oxon and New York: Routledge.

Suzuki, Shogo. 2015. "The rise of the Chinese 'Other' in Japan's construction of identity: Is China a focal point of Japanese nationalism?." *The Pacific Review* 28(1). pp.95-116.

Takeuchi, Hiroki. 2014. "Sino-Japanese relations: power, interdependence, and domestic politics." *International Relations of the Asia-Pacific* 14(1). pp. 7-32.

Tamaki, Taku. 2010. *Deconstructing Japan's Image of South Korea: Identity in Foreign Policy*. Basingstoke: Palgrave Macmillan.

Wang, Zheng. 2008. "National Humiliation, History Education, and the Politics of Historical Memory: Patriotic Education Campaign in China." *International Studies Quarterly* 52. pp. 783-806.

Wen, Jiabao 2007. "For Friendship and Cooperation." Speech by Premier Wen

Jiabao of the State Council of the People's Republic of China at the Japanese Diet (March 13, 2007). http://www.fmprc.gov.cn/mfa_eng/wjb_663304/zzjg_663340/yzs_663350/gjlb_663354/2721_663446/2725_663454/t311544.shtml (검색일: 2017. 05. 30).

Wendt, Alexander. 2003. "Why a World State is Inevitable." *European Journal of International Relations* 9(4). pp. 491-542.

Wolf, Reinhard. 2011. "Respect and disrespect in international relations: the significance of status recognition." *International Theory* 3(1). pp. 105-42.

小泉純一郎. 2001. "中国人民抗日戦争記念館訪問後の小泉総理の発言." http://www.mofa.go.jp/mofaj/kaidan/s_koi/china0110/hatsugen.html (검색일: 2017. 05. 30)

古森義久. 2007.『中国「反日」の虚妄』. 文藝春秋..

宮崎正弘. 2005.『中国よ、「反日」ありがとう！: これで日本も普通の国になれる』. 清流出版.

宮崎正弘. 2012. "尖閣戦争待望論 さよなら平和ボケ."『月刊正論』12月号.

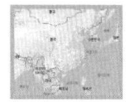

8장

아베 정권 시기
일본의 대중국 전략적 사고
관념화된 외교와 강대국 간 지정학 게임의 불편한 동거

서승원

    2012년 12월에 출범한 일본 자민당 아베 신조安倍晋三 정권이 당면한 최대의 대외정책 과제는 다름 아닌 '중국 문제'였다. 센카쿠/댜오위다오 영유권 문제는 중일 양국 사이의 긴장을 전례 없이 고조시키고 있었으며 중의원 총선거 과정에 아베 총리가 내건 공약은 중국을 비롯한 인접국과의 관계에 대한 전망을 어둡게 하고 있었다. 세부적으로는 중국 시진핑習近平 지도부의 영유권에 관련한 물리적 압박, 과거사 문제를 둘러싼 한중 양국의 대일 연대, 국내외의 반대가 예상되는 가운데에서의 안전보장 태세 정비, 중국의 해양에서의 자기주장 강화 등에 어떻게 대응할 것인가의 문제였다.[1]

    이러한 과제에 직면하여 일본 정부가 선택한 것은 이른바 대중 '억지' 전략이었다. 아베 정권은 센카쿠/댜오위다오 영유권 분쟁이 존재하지 않는다는 방침 하에 군사적 방어태세를 구축하고 미국의 안보 공약을 이끌어 내는 데 역점을 두었다. 미국 오바마 정권의 아시아 재균형 전략에 적극 호응하여 미일동맹의 일체화·강화를 통해 중국의 팽창을 제어한다는 기조도 마련되었다. 또한, 전통적 지정학 발상에 근거하여 동아시아는 물론 인도양에 걸쳐 중국을 견제하기 위한 여러 구상과 실천들이 이루어졌다. 덧붙여 일본 측은 중국이 보편적 가치를 공유하지 않는 국가이며 국제질서에 대해 현상변경을 시도하는 수정주의 국가라고 역설했다.

본 논문은 이 같은 아베 정권의 억지 전략이 과연 어떠한 '전략적 사고'에 근거한 것인지 밝히고, 또한 억지 전략의 지속 가능성을 전망하는 것을 목적으로 한다.[2] 이 사례는 최근 일인 만큼 본격적인 연구는 아직 드물다. 대중 정책에서 지정학적 개념의 대두 및 민족주의 게임의 영향(서승원 2014a), 아베 총리의 중국에 대한 패권대국 이미지(양기웅·안정화 2016), 일본의 남중국해 전략적 이해관계 인식(Koda 2016) 등이 있을 정도다.[3] 이 외에 한국, 중국, 일본 전문가들의 전략적 사고나 아이디어를 다룬 인터뷰 저서 등이 있다(문정인 2010; 문정인·서승원 2013; 添谷 2015).

---

1 자민당 공약은 국가안보기본법 제정, 국가안전보장회의 설치, 헌법 개정 등 안보체제 강화, 영토·영해 주권에 대한 강력한 대응, 그리고 고노 담화 및 무라야마 담화 재검토, 근린제국조항 수정 등 과거사 문제에 관한 결연한 대응 등을 담고 있었다.
2 '전략적 사고'는 정책결정자들이 국제정세를 이해하고 행동하는 방식에 영향을 미치는 기본적인 인식의 틀(basic interpretive framework) 또는 지정학적 상상력(geopolitical imaginary)이란 의미로 사용한다(Latham 2001, 138).
3 일본의 대중 인식 연구로는 다음 참조(天児 1998; Jiang 2002; Tamamoto 2005/2006; 馬場 2010; 馬場 2014).

이하에서는 전략적 사고에 대한 연구가 관심을 갖는 네 가지 요인들 - 정치 리더십과 이데올로기, 자국의 상대적 힘 및 그 변화 양상, 자국과 초대국 또는 지역 강대국과의 관계, 타국들의 자국에 대한 편승 또는 견제의 정도 - 에 주목하면서 아베 정권 시기 전략적 사고의 주된 특징을 도출해 보겠다(Rozman 2010; 2011).[4] 결론부터 말하면 아베 정권의 억지 전략은 '전략적 어프로치'를 강조하면서도 복고적이고 관념화된 외교가 지정학적 발상에 근거한 세력균형론과 동거하는 양상을 보여주었다.[5] 부연하면 미일동맹을 과거 영일동맹처럼 격상시키자 거나, 냉전 시기 대 공산권 봉쇄의 발상을 일부 가져와 중국을 둘러싼 해역에서 방어선을 구축해야 한다는 현실주의 세력균형론과 지정학적 발상이 두드러졌다. 이를 위해서는 동맹국 및 우방국과의 유대·연계 강화가 필수적이었다. 하지만 경제적, 안보적 이해관계가 아닌 민주주의와 같은 가치로 이를 아우르려는 모습을 보였다. 또한 중국을 대륙국가, 권위주의 체제로 타자화하면서 공격적으로 나서는 경향도 관찰할 수 있었다.

---

4 본 논문에서는 이를 위해 정부자료·문헌이나 정책결정자의 언술에 한정하지 않고 주요 일간지 사설, 시사주간지 및 월간지 평론, 오피니언 리더, 전문가 논설 등도 폭넓게 참고했다. 일본 내 대중 정책 스펙트럼이 어떻게 형성되어 있으며, 그 안에서 어떠한 정책적 선택이 이루어지는가를 보기 위해서다.

5 이념을 중시하는 가치관 외교는 본질적으로 전략 외교와는 모순된다. 참고로 '전략적 외교'는 국제 시스템에 대한 장기적 함의, 국제 시스템의 유지나 변화를 목표로 한 전략상의 논리 강조, 그리고 단기적으로는 다양한 전략적 사고나 우선순위를 경합시키고 조정하는 외교적 실천을 개념 틀로 한다(Prantl·Goh 2016, 9).

센카쿠/댜오위다오 영유권 문제, 그리고 집단적 자위권

중국은 '지금 여기에 존재하는 위기'

　상대국의 자국에 대한 정책 또는 어프로치를 어떻게 받아들이고 인식하느냐의 문제는 상대국에 대한 전략적 사고를 구성하는 중요한 토대가 된다. 예를 들어 상대국이 자국에 대해 편승, 중립, 또는 견제 자세를 취할 경우 자국도 그와 유사한 자세를 취할 개연성이 높다. 이 과정에서 정치 리더십의 역할은 매우 중요하다. 정치 리더십은 공식적, 비공식적 견해를 통해 국가의 주류적 담론이나 정책 아젠다를 전파하며, 국내 정치적 이해관계를 반영시키는 형태로 상대국에 대한 이념화 내지 관념화를 꾀하기도 한다(Agnew 2003, 4-10; Agnew·Muscara 2012, 109-110).

　아베 정권이 출범과 동시에 직면한 당면 과제는 센카쿠/댜오위다오 영유권 문제였다. 센카쿠 열도와 오키나와가 위치하는 동중국해는 중일 사이의 전통적인 완충지대이다. 2012년 11월 출범한 시진핑 지도부는 후진타오胡錦濤 지도부 이상으로 센카쿠/댜오위다오 영유권 문제에 대해 한층 고강도의 물리적 압박을 가해왔다. 중국 측은 같은 해 9월 민주당 노다 요시히코野田佳彦 내각의 센카쿠 국유화 결정이 영유권 문제에 대한 현상변경, 다시 말하면 영유권 문제를 '보류'한다는 수교 이래의 암묵적 합의를 부정하는 것이며, 일본이 프리핸드를 갖기 전에 물리적으로라도 저지해야 한다고 판단하고 있었다(朱建栄 2012, 104).[6] 2013년 여름 중국 측이 이 문제를 '보류'하고 양측의 입장이 서로 다르다는 것을 인정하는 선에서 타협하자고 제안한 이유였다.

아베 정권에 주어진 선택지는 세 가지 - ①센카쿠는 일본 고유의 영토이며 영토 문제는 존재하지 않는다는 입장에서 실효 지배를 강화하는 방안, ②중일 간 분쟁의 존재를 인정하고 민주당 정권 당시 합의한 것과 같은 동중국해 자원 공동개발 등을 모색하는 방안, ③중국 측의 제안처럼 영유권 문제의 '보류'라는 기존 합의로 되돌아가는 방안 - 였다. 아베 정권은 이 중에서 유례없이 강경한 적극 방어, 즉 첫 번째를 택했다. 국민의 생명·재산은 물론 영토·영해·영공을 단호하게 지킬 것이다, 센카쿠는 결코 협상 대상이 아니다, 무력에 의한 현상변경은 절대로 정당화될 수 없다는 주장이었다(아베 총리의 2013년 2월 1일 국회 중의원 본회의 발언).

우리나라의 영토·영해·영공에 대한 도발이 계속되고 있다. 제군이 방위대학의 문을 두드리던 4년 전과는 다르다. 앞으로 [여러분이](필자 삽입) 임무를 수행할 현장에서 일어나는 일은 냉엄한 현실이며 '지금 여기에 존재하는 위기'다. 내가 앞장서서 국민의 생명·재산, 영토·영해·영공을 지킬 각오다(아베 총리의 방위대학 졸업식 훈시. 2013.3.17.)

그리고 아베 정권은 중국 측의 압박을 동 열도 침탈을 목적으로 한 현상변경 시도로 간주했다. 중국은 티벳, 신장·위구르, 대만은 물론 센카쿠까지 핵심 이익에 포함시키고 있었다. 중국의 대일 압박이 불안정한 정권 기반, 사회적 모순, 그리고 무엇보다 일당 독재체제에 내재한 모순을 밖으로 돌리기 위한 것이라는 설명이 뒤따랐다. 덧붙여 중국이

---

6 1972년 저우언라이(周恩來) 부총리와 다나카 가쿠에이(田中角榮) 총리 간 회담, 그리고 1978년 덩샤오핑(鄧小平) 부총리와 소노다 스나오(園田直) 외상 간 회담에서 양측이 '보류하기로 합의했다는 것이 학계의 정설이다.

무력을 행사하거나 아니면 어선 침입에 의한 주권 침해 사태 – 그레이존 사태 – 가 발생할 개연성이 높다고 보았다. 실제로 양측 군용기나 함정 사이의 우발적인 충돌 가능성도 상시 존재했다.[7]

아베 정권이 정책 기조를 구체화한 것은 2013년 말이었다. 11월에 신설된 국가안전보장회의 여섯 개 반 중 하나가 중국·북한을 전담했다. 일본이 중국을 주된 위협으로 간주하고 있음을 시사하는 것이었다. 12월에 발표한 '국가안전보장 전략에 대해서'는 적극적 평화주의, 보편적 가치(자유, 민주주의, 기본적 인권, 법의 지배), 해양국가 정체성을 강조하면서 중국 등에 의한 파워 밸런스 변화, 남중국해 국제질서와 해상보급로 불안정화, 평시도 전시도 아닌 그레이존 사태 빈발, 센카쿠 인근 영해·영공 침범, 대만해협 불안정성을 거론하며 이에 대해 냉정하고 단호하게 대응할 것임을 천명했다(国家安全保障会議 2013a).[8]

집단적 자위권 행사 명분: 중국 억지

아베 정권이 '전략적 어프로치'라는 용어를 사용하면서 역점을 둔 사항이 안보 기축으로서의 미일동맹, 그리고 중핵적 요소로서의 한국, 호

---

7 이 문제는 양국이 2014년 11월 '4항목 문서'를 발표함으로써 일단 봉합되었다. 제3항목은 사실상의 '보류'를 의미하는 "서로 상이한 견해를 갖고 있음을 인식"한다고 기술했다.
8 국가안보 전략을 구체화한 것이 '2014년 이후의 방위계획대강에 대하여'와 '중기 방위력 정비계획(2014~18년)에 대해서'이다. 전자는 민주당 정권의 '동적 억지' 개념을 발전시킨 '통합기동방위력'(위협을 미연에 방지하고 유사시 배제함)을 제시했다(国家安全保障会議 2013b). 후자는 특히 도서부 공격에 대응한 대비 태세 정비에 역점이 놓여졌다. 중국의 도서 공격에 대한 적극적 탈환 의지의 천명이라 하겠다.

주, 태국, 필리핀 등과의 동맹 네트워크였다. 동맹 강화 차원에서는 미국의 확대 억지, 미일 방위협력지침 개정, 오키나와 미군기지 이전 문제 해결이 과제였다. 이 가운데 핵심은 일본의 집단적 자위권 행사였다. 집단적 자위권 행사를 위한 행보는 가히 전격적인 것이었다. 안전보장의 법적 기반 재구축에 관한 간담회(2013.2.~2014.5.), 자위권의 제한적 행사를 위한 각료회의에서의 헌법 해석 변경(2014.7.),[9] 센카쿠의 미일 안보조약 5조 적용 대상 명기 및 그레이존 사태를 포함한 빈틈없는 동맹협력을 담은 미일 신가이드라인 책정(2015.4.),[10] 그리고 11개 안전보장 관련 법안(안보법제) 성립(2015.7~9.)이 그것이었다.[11]

아베 정권은 집단적 자위권 행사가 필요한 논거로 '방기'의 공포와 '중국 억지'를 제시했다. 우선 방기와 관해서는 일본이 미국을 지키려는 각오를 보여주지 않을 경우 미국이 일본을 도와주지 않을 것이라는 논리를 폈다. 센카쿠 열도를 구체적인 대상으로 상정하고 중일 간 무력 충

---

9 일본 정부는 1981년 5월 이래 집단적 자위권을 "보유는 하지만 행사할 수 없다"는 입장을 견지해 왔다.
10 대서양평의회 보고서 '아시아에 있어서 미국의 확대 억지의 장래, 2025년을 향하여(2014.11.)는 일본이 미국의 확대 억지와 관련하여 미국의 방위태세가 억지력을 보장하기에 충분한가, 미국이 핵무기를 사용해서라도 보복할 것이라고 적국이 믿을 것인가, 미중 간 상호 취약성과 중국의 제2격 능력의 생존성 향상이 미일동맹의 가치를 저하시켜 미국이 일본을 저버리지 않을까, 미중 간 전략적 안정이 해양에서 군사적 충돌에 달하지 않는 수준의 중국의 움직임을 더욱 대담하게 하는 것을 아닐까라는 우려를 갖고 있다고 진단했다(アーミテージ・キャンベル 2014, 138, 146).
11 안보법제의 골자는 세 가지다: ①집단적 자위권 행사 용인으로 미일동맹의 연계가 한층 긴밀해지고 또한 강화된다, ②이처럼 강화된 미일동맹은 강대한 공동 군사행동을 전개할 수 있다는 것을 시그널로써 동아시아 국가들은 물론 세계 각국에 대해 무력공격을 감히 일으키지 못하게 하는 억지력을 발휘하게 된다, ③따라서 이와 같이 향상된 억지력에 의해 일본의 평화와 안전을 보장한다.

돌이 발생할 경우 미군이 반드시 군사적으로 개입한다는 보증이 없기 때문에 미국을 연루시켜야 한다는 것이었다.[12] 다음으로 억지에 대해서는 미국이 군사적 도전을 받았을 때 일본이 미국 편에 서서 군사적으로 개입하여 미군과 자위대가 공동으로 도전국에 대해 무력으로 대치한다는 점을 도전국이 예상함으로써 도전국이 현상을 변경하려는 시도를 포기하고 현상유지를 선택하도록 하는 것이라는 논리를 피력했다. 전형적인 동맹모델 메커니즘에 의거한 논리였다(栗崎 2015, 82).

이러한 논리의 근저에는 중국의 군사력이 향후 일본보다 강력해질 것이나 미일 양국의 연합전력이 중국에 대한 억지력이 되며 이를 통해 지역의 세력균형을 유지한다는 발상이 존재했다.[13] 그리고 그러한 발상은 미일 양측이 대중 위협 인식을 공유한다는 전제가 깔려 있었다. 사실 조셉 나이Joseph Nye, 리처드 아미티지Richard Armitage, 커트 캠벨Kurt M. Campbell 등 미국 내 초당적 지일파 그룹은 제3차 아미티지 보고서 등을

---

12 2015년 5월 28일 중의원 본회의에서 아베 총리는 "미일동맹을 한층 더 원만하게 기능하게 하는 것이 이번의 평화안전법제다. 일본이 위험에 처할 경우에 미일동맹이 완벽하게 기능한다는 점을 세계에 발신함으로써 분쟁을 미연에 저지하는 힘, 즉 억지력은 더욱 신장되어 일본이 공격을 받을 가능성은 더욱 더 낮아질 것으로 생각한다"고 발언했다.
13 2013년 초 아베 총리는 향후 2년 내에 중일 간 군사력 균형이 완전히 무너질 것으로 우려했다(産經新聞 [社說] 2013.4.28.). 중일 간 군비 지출은 이미 3배 이상 격차가 벌어져 있다고 한다. 일본이 중국과 군비경쟁을 벌이는 것은 사실상 불가능하며, 대중 세력균형을 취하고자 한다면 동맹에 의지할 수밖에 없다. 따라서 중국 군사력과 미일 연합 군사력을 비교하는 것은 자연스러운 결과이다. 중국 군사력은 향후 5년 내에 현재의 2배, 2030년에 현재의 8배로 증가할 것으로 예상되고 있는데 이는 미일 군사력이 2030년까지는 우위를 점할 수 있음을 말한다(白石·加藤·阿川 2016, 97). 해상전력에 있어서는 전투함의 경우 중국이 70척인데 미 7함대 10여 척, 그리고 일본 자위대와 한국군을 모두 합해야 수적 우위를 차지할 수 있다고 한다(産經新聞 2015.1.10.).

통해 미일 유대 강화로 중국을 제어해야 하며 이를 위해 일본이 국제사회에 전향적으로 관여해야 하며 집단적 자위권 행사가 필요하다고 지속적으로 주장해 왔다(ナイ 2011; Armitage・Nye 2012; ナイ 2014). 2013년 2월 아베 총리가 전략문제연구소CSIS 연설('일본의 귀환')에서 일본은 2류 국가가 되지 않을 것이며 공공재의 수호자이자 미국을 비롯한 민주주의 국가들의 동맹 상대국이라고 언급한 것은 그러한 미국 측의 요청에 대한 답신이라고 할 수 있었다(安倍 2013). 그 배경엔 오바마 정권의 대중 인식이 보다 강경한 일본의 대중 인식에 접근했다는 판단도 작용했다. 사실 중국을 이해당사자로 규정하면서 상대적으로 유화적 어프로치를 취한 제1기 오바마 정권에 대해 일본 측은 적지 않은 불만을 품고 있었다.

집단적 자위권 행사에 대한 헌법 해석 변경, 그리고 안보법제는 전후 일본 안보정책의 대전환, 다시 말하면 전수방위專守防衛라고 하는 전후 레짐의 폐기를 의미하는 것이라 할 수 있으며, 이는 또한 아베 총리 자신의 오랜 숙원이기도 했다. 아베 총리는 취임 전부터 미일동맹 강화, 이를 통한 억지력 향상과 지역 안정화, 그리고 미일관계 대등화를 자위권 행사가 필요한 이유로 들고 있었다(安倍 2012, 50-51). 대중 억지 논리가 제시되기 이전에 이미 자위권 행사를 위한 로드맵이 그려지고 있었던 셈이다. 국내의 찬반 대립이 곧바로 국가정체성 문제, 즉 평화헌법 정신에 대한 가부 문제로 직결된 것은 그 때문이었다.

국내 시민단체의 대규모 반대 운동, 민주당(2016년 3월 이후 민진당)과 공산당의 야당이 공세가 이어지는 가운데 아베 정권은 연립 여당(자민당, 공명당)과 군소 야당(일본을 건강하게 하는 모임, 차세대당, 신당개혁) 간 합의를 통해 국면을 돌파했다(서승원 2015 78). 한편, 국회 평화안전법제특별위원회 심의 과정에서 추진파는 "위헌일지도 모르나 안전보장의 관점에서 억지력이 필요하다"고 주장하고, 반대파는 "안전보장 정책으로서 억지력은 필요할지 모르지만 위헌이며 또한 입헌주의에 반한다"고 맞섰다.

보수계 언론은 전반적으로 아베 정권의 노선에 찬성을 표명했다. 자위권 문제 외에도 방위비 증대, 전수방위 재검토, 적 기지 공격능력 명기(방위계획대강)는 물론 방위백서에 중국을 '위협'으로 명기해야 한다는 주장도 보였다.[14] 진보계 언론은 전쟁할 수 있는 국가로 만드는 집단적 자위권 행사는 전후 평화주의로부터의 일탈이며 전수방위 원칙을 파기하는 것이고 또한 내각의 자의적인 헌법 해석 변경은 입헌주의에도 반한다, 미일 안보조약은 어디까지나 최고 법규인 헌법에 종속된다면서 비판했다(朝日新聞 2013.9.17.; 2013.12.18.; 每日新聞 2014.5.3.). 이 가운데 중국의 센카쿠 압력은 집단적 자위권과는 직접 관계가 없는 개별적 자위권에 해당되며 집단적 자위권 행사 인정 그 자체가 목적이 되어 버렸다는 지적은 핵심을 잘 짚고 있었다(朝日新聞 2014.6.20).

한편, 집단적 자위권이 억지력 향상으로 이어진다는 논리에는 중대한 결함이 숨겨져 있었다. 본래 억지 전략은 안보 딜레마를 야기할 공산이 크다(Liff·Ikenberry 2014, 73; 서승원 2015, 83-88). 중국을 상대로 억지력을 구축하려 할 경우, 중국과의 긴밀한 경제관계로 인해 경제봉쇄나 제재가 애초에 곤란한 점을 고려하면, 억지 수단이 군사 분야에 치우칠 위험성도 있었다(船橋 2016, 231). 구리자키 슈헤이(栗崎 2015, 78-88)는 국회는 물론 그 어떤 정부부서도 억지의 정책효과에 대해 근거나 증거를 제시하지 않았다고 비판을 가하며 이론적으로 검증해 보더라도 정책효과가

---

14 심지어 영국의 AIIB 참여가 미영동맹을 균열시키고 중국 패권주의를 조장한다는 논조도 있었다(読売新聞 2015.10.25.).

그다지 없다고 주장한다. 즉, 무력 충돌로 인해 도전국이 입는 손해가 미일동맹과 무력 충돌함으로써 획득할 수 있는 기대치와 비교하여 상대적으로 적을 경우 미일동맹은 도전국의 무력행사를 억지하는 것이 불가능하다. 또한 집단적 자위권을 제한적으로 행사하는 것은 무력행사에 대한 정치적 각오가 없다는 것으로 간주되기 쉬우며, 따라서 유사시 집단적 자위권 행사가 불가능한 경우와 별반 차이가 없다. 게다가 헌법의 제약을 모두 폐기한다 하더라도 일본 정부가 미일동맹을 중시할수록 미국의 일본에 대한 신뢰는 흔들리기 쉬우며 따라서 억지력도 저하된다. 미국의 무력 분쟁에 일본의 특정 정권이 돕지 않을 개연성이 존재한다는 말이다.

중국의 해양 진출과 대중 포위망

해양 팽창은 '중화 마하니즘'

아베 정권이 당면한 보다 거시적인 과제는 중국의 해양 진출에 어떻게 대응해야 할 것인가의 문제였다. 시진핑 지도부는 취임 직후 해양강국론海洋强國論을 내걸면서 센카쿠/댜오위다오와 관련한 일본에 대한 압박 이외에도 동중국해 방공식별구역 설정, 남중국해 군사기지 건설, 반접근·지역거부A2AD 방어전략, 그리고 일대일로—帶—路 구상에 이르기까지 해양 진출을 적극화하고 있었다. 일본 내에선 보수, 혁신을 망라하고 중국의 해양 진출을 '팽창'의 시점에서 보는 경향이 강했다. 중국의 남중국해 영유권 주장은 '중국 내해화', 연안 방어 전략은 서태평양에서의 미국 배제, 해상 실크로드 구상은 남중국해·인도양의 군사적 거점 확보를 위한 '진주의 목걸이' 구상(방글라데시 – 스리랑카 – 파키스탄)으로 해석되었다.[15]

그리고 이는 일본의 지정학적, 지경학적 이해관계와 직접적으로 충돌되는 것으로 간주되었다. 예를 들면 중국·대만 통일은 일본에게 사활적으로 중요한 해상보급로의 안전을 위협할 뿐 아니라 중국의 태평양으로의 출구를 제공하여 서태평양 제해권을 근간으로 한미일 동맹에 치명적인 타격을 줄 수 있을 것으로 보았다. 그런 점에서 일본의 입장에서 보면 대만은 중국을 견제하기 위한 최고의 지정학적 입지를 가진 일종의 거대한 항공모함이라 할 수 있다(武貞 2015, 172).[16] 중국이 동중국해와 남중국해를 장악하게 되면 해상보급로 안전은 물론 대륙붕 자원 획득에 있어서도 일본을 열세에 처하게 할 것이며, 또한 중국의 경제력이 남하南下하면 동남아시아는 중국에 의존하는 대륙부(구 인도차이나)와 미국, 일본 등에 의존하는 도서부(필리핀, 브루나이, 인도네시아 등)로 분단될 것으로 전망하는 경우도 있었다(시라이시 2013, 276; 白石 2016, 81-126).

특기할만한 점은 일본 측이 중국의 해양 진출을 전통지정학, 특히

---

15 나카니시 히로시(中西寬)는 시진핑 정권의 해양강국론이 2014년 이후 일대일로 구상(육지와 바다의 실크로드 구상)으로 미묘하게 변화했는데 이는 미일 등과의 정면충돌을 회피하면서 자국의 영향력을 점진적으로 확대하려는 방침에 의한 것이라고 지적한다(中西 2015, 89-90).
16 우익 지식인들 사이에선 1990년대 이래 대만을 해상보급로, 중국 측이 설정한 제1열도선 내의 입지, 민주주의 가치관 공유, 반공산주의 등을 들면서 대만과 일본을 하나의 운명공동체로 보는 견해가 일반적이었다(中村 1998). 참고로 2013년 4월 일본 정부는 센카쿠 주변 일본의 배타적 경제수역(EEZ) 일부 해역에 대해 대만 어선의 조업을 인정했다.

해양지정학 개념들에 의거하여 해석하고 있는 점이다. 대표적인 예가 '중화 마하니즘Chinese Mahanism'론이다. 중국의 해양 전략이 알프레드 마한Alfred T. Mahan의 해양 강국sea power론에 입각한다는 것으로 이는 생산을 위한 산업력, 교역을 위한 해운력, 그리고 자원・교역시장을 위한 식민지 경영이란 세 요소의 확보를 중시한다. 그리고 중국의 근해近海 전략으로는 동중국해의 제해권 장악(制域), 남중국해의 중국 내해화(聖域), 그리고 제1열도선과 제2열도선 사이의 완충지대화(征域)를 든다. 여기서 동중국해와 남중국해는 제1열도선, 즉 절대국방권으로 상정된다(秋田・金田・谷口・谷內 2011, 408-414). 그리고 과거 열강에게 굴욕적으로 빼앗긴 해양주권과 영토를 탈환하고 종합국력을 확충하며 나아가 육해겸비陸海兼備의 해양 강국으로 군림하여 대중화공영권의 맹주가 되려는 의도라는 다소 과장된 시각도 적지 않다(森本 2016, 91-120).

흥미롭게도 일본 측의 대응 논리에서도 위와 거의 동일한 지정학적 개념들이 등장한다. 니콜라스 스파이크만Nicholas Spykman의 '림랜드Rimland' 개념은 바로 중국 인근의 한반도, 동중국해, 남중국해에 적용된다. 미영동맹이 유라시아 주변의 핵심지역을 장악해야 한다는 마한의 관점을 응용하여 미일을 중심으로 한 동맹 네트워크에 의해 서태평양・인도양의 제해권을 장악할 필요가 있다고 주장한다. 또한, 칼 하우스호퍼Karl E. Haushofer의 생존권Lebensraum 개념으로 중국의 세력권 확대를 설명하는 경우도 있다(森本 2016). 총리 책사인 야치 쇼타로谷內正太郎 현 NSC 사무국장의 다음과 같은 언급은 아베 정권이 갖고 있는 전략적 사고의 핵심을 잘 보여준다.

마한이 제기한 해양 강국Sea Power과 그에 대한 대륙 강국Land Power이라는 오래된 사고가 있다. … 미국은 해양 강국이며 중국은 본질적으로 대륙 강국이다. 헌데 대륙 강국인 중국이 해양 강국이 되고자 급속한 해군력 증강과 행동범위 확대를 꾀하고 있다. 역사적으로 보면 이런 경우 기존의 해양 강국들과 연계·협조를 도모해야 하지만 대체로 그게 잘 되지 않는다. 분쟁을 초래하는 것이다. 한편, 일본은 철두철미 해양 강국이다. 여기서 일본의 입지가 자연스럽게 정해진다. … 또 하나는 마찬가지로 지정학자인 매킨더와 스파이크만이 예전에 말한 도식으로 중심과 주변, 하트랜드와 림랜드라는 사고방식이 있다. 하트랜드를 지배하는 국가가 세계를 지배한다는 발상이다. 이를 저지하기 위해서는 림랜드 국가들이 민주적 체제를 갖고 연계하는 것이 중요하다. 일본은 또 어떤 쪽에 속하는가 하면 말할 나위 없이 림랜드다(谷内 2011, 396-397)

서남방西南方 중심의 지정학적 방어선

아베 정권은 오바마 정권의 아시아 재균형 전략을 명백한 중국 포위망 구축 시도로 받아들이고 이에 적극 동조했다. 재균형 전략은 냉전기 소련처럼 미국의 패권에 도전하는 세력의 출현을 저지하는 것을 목표로 하며 서태평양의 제해권을 확고히 장악하면서 부상하는 중국에 대해 안보 아키텍처와 TPP라는 두 개의 축으로 대응하고자 하는 것이었다. 취임 직후 아베 총리는 "세계지도를 부감俯瞰하는 시점에서 전략을 강구해 나가겠다"고 강조했다. 일본, 한국, 호주, 싱가포르, 필리핀, 인도네시아, 인도, 베트남 등과 함께 중국을 크게 에워싸는 일종의 지정학적 방어선 개념을 말한다. 이를 아우르는 방식은 자유나 민주주의 등 가치를 공유하는 국가들과 연대를 모색하는 '가치관 외교', 그리고 '적극적 평화주의'였다.

일본 입장에서 보면 포위망 구축의 핵심 거점은 다름 아닌 일본 열도 그 자체라고 할 수 있다. 일본은 태생적으로 해양 강국의 조건을 구비하고 있다고 전제한다. 일본 열도는 유라시아 동단의 중국 측이 말하는 제1열도선의 중핵에 위치한다. 집단적 자위권 행사로 미일동맹이 강화된다는 것은 광범위한 해역에서 중국의 군사적 활동이 전에 비해 더 많은 제약 아래에 놓인다는 것을 의미한다. 동북아 지도를 거꾸로 놓고 보면 일본 열도가 중국 대륙과 한반도에 뚜껑을 덮는 천혜의 지정학적 조건을 차지하고 있음을 알 수 있다(武貞 2015, 236-7). 일본 열도가 소련의 남하를 저지하는 불침항모不沈航母라고 역설한 1980년대 나카소네 야스히로中曾根康弘 총리의 발언을 떠올리게 하는 부분이다.

한편, 포위망 구축에서 군사적으로 가장 취약한 부분은 대중 미션을 수행하지 않는 한국, 그리고 지리적으로 미군기지(오키나와 가데나기지 및 호주 다윈기지)에서 가장 먼 남중국해이다(白石·川島 2015, 34). 한국에 대해서는 미국의 독려 하에 한미일 안보협력 강화를 추진했다. 당면 과제는 2012년 1월 좌절된 한일 군사정보보호협정 체결이었다(김준형 2015, 53-57). 하지만 이 문제는 박근혜 정부와의 일본군 위안부 문제를 둘러싼 각축으로 2016년 초까지 답보 상태를 벗어나지 못했다.

남중국해에서는 필리핀 등 중국과 영유권 분쟁 중인 국가들에 대한 경제협력 및 안보협력이 추진되었다.[17] 중국이 평화와 안정, 그리고 항행의 자유를 침범하면서 남중국해를 자국의 내해로 만들고 있기 때문에 이를 저지해야 한다는 것이 그 명분으로 제시되었다. 그에 더하여 동남

---

17 아베 정권은 2015년 1월 필리핀군 등을 지원하기 위해 정부개발원조대강(ODA대강)을 개정했다. 2013년 12월에는 ASEAN 10개국 정상들을 도쿄에 불러 2조 엔 규모의 ODA 공여를 표명했다.

아를 포함한 동아시아의 통상, 통화 분야에 있어서도 중국의 주도권 장악 시도를 저지하거나 영향력 증대를 상쇄하려는 일본 측의 시도가 지속적으로 이루어졌다. 오바마 정권의 TPP 참여 요구에 적극 호응하면서도 중국 측이 제창한 아시아인프라투자은행AIIB에 대해서는 부정적 입장으로 일관했다.[18] 최근 시진핑 정권이 정력적으로 추진하는 일대일로一帶一路 구상에 대해서도 중국의 세력권 확대, 유라시아 대륙 동맹 구축 시도라며 부정적이었다.

일본의 관련국들과의 안보협력은 더욱 주목할 만했다. 아베 총리는 취임 전부터 중국을 저지하기 위해 일본, 미국, 인도, 호주로 구성된 '미국+아시아 민주국가 빅 3' 회의를 역설한 바 있었다(安倍·岡崎 2012, 47-48). 이에 대해서는 제1차 아베 정권 당시의 '자유와 번영의 호' 구상(安倍 2006, 160)을 발전시킨 '민주주의 안전보장 다이아몬드' 구상을 천명했다. 일본, 호주, 인도, 미국 하와이를 잇는 다이아몬드를 형성하여 인도양에서 서태평양에 이르는 해양의 질서를 유지하자는 내용이었다. 최근 일본 내에는 아시아판 NATO 내지 'T자형' 인도·태평양 동맹이 거론되고 있다. 미국-일본-대만-필리핀을 종축으로 하고 인도, 싱가포르, 인도네시아, 호주를 횡축으로 연결하는 선을 말하는데, 이는 남중국해를 포함할 뿐 아니라 중국의 진주 목걸이 구상에도 대항한다는 의미를 갖는다(白石·川島 2015, 35-36).

---

18 중국은 시진핑 주석을 비롯해 리커창(李克强) 총리, 장더장(張德江) 등 최고 지도부가 일본의 참여를 요청했지만 아베 정권은 AIIB의 거버넌스, 투명성 확보 등을 이유로 수락하지 않았다. 한편, 일본 정부는 2015년 5월 ADB와 연계하는 방식으로 아시아 인프라 정비를 목적으로 13조 엔 규모의 지원을 표명했다. AIIB에 대항하는 것을 염두에 둔 것이었다.

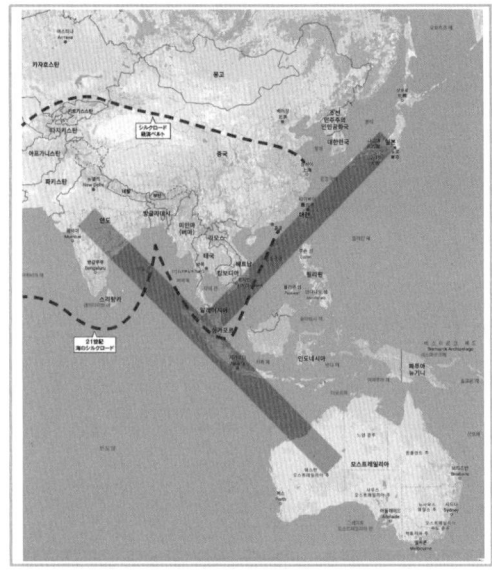

대륙동맹과 인도·태평양 동맹의 구도

점선은 중국의 육상/해상 실크로드, 그리고 일본의 T자 선.
출처: 白石·川島(2015, 36)

이상은 아베 정권의 벌이고 있는 지정학 게임이 동북아시아가 아닌 주로 동남아시아·인도양을 중심 무대로 하고 있다는 점을 보여준다. 이 때문에 일본이 동남아 회귀 전략을 추진하고 있다거나, 일본의 지정학적 포커스가 아시아 대륙에서 유라시아 연안 및 해양 지대로 이동하고 있다는 지적이 나온다(Wallace 2013; Nakanishi 2015). 사실 아베 총리는 2013년 한 해 동안 ASEAN 10개국을 포함해 25개국을 방문했다. 그 전제는 중국이 동남아시아의 CLMV(캄보디아, 라오스, 미얀마, 베트남), 파키스탄, 그리고 중앙아시아 지역에 경제적, 군사적 세력권을 확대하고 있으며 이들 지역을 중국의 완충지대로 삼으려 한다는 것이었다(白石·川島 2015, 34-35).

따라서 일본의 대응도 지정학적 방어선을 구축해야 한다는 논리로 나아갔다. 중국과의 관계를 철저히 영향력이나 세력권을 둘러싸고 각축하는 제로섬 관계로 인식하고 있는 것이다. 하지만 이는 일본에 대한 미국의 끊임없는 군사력 파견이나 군사적 공약을 필요로 할 뿐 아니라 자칫하면 충돌로 이어질 수도 있는 중국과 미일 양국의 지정학적 이익 사이의 중첩지대, 예를 들면 한국-대만-남중국해-베트남으로 이어지는 선을 만들어 냄으로써 중국과의 충돌에 이르는 자기 충족적 예언이 될 수도 있다(브레진스키 2010, 236). 지정학적 발상이 역설적으로 지정학적 충돌을 확대·재생산하는 촉매제가 되고 있다고 할 수 있다.

아베 정권의 위와 같은 시도로 인해 일본 역대 정권이 중시해 온 경제와 정치·안보를 분리하는 기능주의 어프로치는 전면적으로 후퇴할 수밖에 없었다. 전형적인 사례가 AIIB 가입 문제라고 할 수 있는데 경제협력 문제를 지나치게 단선적으로 전략적 경쟁 차원에서 판단하는 경향을 보였다. 다자 간 협력체제는 중국의 개입을 돕고(중국의 행동을 구속할 수 있고), 미국을 아시아에 묶어 둘 수 있으며, 반일적 적개심을 분산시켜 일본의 영향력 증대를 꾀할 수 있다는 긍정적 효과가 있다고 여겨져 왔다(브레진스키 2010, 236). 안보 파트너는 미국이고 경제 파트너는 중국인데 그러한 점에서 일본 외교는 균형을 취하지 못하고 있다거나(榊原·瀬口 2015, 89; 每日新聞 2016.3.29), 중국의 거대 무역흑자를 환류하는 방식으로 아시아 인프라에 투자하는 것은 아시아의 안정 및 세계 경제성장에 기여할 것이며, 또한 중국을 책임 있는 이해당사자로 육성할 수 있는 좋은 기회가 될 것으로 보는 견해도 있다(船橋·ピリング 2015, 116). 이러한 지적들은 아베 정권 하의 경제의 안보화, 대중 안보적 고려를 우선시한 동남아시아·인도에서의 비공식적 세력균형(BOP) 발상에 대한 이의 제기라고 할 수 있다.

핵심은 미중일 관계와 동아시아 권력 정치

미중일 삼각관계와 아베식 원교근공 어프로치

아베 정권이 대중 포위망 형성에 적극적으로 나설 수 있었던 결정적인 조건은 다름 아닌 '미국·일본 대對 중국' 구도였다. 미일동맹 중시냐 중일 협력관계냐의 문제는 전후 일본 외교에 일관된 핵심 쟁점이었다. 중일 협력 주장은 한국의 한중 협력론과 유사하게 대미 자주 욕구를 배경으로 한다. 기본적으로는 과도한 대미 의존을 줄이기 위해, 또는 대등한 미일관계를 위해 아시아, 특히 중국을 중시하는 발상이다. 물론 대등한 미일관계를 위한 다른 방법도 있는데 이는 미일동맹을 중시함으로써 미국을 경유하여 일본의 역할과 지위, 예를 들면 유엔 안보리 상임이사국 지위를 확보(구 적국 지위 탈피)하는 것이다.

아베 총리는 전임 민주당 정권의 중국 중시 노선에는 전략이 존재하지 않는다고 비판해 왔다(安倍·岡崎 2012, 44). 아베 총리가 지향하는 것은 미국과의 동맹을 강화함으로써 중국을 억지하는 '원교근공遠交近攻' 어프로치였다. 미일 양국에 의한 대중 세력균형을 의미하는 것이었다. 미중일 삼각관계의 프리즘을 통해 보면 미국과 중국, 중국과 일본이 대립하고 미국과 일본이 긴밀한 관계를 유지하는 '양자 결합' 방식이었다.[19] 참고로 냉전기 자민당 정권(보수 본류)이 지향한 것은 민주당 정권과 유사

---

[19] 전략적 삼각관계에 대해서는 Dittmer(1981), 백창재(2012) 참조. 미중일 전략적 삼각관계에 대해서는 Curtis, Kokubun·Wang(2010) 참조.

한 '로맨틱 삼각형'이었다. 중국에 대한 신중한 접근이 미국이 주도하는 직접적 봉쇄보다는 낫다는 인식에 따른 것이었다. 당시 일본은 미국과 중국이 대결하는 가운데 미국, 중국 양국과 양호한 관계를 유지함으로써 미중 사이의 가교 내지는 중개자 역할을 수행하고자 했었다. 민주당 정권 초기에 등장한 미중일 정삼각형론도 그와 같은 발상을 반영한 것이었다(전재성·주재우 2013, 98-9; Suh 2015; 조양현 2014, 226-231).

덧붙여 아베 정권이 이상적인 모델로 상정한 것은 20세기 초 러시아의 남하를 저지한 '영일동맹'인 것으로 보인다. 당시 일본은 이 동맹을 토대로 러일전쟁에서 승리했으며, 이를 계기로 열강 반열에 올라섰다. 현재 시점에서 아베 총리는 물론 주변의 핵심 인사들의 지론은 집단적 자위권 행사를 통해 미일관계를 미영관계의 수준으로 격상시키자는 것이다(安倍 2006, 109-144; 岡崎 2007, 202-207). 이는 제1차 아미티지 보고서(2000.10.)를 통해 미국 측이 일본에 제안한 내용이기도 했다. 일본 외교·안보의 기본은 미일동맹이며 이는 "메이지 시대 이후 외교의 대도大道"라는 인식은 미일동맹 제일주의자들의 핵심 교리로 자리 잡았다(谷內 2011, 9). 이러한 인식론은 20세기 초 만주사변에서 시작하여 패전에 이르는 쓰디쓴 경험에 근거한다. 특히 미중일 3국 간의 관계가 매우 심각한 문제라는 점에서는 현재도 1930년대도 큰 차이가 없다. 당시 중일 간 대립(1931년의 만주사변, 1937년의 중일전쟁)은 미일 간 대립(1941년의 미·일전쟁)으로 비화되었으며 미일 간 대립의 근저에는 일관되게 중국 문제가 존재했다(加藤 2013, 47).

'미일 대對 중' 구도의 조장과 그 결함

　미중일 삼각관계에 대한 인식은 아베 정권이 장래 어떠한 형태의 아시아·태평양 국제질서를 원하는가와 밀접한 관계를 갖는다. 일본의 국제정치관은 전통적으로 미국의 대외정책 및 미중관계라는 요소에 크게 좌우되어 왔다(河野 2012, 95-6). 동북아 국제질서의 전망으로 대략 크게 네 가지 - ①미·중 양국의 동북아 안보질서 주도론(동북아 G2 구상), ②미·중·일·러 4강에 의한 강대국 간 협의체 구상, ③6자회담을 점진적으로 확대하여 동북아 다자안보협의체 구축, ④한·미·일 민주주의 가치동맹에 의한 대중 견제 - 가 제시된다(문정인 2010, 37). 이 가운데 일본 측이 가장 두려워하는 것은 ①의 미중 양강 체제이고 아베 정권이 선택한 것은 ④의 가치동맹이었다. 이에 비해 중국 측은 ①과 ③을 선호하며 ④를 가장 피하고 싶어 한다.

　G2론 내지 미중 양강 체제론은 일본에선 중국에 대한 호불호와 관계없이 거의 터부시된다. 근대 이후 대미 관계에서 '일본 배제Japan Passing'라는 뼈저린 역사적 경험이 있기 때문이다. 1930년대 초 워싱턴 체제, 제2차 세계대전 중 미중 연합군에 의한 협공(여기서 중국은 국민당 정부를 의미), 미 루즈벨트 정권의 장제스蔣介石 국민당 정부와의 태평양 공동통치 구상(이른바 아시아판 티토주의), 1970년대 초 동맹국 일본을 건너뛴 미국의 대중 수교(닉슨 쇼크), 그리고 1990년대 초 미 클린턴 대통령의 도쿄를 경유하지 않은 베이징 방문 등은 일본 외교의 최대 악몽으로 일컬어져 왔다.

　한편, 일본 내의 대중 불신은 전례가 없을 정도로 팽배한 상태이다. 갈수록 벌어지는 중일 간 힘의 비대칭성을 배경으로 중국의 일본에 대한 관심의 저하 내지 무시가 두드러지고 있다. 시진핑 지도부는 신형대국관계 등을 주장하면서 무엇보다도 대미 관계를 우선시한다. 일본 측은 중국이 자국(대륙의 공산당 정권)을 배제한 샌프란시스코체제에 불만을 갖고 있다고 여긴다. 중국 측은 미국 중심의 동맹체제가 냉전의 유산이라며 비판하기도 한다. 또한 미국과 중국이 주도하는 양강 체제에 대한 일본 측의 거부감은 국가 간 관계를 위계적으로 보는 '서열 의식'을 드러낸다. 근현대사에서 일본은 근대화의 선두주자이며 서방과 아시아를 잇는 가교라는 정체성을 갖고 있었다. 하지만 2010년 중일 간 경제규모가 역전되면서 청일전쟁 이래 향유해 온 아시아의 리더 지위를 상실했다. 시진핑 주석의 '중화민족 부흥의 꿈'과 마찬가지로 아베 총리의 '세계 속에 빛나는 일본'이란 슬로건은 시대착오적 서열 의식과 주도권 다툼으로 비춰지기 쉽다(每日新聞 2015.1.1.).

미래에 실현될 개연성이 있는 중국 중심적 국제질서에 대한 일본 측의 거부감도 매우 크다. 일본 내에선 과거의 중화제국과 마찬가지로 동심원적 위계체제가 형성될 것이라거나 베이징은 새로운 국제규범 및 공공재를 제공할 능력이 없다는 고정관념이 강하다. 무엇보다 당장 중국의 현상변경 시도가 유발하는 무력 충돌 가능성에 대해 우려를 표명한다. 제1차 세계대전 직전의 영국과 독일의 관계를 최근의 일본과 중국의 관계에 비유하거나(2014년 1월 아베 총리의 다보스포럼 발언), 역사적 유추를 통해 중국 인민해방군과 독단적으로 만주사변을 일으킨 1930년대 일본 관동군을 동일시하는 담론은 좌우 지식인을 가리지 않는다(Kitaoka 2014; Moon·Suh 2015). 더 나아가 제2차 세계대전 직전 히틀러에게 양보한 뮌헨 회담의 예를 들면서 중국의 압박에 절대로 굴복해서는 안 된다는 강경론까지 등장한다.

하지만 아베 정권이 선호하는 '미일 대對 중' 구도는 치명적인 결함을 내재하는 것이었다. 미국의 경우 일본의 대중 강경노선에 동조하여 미일동맹에 의한 과도한 군사적 압력을 가할 경우 관여와 헤지를 동시에 추진한다는 정책 기조는 물론 중국과의 전략적 합의에 도달할 수 있는 전망을 악화시킬 수도 있다(브레진스키 2010, 266). 일본 입장에서 보면 이는 필연적으로 미국과의 동맹을 유지하기 위한 비용 증대를 수반한다. 더욱 중요한 점은 동아시아를 넘어 세계적 차원에서 미중 협조관계가 형성될 경우이다. 미중 간 대결적 상황을 조장하는 것은 단기 처방은 될 수 있을지언정 장기 지속적이긴 힘들다. 일본 국내에서 최근 '미일동맹 원리주의'라는 비판이 나오기 시작한 것은 바로 그러한 점을 의식한 결과다(渡部·川島·細谷 2014, 97).

역사수정주의와
안보 현실주의의 동맹

중국의 대일 과거사 공세

아베 정권의 대중 억지 전략은 앞서 언급한 안보정책 전환이나 지역 구상 만에 국한되지는 않는다. 전략의 근저에는 역사수정주의로 대표되는 아베 정권 나름대로의 역사관, 국가관, 세계관 등이 존재한다. 이러한 인식들은 중국의 대일 행동을 해석하고 더 나아가 자타 구분을 위한 비교적 고정된 틀을 제공한다. 아베 정권 시기에는 정체성의 정치를 둘러싼 악순환, 즉 일본 측의 과거사에 관련된 언행이 한중 양국의 반일反

日을 낳고 이러한 반일이 다시 일본의 반중反中·혐한嫌韓을 강화하는 구조가 정착되었다. 그렇다면 한중 양국, 특히 중국의 과거사 관련 대일 비판이 일본의 억지 전략에 어떠한 방식으로 투영되었는가.

그 발단은 아베 정권의 역사수정주의에 근거한 국가정체성의 재구축 시도였다. 이러한 시도는 1990년대 중반 이후 보수 대 혁신 간의 역사전쟁, 그리고 주변국 한국·중국과의 외교전으로 확대되어 왔다. 특히, 집권 직후인 2013년 한 해 동안 아베 정권의 역사수정주의적 언행이 두드러졌다. 도쿄 재판, 고노 담화 및 무라야마 담화, 위안부 동원 강제성을 부정하는 듯한 아베 총리 자신의 발언이 이어졌다. 게다가 아베 총리는 2013년 12월 고이즈미 총리 이래 7년 만에 야스쿠니 신사 공식 참배를 감행했다.[20] 이러한 움직임은 기존의 보통국가론을 넘어 수정주의적 국가주의를 지향하는 것으로 볼 수 있었다.[21] 아베 정권이 지향하는 국가관은 다분히 복고적인 것이었는데 그 모델은 강력한 중앙집권, 강한 국가, 열강 지위 등을 자랑하던 '메이지明治 일본'이었다(Tamamoto 2014). 아베 총리가 제창한 '아베노믹스'는 메이지 시기의 부국강병富國强兵 노선과 유사했다. 아베노믹스에 의해 경제 디플레이션에서 벗어나 국내총생산을 늘리게 되면 당연히 방위비도 늘릴 수 있다는 계산이었다

---

20 제1차 아베 정권 당시에는 참배 여부에 대한 언급을 피하는 애매한 자세를 취했다. 고이즈미 정권 시기에 악화된 중일관계를 개선하고 북한의 일본인 납치 문제 해결을 위해 중국의 협력이 필요했기 때문이다(安倍·岡崎 2012, 42-43).
21 보통국가론은 개헌 가능성을 염두에 둔 호헌, 과거사에 대한 일정부분의 반성, 미일동맹 강화, 그리고 아시아 및 중국과의 협력을 주장한다. 이에 비해 수정주의적 국가주의는 과거사 정당화, 개헌 주장, 중국 위협 강조, 독자적인 군사력 강화(핵무장 등 궁극석인 사틱 국방)를 지향한다(박영준 2013, 94-7).

(Inoguchi 2014). 아베 총리 자신이 외교안보 정책과 아베노믹스는 표리일체라고 언급한 것은 그 때문이었다(朝日新聞 2015.5.12.).

한편, 시진핑 지도부의 그러한 아베 정권에 대해 강력한 공세를 전개했다.[22] 아베 정권의 역사수정주의에 대한 대응은 그와 동시에 진행된 센카쿠/댜오위다오를 둘러싼 갈등과 맞물리면서 전에 없이 전면적인 형태로 진행되었다. 우선 시진핑 주석 자신이 독일 포츠담 등지에서 일본 군국주의에 의한 중국의 피해, 난징학살 등을 언급하면서 대일 비판에 나섰다. 왕이王毅 외교부장은 아베 총리의 야스쿠니 참배가 수교 이래 양측이 합의한 원칙과 정신에 위배되며 만약 일본이 중일관계의 마지노선까지 도발한다면 중국 역시 끝까지 갈 것이라고 경고하기도 했다. 리커창李克强 총리를 비롯한 핵심 인사들은 물론 세계 각지의 중국 대사들도 대일 비판 외교전에 총동원되었다. 미국 측에 대해서는 중국과 미국은 과거 일본 군국주의에 맞선 연합국임을 강조했다.

아베 정권에게 뼈아픈 점은 중국이 두 방향에서 전개한 대일 연대 공세였다. 하나는 야스쿠니 참배를 전후 국제질서에 대한 도전으로 간주하고 제2차 세계대전 승전국이자 유엔 안보리 상임이사국인 러시아와 함께 공동전선을 구축하고자 한 점이다. 다른 하나는 한국 박근혜 정부와 대일 과거사 연대 형성을 시도한 점이다. 일본군 위안부 문제로 한일 정상회담이 두절된 가운데 상대적으로 한중 간 접근이 두드러졌다.[23]

---

22 시진핑 정권은 전임 정권들 이상으로 항일 애국주의를 강조했다. 일반적으로 중국공산당 통치의 정통성은 세 가지 기둥―①중국의 통일, ②항일 애국주의 전쟁 승리, ③경제발전과 생활 향상―으로 이루어진다고 본다.
23 일본 보수언론 중에 박근혜 정부가 북핵 문제와 관련하여 한미중 틀을 중시함으로써 한미일 틀이 취약해질 우려가 있다는 지적도 나왔다(産経新聞 2013.6.30.). 또한 과거사 인식과

중국 하얼빈에 안중근 의사 기념관이 설치되고 시진핑 주석이 한국 방문 중에 임진왜란 당시 조선·명 연합군이 왜군을 물리친 사실을 거론하는 연설도 있었다. 2015년 9월 초 중국의 항일·반파시스트 전쟁승리 70주년 기념행사(전승절)에 푸틴 러시아 대통령은 물론 박근혜 대통령이 참석한 사실은 일본 측에 적지 않은 충격을 안겨 주었다. 이는 일본의 동북아시아에서 외교적 고립을 상징하는 일대 사건이라 할 수 있었다. 또한 미국 내에서는 아베의 역사수정주의적 언행이 한국의 대일 불신을 조장하여 오바마 정권이 추진하는 재균형 전략의 핵심 과제인 한일 간 안보협력을 저해하는 주된 요인이 되고 있다는 비판도 불거지기 시작했다.

국면 전환을 위한 전술적 후퇴, 그리고 안보 프레임

물론 아베 정권이 중국의 공세에 팔짱만 끼고 있었던 셈은 아니다. 아베 총리는 시진핑 지도부가 국내적으로는 정권 기반을 강화하기 위한 수단으로 항일 민족주의를 이용하고 있으며, 대외적으로는 과거사 문제를 매개로 일본의 국제적 고립과 한미일 연계의 분단을 꾀하고 있다고 반박했다(Abe 2013). 박근혜 정부에 대해서도 국내의 반일 정서에 편승하여 정치적 지지를 획득하려 한다고 비판했다. 이러한 반박과 비판은 아베 정권 스스로가 한중 양국의 반일 움직임에 대해 굴복하지 않고 '단호'하게 대응하는 모습을 보임으로써 국내 보수파들의 지지를 확보하고, 보다 본질적으로는 자타가 공인하는 내셔널리스트로서 중국에 대해 격렬

영토 문제에 관련한 한중 양국의 대일 공투(共鬪)가 추진되고 있는데 이가 한미동맹 약체화와 지역 불안정을 초래할 것이라는 우려도 제기되었다(産経新聞 2014.1.5.; 2014.7.5.).

하게 돌기突起하는 민족적 감정곡선을 반영하는 것이었다(船橋 2016, 203).

하지만 이러한 대응은 국제사회로부터 그다지 많은 동의를 얻지 못했다. 특히, 오바마 정권의 역사수정주의 자제 요청은 상당한 압력으로 작용한 것으로 보인다. 오바마 정권은 아베 총리의 야스쿠니 신사 참배 후 공식적으로 '실망'을 표명했으며 정권 핵심 인사는 야스쿠니 신사를 대체하는 국립추도시설 건립을 요청하기라도 하듯 지도리가후치千鳥ヶ淵 전몰자묘역에 참배하기도 했다.

이 상황에서 아베 정권은 세 가지 방향에서 국면 타개를 시도했다. 하나는 미일 화해 모델을 강조함과 동시에 '안보 대對 과거사' 프레임을 강조하는 방식이었다. 아베 총리는 2015년 4월 미 의회에서의 연설 "희망의 동맹Toward an Alliance of Hope"을 통해 과거 전쟁에 대해 사죄apology 표명보다 진일보한 '깊은 회오의 마음deep repentance'을 표명하고, 과거의 두 적대국이 오늘날 세계 유수의 민주주의란 가치를 공유하는 동맹국이 되었다는 점을 강조하면서 일본이 국제질서의 수호자가 될 것임을 선언했다. 동시에 한국이 중국에 '경사'되고 있으며, 중국은 역사 문제를 이용하여 미일 간 분단을 획책하고 있다고 적극 홍보하는 일을 잊지 않았다. 과거사를 매개로 한 한중 연대, 그리고 안보와 기존 국제질서 유지를 중시하는 미일동맹 사이의 대립 구도라는 말이었다. '미일 대對 한중' 구도는 역사전쟁이 시작된 이래 우익계 평론지 및 논객들 사이에 견고하게 정착된 담론 방식이었다(中西 2015). 과거사 문제로 형성된 구도가 이 시점에 안보라는 외피를 두르게 된 셈이다.

다른 하나는 북한, 중국 등에 대한 한미일 협력이 중요하다는 안보적 고려 하에 고노 담화 재검토, 남경학살 등에 대한 적극적인 대응은 당분간 미룰 수밖에 없다는 전술적 판단이었다. 이를 위해선 한국, 중국에 대한 어느 정도의 타협책이 요구되었다. 그 결과가 전후 70주년 '아베 담화'(2015.8.14.)와 '한일 일본군 위안부 합의'(2015.12.28.)였다. 정권 내부의 역사수정주의 세력에 대해 미일동맹을 중시하는 안보현실주의 세력이 일본의 외교적 고립을 벗어나야 한다고 설득한 것이 효과를 거둔 것으로 보인다(Rozman 2014; 서승원 2016, 174). 특히, 위안부 합의는 강제 연행을 부정하던 기존 입장에서 다소 후퇴하여 군의 관여 및 일본 정부의 책임을 인정하는 형태로 한국 측의 요구를 일정부분 수용했는데, 이는 한중 양국의 대일 연대를 사실상 무력화시키는 결과를 가져왔다. 참고로 아베 담화에선 일본이 과거에 사변, 침략, 전쟁 등 힘의 행사로 해결하려 했으며 국제질서에 대한 도전자였다고 규정했다. 이 '힘의 행사' 언급은 현재의 중국이 과거의 군국주의 일본과 유사함을 암시하는 대목이기도 했다.

마지막으로 아베 정권은 보편적 가치를 강조함으로써 중국에 대해 도덕적 우위를 점하고자 했다. 중국의 팽창을 저지하고 일본이 지역 평화와 질서를 증진하는 세력이라는 점을 인식시키기 위한 최선책은 중국이야말로 현상변경(수정주의) 국가라는 점을 강조하는 것이었다(アイケンベリー 2014, 86). 그리고 법의 지배, 국제공공재, 민주주의 및 인권 등의 분야에서 리더십을 발휘하는 것도 중요했다. 이러한 보편적 가치의 강조는 일본의 역사수정주의에 대한 비판을 희석시키고 중국의 권위주의적 정치체제를 부각시키는 효과가 있었다. 참고로 중국 측은 그에 대한 대항논리로서 아베 정권의 도쿄 재판 부정 등과 같은 역사수정주의 행보를 연합국 주도로 이루어진 전후 질서에 대한 현상변경 시도라고 응수했다.[24]

이상은 관념적으로 일본과는 명확하게 구별되는 중국 타자화로 이어졌다. 이른바 '해양·민주주의 대對 대륙·권위주의'라는 대립구도 설정이 그것이었다(서승원 2014b, 169-171). 중국을 대륙 국가이자 공산당 일당 독재 권위주의 국가로 규정하고 이러한 국가의 국력 신장은 필연적으로 대외 팽창과 패권 추구를 초래한다는 논리였다. 이는 자연스럽게 공산주의에 대한 고정관념을 불러일으키는 것이기도 했다. 스탈린 치하의 소련은 독·소 불가침 조약(1939.8.) 체결로 일본을 배신한 바 있다는 주장도 나왔다(辻井 2012, 101-102). 더불어 일본 내의 중국공산당 정권의 붕괴 가능성에 대한 활발한 담론도 이러한 관념을 투영하는 것이라 하겠다.[25] 정치체제 결정론적 사고와 지정학 개념에 근거한 자타구분이라 할 수 있는데 이는 전술한 민주평화론적 어프로치(중국 억지를 위한 민주주의 국가들의 동맹)의 논리적 토대가 되었다.

지정학적 경쟁을 저지해야

이상을 통해 아베 정권의 전략적 사고의 특징으로 다음 네 가지를 도출할 수 있었다. 첫째, 중국 문제 환원주의다. 2012년 말 이후 2017년

---

24 시진핑 주석은 2015년 9월 방미 시 "(중국은) 현재의 국제시스템의 참가자, 건설자, 공헌자임과 동시에 수혜자이다. (국제시스템의) 개혁을 요구하고는 있지만 다른 것을 만들려는 것은 아니다"라고 언급했다.
25 일본 내에서 궁극붕괴론은 1980년대 말 이후 지속적으로 제기되었다. 1989년 6월 텐안먼 사건 직후엔 공산당 정권에 대한 국민적 지지 상실, 빈부격차, 소수민족 탄압 등으로 분열될 것이라든가, 2000년대에는 부패, 빈부격차, 식량문제 등에 의한 중국공산당 정권의 구심력 저하로 조만간 붕괴할 것이란 예측도 나왔다. 시진핑 지도부가 들어선 이후엔 지도부의 문제해결 능력 저하가 주로 거론된다(矢坂 2014, 37-40).

봄까지 일본의 거의 모든 대외정책은 중국 억지 전략으로 수렴되었다 해도 과언이 아니다. 외교·방위 분야의 미일동맹 강화, 인도, 호주 등과의 준동맹 관계 구축 시도, 동남아시아 국가들과의 안보협력은 물론 경제 분야의 ASEAN+3 저지, TPP 참여,[26] AIIB 불참 등 거의 영역에서 중국을 강렬하게 의식하는 모습이 두드러졌다. 이 과정에선 안보와 경제 사이의 균형이 흔들리는 경제의 안보화 현상을 볼 수 있었다. 중국의 해양 진출에 대해 군사력에 의거하여 억지하려는 시도는 과제의 하나에 불과하며 중국에 대해 경제, 외교 수단을 포함하여 전력을 다해 관여해 나가야 한다는 지적은 타당한 것으로 여겨진다(朝日新聞 2015.4.28.).

둘째, 일본의 미일동맹에의 경사가 유례가 없을 정도로 심화되었다. 반중反中·혐중嫌中 일색의 국내 여론과 중국에 대한 대항對抗 의식을 배경으로 오로지 군사적 동맹이나 제휴를 통해 자국의 지정학적 한계를 극복하고자 한 결과였다. 일본 국내에서 이러한 '미일동맹 원리주의'가 전략적 선택의 폭을 좁혔으며 유연한 사고와 복합적 시점에서 미일, 중일, 한일 관계를 유기적으로 연계해야 한다는 비판이 나오는 이유다(渡部·川島·細谷 2014, 95-97). 덧붙여 집단적 자위권 행사로 미일동맹을 강화하고 이를 통해 대중 억지력이 향상된다는 논리에도 적지 않은 논리적 비약이 있었다. 미일동맹의 대중 억지가 효과가 있다는 증거는 그다지 없으며 그와 반대로 안보 딜레마가 심화되는 양상을 노정했다. 이 과정에 아베 정권이 지향하는 국가관과 기존의 평화국가 정체성이 정면충돌하는 양상을 보였다.

---

26 흥미롭게도 극우 성향의 산케이신문은 교섭력 신장을 위해 미국이 참가하지 않는 RCEP와 중국이 참가하지 않는 TPP에 모두 참가해야 한다고 주장했다(産経新聞 2013.5.11.).

셋째, 지정학 게임과 가치관 외교(적극적 평화주의)의 충돌이다. 아베 정권이 서남방에서 대중 포위망에 적극 나선 것은 일본 외교의 중대한 변화였다. 아베 정권은 미국의 리더십을 보완하고 자국의 안보적 역할의 확대를 의도하여 미중 지정학 게임에 적극 가담했다. 그러나 이는 치명적 약점을 내재했다. 특히, 외교의 이념화, 관념화는 냉철한 국익 계산과 전략적 유연성을 필요로 하는 지정학 게임과는 모순되었다. 이에 대해 비민주적 체제를 타도하면 바람직한 질서가 태동될 것이라는 냉전 해체 이래의 과도한 낙관론(中西 2014, 81), 지나친 정치적 정당성political correctness으로의 변질, 대중영합주의의, '아베 신조의 미국화'(佐伯 2017, 51), 자유와 번영의 호 구상은 시대착오적인 미국제 슬로건, 중국을 때려 눕히자는 논의는 허구(中西 2016, 134-140)라는 비판이 제기되었다. 아베의 미국화를 비판한 이는 일본의 보수우파를 대표하는 지식인이다.

넷째, 과거사를 매개로 한 정체성의 정치는 중국을 이질적 체제로 타자화하는 촉매제가 되었다. 복고적 국가관, 즉 메이지 일본을 모델로 한 전후체제 탈피 노력은 내부의 호헌·평화주의 세력과 외부의 반일 압력에 맞서야 했다. 역사수정주의는 대외관계 차원에서 새로운 외피가 필요했는데 이가 지리적으로는 해양국가, 정치체제로는 민주주의 국가, 이념적으로는 보편적 가치였다.

그러나 아베 정권이 물심양면으로 뒷받침해 온 재균형 전략은 2016년 하반기 이후 중대한 기로에 직면하게 되었다. 새로 출범한 미 트럼프 정권이 TPP에서 탈퇴하는 내용의 행정명령에 서명함으로써 재균형 전략의 경제적 축은 유명무실해졌기 때문이다. 한국의 대중 미션에의 기대는 한국 측의 신중한 자세로 그다지 성과를 거두지 못했다.[27] 인도, 호주, 필리핀 등과의 안보협력도 각국 간 대중 인식의 차이, 중국의 대응

등을 고려할 때 대중 포위망 구축이 제대로 형성될 수 있을지도 의문이다. 그 이상으로 대미 의존이라든가, 종속이라든가 하는 관념으로는 도저히 상상할 수 없는 '미국이 없는 세계'가 될 수도 있다는 우려가 존재한다(西村 2017). 일본 외교의 최대 악몽은 '미중 대對 일' 구도 또는 일본을 무시한 미중 협력이다. 미일동맹 일변도 노선의 대전제인 미중 대립 구도가 변화할 경우 이는 필연적으로 일본 측에 크나큰 양보를 강요할 수밖에 없다.[28]

아베 정권의 전략적 사고는 우리에게 유의미한 시사점을 준다. '억지'는 대중 아시아판 나토NATO 구상이나 대북 한미일 공조를 관통하는 핵심 논리다. 하지만 억지는 그 효과를 검증하기 힘들며 역설적으로 안보 딜레마를 심화시키고 위기를 조장하는 측면이 있다. 또한 일본의 입장에서 볼 때 한반도는 대만과 함께 핵심적인 대중 지정학적 완충지대이다. 적대국의 일본 침공을 미연에 저지하기 위해서는 한반도와 대만이 적대국의 손아귀에 들어가지 않게 하는 것, 그리고 이 두 지역에 일본에 적대적인 정권이 들어서지 않게 하는 것이 사활적으로 중요하다(船橋 2016, 4-5). 이러한 견해는 일본의 보수, 진보를 막론하고 공통된 것이며 또한 근현대사에 일관된 것으로 보인다. 일본을 비롯한 관련국들의 한반도에 대한 지정학적 인식의 과거와 현재, 그리고 좀 더 구체적으로

---

27 2013년 국가안전보장 전략에서 한국은 지정학적으로 극히 중요하며 한미일 안보협력을 동아시아의 평화와 안정을 위한 핵심적 틀로 규정되었다.
28 트럼프 정권 출범 후 일본 내에선 미일동맹 비관론이 분출하고 있다. 국가주의적 개조론자들은 트럼프 등징을 대체로 환영하면서 대미 자주(자주국방과 핵 보유)를 외치고, 제도적 자유주의 또는 국제주의자들은 동맹 부담 가중 속에서 나사 간 안보협력기구를 주장한다(남기정 2017, 32).

는 각국 지도자들이 어떠한 지정 전략을 선호하고 구사하는지 면밀히 살펴보는 노력이 요구된다. 우리에게 시급한 것은 지정학적 경쟁을 종식시키거나 아니면 최소한 이를 완화시키는 일이다.

참고문헌

김준형. 2015. "아베 정부의 안보정책 전환과 미국의 재균형 전략."『아세아연구』제58권 제4호(통권 162), pp. 42-71.
남기정. 2017. "트럼프 행정부 출발과 일본의 대외정책 전망."『인문저널 창』, pp. 31-35.
문정인. 2010.『중국의 내일을 묻다: 중국 최고 지성들과의 격정 토론』. 서울: 삼성경제연구소.
문정인·서승원. 2013.『일본은 지금 무엇을 생각하는가?: 일본 최고 전략가들이 말하는 일본의 본심』. 서울: 삼성경제연구소.
박영준. 2013. "'수정주의적 보통국가론'의 대두와 일본 외교: 자민당 아베 정권의 재출범과 한반도정책 전망."『한국과 국제정치』제29권 제1호(통권 80호), pp. 91-121.
백창재. 2012. "미·중 관계와 한국." 장달중·함택영(편).『21세기 한국외교와 국가이익』. 서울: 사회평론, pp. 319-343.
브레진스키, 즈비그뉴. 2010.『거대한 체스판: 21세기 미국의 세계전략과 유라시아』. 서울: 삼인.
서승원. 2014a. "일본의 대중국 전략, 2006-2013: 관여와 견제, 그리고 우파 내셔널리스트 지정학." 박철희 엮음.『동아시아 세력전이와 일본 대외전략의 변화』. 서울: 동아시아재단, pp. 175-224.
서승원. 2014b. "시진핑과 아베 신조의 중일관계: 군사·안보적 고려, 지정학적 환원주의, 그리고 민족주의 게임."『일본연구논총』Vol. 39, pp. 153-186.
서승원. 2015. "일본 아베 정권의 집단적 자위권과 중국: 대중 억지 그리고 NO. 2의 욕망."『아세아연구』제58권 제4호(통권 162), pp. 72-102.
시라이시 다카시. 2013. 문정인·서승원. 2013.『일본은 지금 무엇을 생각하는가?』. 서울: 삼성경제연구소, pp. 243-284.
양기웅·안정화. 2016. "일본총리의 중국 및 중일관계 인식변화(1990-2014): 소신표명연설의 분석."『국제정치연구』제19집 2호, pp. 151-175.
전재성·주재우. 2013. "2020 한국외교 10대 과제: 복합과 공진." 서울: EAI, pp. 67-114.
조양현. 2014. "동아시아 파워밸런스 변화와 일본 외교: 일본 민주당 정권 하의 중일관계." 박철희(편).『일본 민주당 정권의 성공과 실패』. 서울: 서울대학교출판문화원, pp. 195-246.

秋田浩之·金田秀昭·谷口智彦·谷内正太郎. 2011. "第13章. [総括座談会] 総合的日米安全保障協力に向けて." 谷内正太郎(編).『日本の外交と総合的な安全保障』. 東京: ウェッジ, pp. 387-454.
朝日新聞社. 2013. "[社説] 集団的自衛権の行使: 憲法の根幹にかかわる."『朝日新聞』(9.7.).

朝日新聞社. 2013. "[社説] 安倍政権の安保戦略: 平和主義を取り違えるな." 『朝日新聞』(12.18.).
朝日新聞社. 2014. "[社説] 集団的自衛権の協議: 歴史の審判に耐えられぬ." 『朝日新聞』(6.20.).
朝日新聞社. 2015. "[社説] 日米防衛指針の改定: 平和国家の変質を危ぶむ." 『朝日新聞』(4.28.).
安倍晋三. 2006. 『美しい国へ』. 東京: 文春新書.
安倍晋三・岡崎久彦. 2012. "野田外交の試練: わが外交経験からの忠告." 『Voice』(11月号), pp. 42-51.
安倍晋三. 2013. "日本は戻ってきました"(米CSIS政策スピーチ/ 2月26日), http://www.kantei.go.jp/jp/96_abe/statement/2013/0223speech.html (검색일: 2013.3.1.)
安倍晋三. 2015. "希望の同盟へ"(米国連邦議会上下両院合同会議における安倍総理大臣演説/ 4月29日), http://www.mofa.go.jp/mofaj/na/na1/us/page4_001149.html (검색일: 2015.5.3.)
天児慧(編). 1998. 『中国は脅威か』. 東京: 勁草書房.
アイケンベリー, G・ジョン(John G. Ikenberry). 2014. "世界にはリベラルな民主主義しか残されていない." 『中央公論』(8月号), pp. 82-87.
アーミテージ, リチャード/カート・キャンベル(Richard Armitage and Kurt Campbell). 2014. "アジアにおける抑止力を強化する." 『中央公論』(11月号), pp. 136-150.
岡崎久彦. 2007. 『この国を守るための外交戦略』. 東京: PHP新書.
加藤揚子. 2013. "[報告] 現在の日本にとって, 1930年代が意味するものとは何か." 明石康(編). 『日本の立ち位置を考える』. 東京: 岩波書店, pp. 32-51.
栗崎周平. 2015. "「集団的自衛権行使による抑止力向上」は本当か: ゲーム理論から." 『世界』(9月号), pp. 78-88.
河野洋平. 2012. "インタビュー: 日本外交に理性と誠実さを." 『世界』(10月号), pp. 92-99.
国家安全保障会議. 2013a. "国家安全保障戦略について." (12月17日), http://www.cas.go.jp/jp/siryou/131217anzenhoshou/nss-j.pdf (검색일: 2014.1.4.)
国家安全保障会議. 2013b. "平成26年度以降に係わる防衛計画の大綱について." (12月17日), www.cas.go.jp/jp/siryou/131217anzenhoshou/ndpg-j.pdf (검색일: 2014.1.4.)
佐伯啓思. 2017. "ジャパン・ファーストの時代: 日本もアメリカも節度のある保護主義が必要だ." 『Voice』(3月号), pp. 44-51.
榊原英資・瀬口清之. 2015. "米中は'地下水脈'で連携を模索している." 『中央公論』(7月号), pp. 82-89.
産経新聞社. 2013. "[社説] TPPと両輪で交渉力発揮を." 『産経新聞』(5.11.).
産経新聞社. 2013. "[社説] 日本に問われる東アジア戦略." 『産経新聞』(6.30.).
産経新聞社. 2014. "[社説] 警戒すべき中韓の反日'接近: 米との連携で北の急変に備えよ." 『産経新聞』(1.5.).

産経新聞社. 2014. "[社説] 中韓首脳会談: 地域の安定を損なう '反日共闘'." 『産経新聞』(7.5.).
産経新聞社. 2015. "[社説] 抑止力強化へ万全の法整備を: 戦略的連携で国益を追求したい." 『産経新聞』(1.10.).
白石隆・川島真. 2015. "習近平は真に強いリーダーか." 『中央公論』(10月号), pp. 30-41.
白石隆. 2016. 『海洋アジア大陸vs.アジア: 日本の国家戦略を考える』東京: ミネルヴァ書房.
白石隆・加藤良三・阿川尚之. 2016. "中国の軍事力増大にどう立ち向かうか." 『中央公論』(5月号), pp. 96-106.
朱建栄. 2012. "中国側からみた'尖閣問題': 対立を越える'知恵'はどこに." 『世界』(11月号), pp. 103-111.
添谷芳秀. 2015. 『韓国知識人との対話II 米中の狭間を生きる』東京: 慶應義塾大学出版会.
武貞秀士. 2015. 『東アジア動乱: 地政学が明かす日本の役割』東京: 角川学芸出版.
辻井喬. 2012. "新世紀の日中関係への展望." 『世界』(12月号), pp. 100-106.
馬場公彦. 2010. 『戦後日本人の中国像: 日本敗戦から文化大革命・日中復交まで』. 東京: 新曜社.
馬場公彦. 2014. 『現代日本人の中国像: 日中国交正常化から天安門事件・天皇訪中まで』. 東京: 新曜社.
船橋洋一/デイヴィッド・ピリング. 2015. "バブル崩壊とAIIBの吉凶." 『文藝春秋』(10月号), pp. 112-121.
船橋洋一. 2016. 『21世紀 地政学入門』. 東京: 文春新書.
ナイ, ジョセフ(Joseph Nye). 2011. "日米の絆で中国を制御せよ: 日本は集団的自衛権を行使できる立場にある." 『Voice』(11月号), pp. 64-71.
ナイ, ジョセフ(Joseph Nye). 2014. "尖閣衝突の可能性はつねにある: アメリカは民主国の日本を守る." 『Voice』(12月号), pp. 50-57.
中西輝政. 2015. "[日米vs中韓] 日米新同盟の幕開け: 安倍首相の歴史的スピーチと'日米の敵'." 『Voice』(7月号), pp. 36-49.
中西輝政. 2016. "日本はもはや米国を頼れない." 『文藝春秋』(4月号), pp. 128-140.
中西寛. 2014. "国際秩序の幻影を追う国と恐れる国." 『中央公論』(8月号), pp. 76-81.
中西寛. 2015. "超カオス時代の大国間政治: 勢力圏競争が抱え込む不確実性." 『中央公論』(6月号), pp. 88-93.
中村勝範. 1998. 『運命共同体としての日米と台湾: 21世紀国家戦略』. 東京: 展転社.
西村修. 2017. "特集インタビュー[アメリカのない世界]: トランプ大統領誕生の世界史的意味." 『世界』(1月号), pp. 42-49.
毎日新聞社. 2014. "[社説] 集団的自衛権: 改憲せず行使はできぬ." 『毎日新聞』(5.3.).
毎日新聞社 2015. "[社説] 戦後70周年/日本とアジア: 脱・序列思考のすすめ." 『毎日新聞』(1.1.).
毎日新聞社 2016. "[社説] 安保法施行: 思考停止せずに議論を." 『毎日新聞』(3.29.).

森本敏(編). 2016.『"海洋国家"中国にニッポンはどう立ち向かうか』. 東京: 日本実業出版社.
矢板明夫. 2014. "対外強硬政策は習近平の弱さの裏返し."『中央公論』(5月号), pp. 36-43.
谷内正太郎(編). 2011.『日本の外交と総合安全保障』. 東京: ウェッジ.
読売新聞社. 2015. "[主張] 英国の対中接近: 価値共有に目つむるのか."『読売新聞』(10.25.).
渡部恒雄・川島真・細谷雄一. 2014. "世界秩序は大きな物語を失った: 日欧こそ世界秩序の鍵となれ."『中央公論』(8月号), pp. 88-97.

Abe, Shinzo. 2013. "Interview with Japanese Prime Minister Shinzo Abe." *The Washington Post*, (February 20) http://articles.washingtonpost.com/2013-02-20/world/37196988_1_foreign-policy-minister-shigeru-yoshida-prime-minister-abe (검색일: 2013.3.1.)
Agnew, John. 2003. *Geopolitics: Revisioning World Politics*, 2nd edition. London and New York: Routledge.
Agnew, John and Luca Muscara. 2012. *Making Political Geography*, 2nd edition. Lanham: Rowman & Littlefield Puboishers, Inc.
Armitage, Richard and Joseph S. Nye. 2012. The U.S.-Japan Alliance: *Anchoring Stability in Asia*. Washington. DC: Center for Strategic & International Studies (August 15).
Bae, Jong-Yun. 2010. "South Korean Strategic Thinking toward North Korea." *Asian Survey*. Vol. 50, No. 2 (March/April), pp. 335-355.
Curtis, Gelald, Ryosei Kokubun, and Wang Jisi (eds.). 2010. *Getting the Triangle Straight: Managing China-Japan-US Relations*. New York: Japan Center for International Exchange.
Dittmer, Lowel. 1981. "The Strategic Triangle: An Elementary Game-Theoretical Analysis." *World Politics*. Vol. 33, No. 4, pp. 485-515.
Inoguchi, Takashi. 2014. "The Rise of 'Abegeopolitics': Japan's New Engagement with the World." *Global Asia*. Vol. 9, No. 3 (Fall), pp. 30-36.
Jiang, Wenran. 2002. "The Japanese Assessment of the 'China Threat'." Herbert Yee and Ian Storey (eds.). *The China Threat: Perceptions, Myths and Reality*. New York: RoutledgeCurzon, pp. 150-165.
Kitaoka, Shinichi. 2014. "Peace in the Modern Era and the Right of Collective Self-Defense." *Asia-Pacific Review*. Vol. 20, No. 2 (February), pp. 81-95.
Koda, Yoji. 2016. "Japan's Perceptions of and Interests in the South China Sea." *Asia Policy*. No. 21, No. 1 (January), pp. 29-35.
Latham, Andrew A. "China in the Contemporary American Geopolitical

Imagination." *Asian Affairs: An American Review.* Vol. 28, No. 3 (2001), pp. 138-145.

Liff, Adam and John Ikenberry. 2014. "Racing toward Tradegy?: China's Rise, Military Competition in the Asian Pacific, and the Security Dilemma." *International Security.* Vol. 39, No. 2 (Fall), pp. 52-91.

Moon, Chung-in and Seung-won Suh. 2015. "Historical Analogy and Demonization of Others: Memory of 1930s' Japanese Militarism and Its Contempory Implications." *Korea Observer.* Vol. 46, No. 3 (Autumn), pp. 423-459.

Nakanishi, Hiroshi. 2015. "Reorienting Japan?: Security Transformation Under the Second Abe Cabinet." *Asian Perspective.* Vol. 39, No. 3 (September), pp. 405-421.

Patalano, Alessio. 2014. "Seapower and Sino-Japanese Relations in the East China Sea." *Asian Affairs.* Vol. XLV, No. 1 (February), pp. 34-54.

Prantl, Jochen and Evelyn Goh. 2016. "Strategic Diplomacy in Northeast Asia." *Global Asia.* Vol. 11, No. 4 (Winter), pp. 8-13.

Rozman, Gilbert. 2010. *Chinese Strategic Thought toward Asia.* New York: Palgrave Macmillan.

Rozman, Gilbert. 2011. "Chinese Strategic Thinking on Multilateral Regional Security in Northeast Asia." *Orbis.* Vol. 55, No. 2 (Spring), pp. 298-313.

Rozman, Gilbert. 2014. "Realism vs. Revisionism in Abe's Foreign Policy in 2014." *The ASAN Forum* (February 5) http://www.theasanforum.org/realism-vs-revisionism-in-abes- foreign-policy-in-2014/ (검색일: 2015.6.1.)

Suh, Seung-won. 2015. "Japanese Realignments and Impacting Korean-Japanese Relations." in Takashi Inoguchi (ed.). *Japanese and Korean Politics: Alone and Apart from Each Other.* New York: Palgrave Macmillan. pp. 73-95.

Tamamoto, Masaru. 2005/2006. "How Japan Imagines China and Sees Itself." *World Policy Journal.* Vol. 22, No. 4 (Winter), pp. 55-62.

Tamamoto, Masaru. 2014. "Quest for Authenticity: A Reflection on Japanese Nationalism Today." A Presentation Paper, North East Asian Peace and Security: Addressing Impasses; Collaborative Problem Solving Writing Workshop, Yokohama, Japan (November 6-7).